AURA
COACHING

BAHAR YILMAZ

AURA
COACHING

Die Transformation des Planeten
und ihr Einfluss auf den Energiekörper
des Menschen

Praxisbuch

Ansata

Das vorliegende Buch ist sorgfältig erarbeitet worden.
Dennoch erfolgen alle Angaben ohne Gewähr.
Weder Autor noch Verlag können für eventuelle Nachteile
oder Schäden, die aus den im Buch gemachten praktischen Hinweisen
resultieren, eine Haftung übernehmen.

Sollte diese Publikation Links auf Webseiten Dritter enthalten,
so übernehmen wir für deren Inhalte keine Haftung,
da wir uns diese nicht zu eigen machen, sondern lediglich
auf deren Stand zum Zeitpunkt der Erstveröffentlichung verweisen.

Verlagsgruppe Random House FSC® N001967

Ansata Verlag
Ansata ist ein Verlag der Verlagsgruppe Random House GmbH.

ISBN 978-3-7787-7474-8

Dritte Auflage
Copyright © 2013 by Ansata Verlag, München, in der Verlagsgruppe
Random House GmbH, Neumarkter Str. 28, 81673 München
Alle Rechte sind vorbehalten. Printed in Germany.
Redaktion: Dr. Diane Zilliges
Umschlggestaltung: Guter Punkt, München
Umschlagmotiv: © Sean Gladwell / shutterstock
Satz: Leingärtner, Nabburg
Druck und Bindung: GGP Media GmbH, Pößneck

www.ansata-verlag.de

Inhalt

Verzeichnis der praktischen Übungen

Vorbemerkung

Alle Informationen und Übungen in diesem Buch sind gewissenhaft und in langjähriger Praxis von mir ausgearbeitet und getestet worden. Dennoch sollte dir bei der Anwendung der praktischen Angebote bewusst sein, dass die Arbeit mit und an der Aura viel Achtsamkeit und Sorgfalt verlangt.

Zudem rate ich dringlich von jeglichen im Buch beschriebenen Übungen ab, wenn du unter Einfluss von Psychopharmaka, Alkohol oder Drogen stehst.

Weiterführende Infos und Seminar- bzw. Ausbildungsangebote findest du auf meiner Website – siehe Anhang.

Vorwort

Seit ich denken kann, beschäftige ich mich nun mit spirituellen Themen. Von klein auf war ich mit Energien vertraut und hatte die Gabe, sie sehen und spüren zu können. Insbesondere seit Beginn des Jahres 2012 aber nahm ich verstärkt Energien und Wesenheiten wahr, die ich bis dahin nicht gekannt hatte und die mir keinesfalls vertraut waren. Täuschte mich meine Wahrnehmung oder gab es wirklich eine energetische Revolution auf unserem Planeten?

Meine Beobachtungen wurden immer öfter bestätigt, und ich sah mich selbst inmitten eines spirituellen Durchbruchs. Davor hatte ich sehr oft das Gefühl gehabt, immer nur Häppchen der ganzen Wahrheit zu erhalten, aber nie das gesamte Bild. Es gab viele wundervolle Lehrer, denen ich begegnet bin und von denen ich sehr viel lernen durfte. Aber fast jeder von diesen sah, genauso wie auch ich zu dem Zeitpunkt, nur einen Teil der ganzen Wahrheit. Ich fragte mich, ob es denn nicht mehr gäbe, was man auf dem spirituellen Pfad erkunden könnte. Mir erschien es zeitweise fast so, als wäre mein Denken nicht weit und entwickelt genug, um die ganze Wahrheit zu sehen und zu verdauen.

Und dann diese neuartigen Beobachtungen. Sie deckten sich auch eins zu eins mit den Aussagen, die ich im Rahmen von Channelings mit verschiedenen geistigen

Wesen erlangt hatte. Viele Botschaften, die ich und auch andere Menschen vor dem spirituellen Durchbruch erhalten hatten, waren in ihrer Form und auch Formulierung eher beschränkt, damit sie von unserem menschlichen Sein angenommen und verdaut werden konnten. Somit erhielten wir immer nur so viel, wie wir auch wirklich zu wissen vermochten. Die geistigen Wesen waren stets darauf bedacht, dass wir nach dem Erhalt von Botschaften immer noch in der Lage waren, unser tägliches Leben zu führen, dass wir immer noch Mensch sein konnten. Jetzt aber war etwas anders geworden.

Kurz bevor ich begann, dieses Buch zu schreiben, erfuhr ich eine Art Erleuchtung. Alles Wissen, das ich bis zu diesem Zeitpunkt angesammelt hatte, kam mir mit einem Schlag so simpel und unvollständig vor! Ich hatte plötzlich die Möglichkeit, wirklich zu jeder Zeit mit geistigen Wesen und Wesenheiten aus anderen Sphären in Kontakt zu treten und mir alle Informationen einzuholen, die notwendig waren. Parallel dazu entwickelte ich mich auch auf persönlicher Ebene in einem rasanten Tempo weiter. All meine Unsicherheiten und Zweifel schienen sich aufgelöst zu haben, und ich fühlte mich im Fluss des Lebens geborgen. Mich verließ auch schlagartig das Gefühl, dass ich im Geburtenkreislauf der Erde gefangen und mit Karma belastet sei. Ich fühlte mich frei – und genau dieses Gefühl möchte ich dir mit diesem Buch vermitteln. Es geht mir nicht nur darum, dir nahezubringen, wie es ist, mit Energie zu arbeiten, sondern vielmehr darum, in dir den Samen für eine Erkenntnis zu legen, die dein ganzes Leben verändern kann.

Für dich ist es nun, wie für so viele andere Menschen auf der Erde, an der Zeit, einen spirituellen Durchbruch zu erlangen und das Wissen, das du dir angeeignet hast, zu erweitern und zu vertiefen. Das ist das Wunder unserer Zeit, dass wir nun erwachen und das göttliche Prinzip in seiner Gänze sehen dürfen, wenn wir uns dafür entscheiden. Dafür ist es aber auch wichtig, alles bisher Gehörte zur Seite zu schieben und die spirituelle Welt mit neuen Augen zu sehen. Deine Reise begann mit deiner Geburt auf diese Erde und soll dich nun in das Licht der Wahrheit führen.

Die Transformation der Erde

Was geschieht derzeit mit der Erde? In welche Richtung entwickeln wir Menschen uns? Wie wird es mit der Natur weitergehen und was erwartet uns noch alles? Vielleicht gehen dir diese Fragen auch schon seit Längerem durch den Kopf. Seit ich denken kann, war ich ständig mit der Frage beschäftigt, was die Erde zusammenhält, wie sie sich entwickeln und was aus uns Menschen werden wird. Diese Fragen haben mich bis heute nicht losgelassen, und da ich unschätzbar wertvolle Antworten und tiefe Einsichten erhalten durfte, sehe ich es als eine meiner Lebensaufgaben an, anderen mit diesem Buch mehr Klarheit in diesen Themen zu verschaffen. Die wertvollsten Informationsquellen, die mir dafür zur Verfügung stehen, sind einerseits meine Arbeit mit Klienten und zum anderen die Channelings, die ich durchführe. Aus beidem erfahre ich unentwegt neue Zusammenhänge.

Auf die Channelings bin ich mehr zufällig als bewusst gestoßen und setze sie heute sowohl zu Therapiezwecken für meine Klienten als auch dafür ein, um Informationen zu erhalten. Roy Martina, ein holistischer Arzt und spiritueller Coach aus den Niederlanden, in dem ich einen spirituellen Begleiter und Freund gefunden habe, versuchte mich einst in einem Trancezustand mit meinem Höheren Selbst zu verbinden. Dies gelang ihm sehr gut, nur meldete sich nicht konkret mein Höheres Selbst, sondern ein Wesen, das sich Elohijm nannte. Elohijm sprach davon, mein Höheres Selbst, aber auch gleichzeitig ein engelhaftes Wesen aus der Geistigen Welt zu sein. Sie sei direkt mit der Schöpferquelle verbunden und verfüge über alle Informationen im Universum. Erstaunlicherweise lieferte sie auch Roy persönliche Informationen über Dinge, von denen ich nichts wissen konnte. Sie schien auf ein Reservoir an Wissen zuzugreifen, auf das ich in einem bewussten Zustand keinerlei Zugriff hatte.

Diese allererste Verbindung mit meinem Höheren Selbst werde ich nie vergessen, dieses Erlebnis hat sich tief in mein Inneres eingraviert. Dies lag vor allem auch daran, dass ich nach dem Kontakt zu Elohijm deutlich spüren konnte, wie ich mit Gott verbunden bin, und dass sich meine Schwingungsfrequenzen extrem veränderten. Es war aber noch eine weitere Besonderheit eingetroffen. Ich war nicht nur in eine Trance gegangen, in der ich selbst alles noch bewusst mitbekam, sondern in einen Zustand, den man hypnotisches Koma nennt. Konkret gesagt ist das ein Zustand, in dem man nichts mehr von all dem, was man spricht oder tut oder was das gechannelte Wesen sagt, mitbekommt. Ich kann mich – und so ist das auch heute bei Channelings – auch im Nachhinein an nichts mehr erinnern, es sei denn Elohijm schickt mir innere Bilder, die für mich oder als Ergänzung zu den erhaltenen Informationen wichtig sind. Ansonsten muss ich die Channelings aufzeichnen, damit ich selbst nachher erfahren kann, was genau gesagt wurde. Aus welchen Gründen dies so ist, kann ich nicht genau sagen, aber ich denke, dass Elohijm es bis aufs Geringste reduzieren möchte, dass sich mein bewusster Verstand in die Channelings einmischt. Dies könnte natürlich sehr leicht und schnell passieren, wenn ich in einem leichten Trancezustand oder sogar im Wachzustand channeln würde.

Mittlerweile setze ich diese Methode der Verbindung zum Höheren Selbst, auch Trance Coaching oder Higher Self Healing genannt, sogar bei meinen Klienten ein, wenn Bedarf besteht, ihre Seelenessenz sprechen zu lassen und Informationen über den Seelenplan einzuholen. Das Höhere Selbst ist dabei auch die einzige Instanz, die in der Lage ist, den Seelenplan zu ändern. Solche Trance Coachings mit anderen nutze ich nun auch immer wieder dafür, bereits von Elohijm erhaltene Informationen zu überprüfen. Ich bin womöglich eine der spirituellsten und zugleich kritischsten Personen, die es gibt. Mein Wunsch nach Beweisen bringt mich so weit, dass ich meine eigenen Channelings infrage stelle und sie über andere »Kanäle« gegenchecke. So habe ich dann im besten Fall eine Information, die nicht nur von einer, sondern von mehreren Quellen bestätigt wurde. Es ist ein tolles Gefühl, wenn mehrere channelnde Menschen die gleichen Informationen abliefern, obwohl sie sich nicht kennen und nichts von den bereits gelieferten Aussagen wissen. Vor diesem Hintergrund kannst du davon ausgehen, dass alles, was du in diesem Buch vorfindest, seien es die Übungen, die Informationen oder die Methoden, aufs Genauste erprobt und überprüft wurde.

Inspiration und Hilfe aus der Geistigen Welt

Die Zeichen sind sehr deutlich. Es ist ein kosmischer Wandel im Gange, der sich auf unserem Planeten in Form einer Schwingungserhöhung vollzieht und von einem Transformationsprozess begleitet wird. Kein Lebewesen, kein Mensch, kein Tier und keine Pflanzen bleiben von diesen energetischen Veränderungen unberührt, und dies erfordert mehr und mehr, dass wir beginnen, Energien wahrzunehmen und mit ihnen auf heilvolle Weise umzugehen. Die Stunde des Wandels ist eingeläutet, und ich werde dich dabei ein Stückchen begleiten, wenn du magst.

Mir geht es vor allen Dingen darum, dir zu vermitteln, wie wichtig es ist, sich gegenseitig in diesen intensiven Tagen des Wandels zu unterstützen. Jedes Mal, wenn du jemand anderem hilfst, sich auf der spirituellen Ebene weiterzuentwickeln, hilfst du in Wahrheit dir selbst. Wenn du in der Lage bist, Energien zu verstehen und mit ihnen zu arbeiten, kannst du Freunden und der Familie helfen, die eigene Transformation anzukurbeln. Das ist meiner Meinung nach der springende Punkt, wenn es darum geht, diesen Wandel als eine Gelegenheit für eine Bewusstseinserweiterung wahrzunehmen: Nur wenn du bereit bist zu helfen, wirst du in der Lage sein, auch dir selbst zu helfen. Und es wird auch dir geholfen. Das Aura-Coaching kann dir dabei sehr wirksame Methoden an die Hand geben.

Bevor ich damit begann, das Manuskript für dieses Buch anzufertigen, hatte ich eine sehr berührende Begegnung – eine Begegnung mit einem Engel namens Clara. In dieser Nacht, als ich in meinem Bett lag und die Augen schloss, spürte ich in mir den Drang zu beten. Dies hatte ich schon sehr lange nicht mehr getan, aber nun war der Wunsch so tief, dass ich ihm nachgab. Mein Gebet war an Gott und die Geistige Welt gerichtet, damit sie mich für dieses neue Buch inspirieren und begleiten mögen. Folgendes Gebet richtete ich an den Himmel: »Liebe Geistige Welt, liebe Engel und lieber Gott! Ich bin in tiefster Dankbarkeit und Liebe mit euch verbunden und lasse jeden Tag das göttliche Prinzip in mir wirken. Heute bitte ich um eine spezielle Begleitung aus der Geistigen Welt, die mich für mein neues Buch zum Aura-Coaching inspirieren und mir all das aufzeigen möge, was für die Menschheit und ihre spirituelle Weiterentwicklung wichtig ist und durch mich zu Papier gebracht werden kann. Ich öffne mein Herz für die Liebe der Geistigen Welt und danke für alle Güter, mit denen ich jeden Tag beschenkt werde.«

Diese Zeilen, die wie von selbst aus mir herauskamen, noch im Kopf haltend sank ich in einen tiefen angenehmen Schlaf. Es war gegen fünf Uhr morgens, als ich erwachte und Schwierigkeiten hatte, wieder einzuschlafen.

So schloss ich einfach meine Augen und begann mich im Bett zu entspannen. Während ich mit meinem Bewusstsein noch ganz wach und präsent war, eröffnete sich meinem inneren Auge ein Anblick eindrücklicher Schönheit. Ich lag auf die gleiche Weise in einem Bett und blickte durch ein weites Fenster hindurch nach draußen, wo sich ein wunderschöner blühender Garten erstreckte. Ein hellblauer nahezu wolkenloser Himmel trug zur Vollkommenheit des Bildes bei. Mein Blick blieb jedoch an einer einzigen Wolke hängen. Diese Wolke schien für mich anders auszusehen als die anderen am Himmel, und ich ließ meinen Blick auf ihr ruhen. Die Wolke begann sich zu verändern, schärfere Konturen und Formen am Himmel zu erlangen. Nun wurden sogar zwei Arme, die sich rhythmisch bewegten, sichtbar und mehr und mehr eine vollständige Gestalt. Ich erblickte ein Wesen in weiblicher Form, mit braunen gelockten Haaren, Blumen am Körper und weiten Engelsflügeln am Rücken.

Auf unerklärliche Weise begann ich, ihre Stimme in meinem Kopf zu hören. Sie sprach zu mir: »Ich komme als Inspiration für dein neues Buch. Mein Name ist Clara und ich bin ein Engel der Schönheit, Poesie und Liebe. Mein Symbol ist das rote, leuchtende Herz, das ich auf meiner Brust trage.« Tatsächlich war direkt auf ihrer Brust ein leuchtend rotes Herz zu sehen. Während sich das Bild des Engels Clara immer mehr auflöste, hörte ich noch einen letzten Satz, den sie mir zurief: »Ich übergebe dir rosarote Rosen als Zeichen meiner Verbundenheit mit dir.« Nun wurden im Garten, der sich vor mir erstreckte, wundervolle Rosen sichtbar, und ich fühlte in jeder Faser meines

Körpers ein Gefühl von tiefster Dankbarkeit und Zuneigung. Als ich meine Augen wieder öffnete, wusste ich, dass dies kein Traum war, sondern eine echte Begegnung mit meinem persönlichen Engel der Inspiration, Clara. Ich war mit solchen Begegnungen schon sehr vertraut, die teilweise aber auch erschreckend waren. Diese hier aber war einfach nur wunderschön.

An einem verregneten und sehr windigen Sommertag, nur wenige Tage nach meinem Traum, erhielt ich ein Zeichen zur Bestätigung meiner Begegnung mit dem Engel Clara. Diese Botschaft fand mich in einem Moment meines Lebens, an dem ich mich vollkommen in mir angekommen und von der Geistigen Welt liebevoll getragen fühlte. Mein Freund Jeffrey und ich saßen in einem schönen Café in Ingolstadt und unterhielten uns ausgelassen über unsere Pläne für das restliche Jahr, unsere Visionen und auch über mein neues Buchvorhaben. Während Jeffrey von einem neuen Logo für ein neues Geschäftskonzept sprach, das in Herzform sein sollte, streifte wie aus dem Nichts ein kleines rotes glitzerndes Blatt seine Wange und landete auf dem Unterteller meiner Teetasse. Was ich da erblickte, konnte ich im ersten Moment nicht glauben! Es war exakt das gleiche Herz, das ich auf der Brust von Clara erblickt hatte, im gleichen Rotton und der gleichen Form, nur etwas kleiner. Es war für uns beide vollkommen unerklärlich, woher dieses Herz kam und wie es denn sein könnte, dass es direkt bei uns auf dem Tisch gelandet war. Für mich war es ein klares Zeichen aus der Geistigen Welt und mein freudiges Staunen ließ für Stunden nicht nach.

Seit meiner Begegnung mit Clara erhalte ich auch immer wieder rosafarbene Rosen von meinen Klienten und sehe darin eine Geste der Zuneigung aus der Geistigen Welt. Dieses Buch nun entstand durch die Führung von Engel Clara, und ich möchte ihr auch hier aus tiefstem Herzen danken. Clara begann sich nach diesem Traum immer wieder zu zeigen und versorgte mich während des Schreibens immer neu mit Informationen. Etwas, worauf sie besonderen Wert legte, war, dass ich darauf hinweisen sollte, dass Menschen sich auf der Herzebene füreinander öffnen sollten. Nur dann könne die Transformation auf heilvolle Weise bewerkstelligt werden.

Was ich mit Engel Clara erfahren durfte, ist etwas ganz Typisches für unser Zeitalter: Geistige Wesen aus verschiedensten Dimensionen entscheiden sich immer öfter dazu, Menschen auf der Erde zu begleiten, zu inspirieren und dadurch Kanäle zu finden, durch welche sie die Evolution auf der Erde vorantreiben können. Die Begegnung mit Clara war nicht meine erste konkrete Berührung mit der Engelwelt, und ich weiß von vielen Menschen, die von ähnlichen Treffen erzählen.

Die energetische Verwandlung und die Schwingungserhöhung auf unserem Planeten

Wir stehen am Beginn einer wundervollen Ära, in der viele Menschen immer intensiver und konkreter mit feinstofflichen Wesen arbeiten werden. Dieses Buch ist letztlich nur ein logischer Baustein dieser Entwicklung. Allein das Wissen über unsere feinstofflichen Körper reicht nicht aus, um das Phänomen Energie wirklich zu begreifen. Es geht darum zu lernen, wie man mit Energien aus dieser oder anderen Welten umgeht und sie zum eigenen Wohle und dem aller Wesen einsetzen kann. Zunächst ist es aber wichtig, uns darüber klar zu werden, wo wir energetisch auf der Erde momentan stehen.

Ich möchte dich an dieser Stelle nicht mit Episoden aus dem Maya-Kalender oder Ähnlichem langweilen, die du mit Sicherheit an der einen oder anderen Stelle auf deiner spirituellen Reise gehört oder gelesen hast. Fakt ist, dass sich seit geraumer Zeit die Schwingung des Planeten erhöht, und dies auf messbare Art und Weise. Mit der sogenannten Schumann-Frequenz, die die Grund-Resonanzfrequenz in unserem Lebensraum darstellt, wird die Schwingung der Erde gemessen, und diese beträgt heute zwischen 9 und 11 Hertz anstelle der etwa 7 Hertz, die in den 1990er-Jahren gemessen wurden. Diese starke Erhöhung der Schumann-Frequenz in den letzten Jahren hat auch Auswirkungen auf den menschlichen Körper, sein Bewusstsein und natürlich auf seine Aura. Man kann davon ausgehen, dass eine erhöhte Schwingung auch maßgeblich dafür ist, dass man sich mit höheren Sphären verbinden kann. So liegt es nicht fern, dass durch die Schwingungserhöhung des Planeten Erde und somit auch aller Lebewesen auf ihm eine stärkere und direktere Verbindung zur Geistigen Welt möglich ist, wenn der Mensch dies zulässt. Das menschliche Bewusstsein erwacht mit jedem Tag etwas mehr. Es erlangt die Fähigkeit, hinter den Schein der materiellen Welt zu blicken. Nicht zuletzt interagieren die Schumann-Wellen ja auch mit unseren Hirnwellen.

Vielleicht fragst du dich nun, wieso es überhaupt zu dieser Schwingungserhöhung und der energetischen Wende gekommen ist. Ich möchte jetzt kurz, später aber noch ausführlicher darauf eingehen. Auch wir Menschen leben als Teil einer Evolution, die vergleichbar ist mit einer Aufwärtsspirale. Für uns menschliche Lebewesen ist es nicht möglich, Rückwärtsschritte zu machen. Wir entwickeln uns stetig weiter, und so tut es auch die Erde, und zwar derzeit in Form der Erhöhung ihrer Frequenz. Wohin und wie weit diese Entwicklung uns tragen wird, möchte ich aus meiner Sicht in diesem Buch auch ab und an ansprechen. Aber eines sollte für dich jetzt schon klar sein: Wenn du dich für die Transformation entscheidest und mit ihr gehst, wird es für dich keine Stagnation geben. Denn diese ist die Alternative zur Aufwärtsbewegung. Oft hängen wir in speziellen Lebensthemen oder sogar Mustern fest, die nur schwer zu durchbrechen sind. Dieses Buch aber wird dir Wege aufzeigen, diese Blockaden aufzulösen und zu deiner vollen Größe zu erwachen.

Etwas sehr Erfreuliches, was durch die Schwingungserhöhung des Planeten nun möglich wird, ist, dass sich
jeder mit geistigen Wesen verbinden und mit ihnen ko-
operieren kann. Wir müssen sie nicht mit besonderen Ritualen oder Zeremonien anrufen, sondern sie sind immer
da und stehen uns zur Seite, wenn wir dies wünschen. Es
sind unser Vertrauen und unsere Liebe, die sie an uns bin-
den. Dies ist zu vergleichen mit der Zeit, als Atlantis und
Lemuria und auf ihnen die Rasse vollkommener huma-
noider Wesen noch existierte. Mit ihrem Untergang verlor
die Menschheit auch ein Stück ihrer Verbindung zur Geistigen Welt, das sie nun wiedererlangt.

Durch die Erhöhung der Grundschwingung des Planeten und des Menschen kommt es zu einer Höherent-
wicklung von einer physisch dichten zu einer lichten und
höherdimensionalen Form. Das Bewusstsein und die
Spiritualität erlangen Tiefe. Dafür ist aber auch eine globale Reinigung von energetischen Blockaden nötig, die in
diese neue Form nicht passen würden. Diese Reinigung
geschieht wie von selbst durch die Anpassung der Erde
an die neue Energiestruktur. Dabei können aber Spannungen entstehen, die wir in Form von Naturkatastrophen
oder auf persönlicher Ebene durch Krankheit und Ähnliches erleben.

Jede Energieerhöhung ist mit einer Art Irritation für die
Erde verbunden, sodass es durch die Energieschwankungen zu Naturkrisen kommen kann. Überall auf unserem
Globus gibt es derzeit Überflutungen, Erdbeben und andere Naturkatastrophen. Diese sind ein Versuch der Erde,
sich an die neue Energiestruktur anzupassen. Und nichts

anderes geschieht mit unserem Körper und unserer Aura: Sie befinden sich in Aufruhr und ständiger energetischer Anpassung. Wir sind in ständiger Interaktion mit der Erde, die laufend ihre Schwingung erhöht, und wir werden immer deutlicher aufgefordert, diesen Energien standzuhalten und mit ihnen zu schwingen. Insbesondere für den physischen Körper in seiner grobstofflichen Form ist das nicht leicht, denn er muss diese Schwingungserhöhung aufnehmen und verarbeiten können. Das heißt, unsere Körper befinden sich in einem ständigen Ausgleichen.

So wie die Erde nun dabei ist, sich anzupassen, so ist also auch bei jedem einzelnen Menschen eine Neuordnung der Energien im Gange: Die neuen Energien können auch hier zu Irritationen und allen möglichen Ausbrüchen führen, ob nun emotional, körperlich, geistig oder spirituell. Dabei muss es dem Einzelnen darum gehen, sich energetisch an diese neuen Energien anzupassen, damit er keinen Schaden durch eine Diskrepanz nimmt. Die planetare Grundfrequenz wird laufend höher, und wenn sich die eigene Körperfrequenz nicht anpasst, können Irritationen bis hin zu Krankheiten entstehen. In den folgenden Kapiteln werden wir noch näher darauf eingehen, wie wir uns reinigen und stabilisieren können und in welchem Zustand sich die Erde momentan befindet.

Die Auswirkungen des Wandels sind noch weiter: Ausgelöst durch die Schwingungserhöhung ziehen wir eigene verloren gegangene Seelenanteile und auch parallele Existenzen von diesen wieder an und werden damit in unserem Sein vollständig. Dies kann dazu führen, dass »Ur-Themen« in uns aufsteigen, denen wir vorher nie begegnet waren. Im Laufe des Transformationsprozesses integriert jeder weitere Seelenaspekte, die sich in der Vergangenheit wohl aufgrund der damals sehr niedrigen Schwingung von ihm abgelöst haben.

Die neue Energie führt auch dazu, dass es gravierende Veränderungen am menschlichen Körper und dem energetischen Abbild, also der Aura, gibt. Besonders intensiv verläuft dieser Prozess bei den Hybridseelen, auf die wir noch genauer zu sprechen kommen werden. Die Aura, die Chakras sowie die DNA-Muster verändern sich infolge des Bewusstseinswandels.

Auch die Dimension Zeit befindet sich im Wandel. Die Zeitbeschleunigung ist für viele Menschen bereits spürbar, denn es kommt vielen von uns so vor, als hätten wir für all das, was unseren Tag ausfüllt, nicht mehr genug Zeit, als habe der Tag keine 24 Stunden mehr, sondern nur noch 16. Und so ist es tatsächlich. Unsere Uhren zeigen uns zwar noch volle 24 Stunden an, aber in Wirklichkeit gibt es diese 24 Stunden nicht mehr. Gleichzeitig gelingt es vielen Menschen, sich trotz weniger Zeit mehr Zeit zu »schaffen«. Dies ist mit zunehmender Bewusstheit tatsächlich möglich, vor allem dadurch, dann man mehr im Hier und Jetzt ist.

Zeit, wie wir sie linear messen, ist ohnehin nicht existent, und diese Erkenntnis integriert sich mehr und mehr. Laut den Maya war 2012 das Jahr, in dem wir aus der Zeit, wie wir sie bis jetzt kannten, ausstiegen. Gleichzeitig traten schon 2012 immer wieder Zeitlöcher auf, die für uns auf emotionaler, körperlicher und energetischer Ebene gefährlich sein können. Zeitlöcher kann man sich als

»leere Räume« in der linearen Zeitachse vorstellen, die sich für uns Menschen als unendlich lang oder extrem kurz anfühlen können. In diesen Zeitlöchern werden wir, wenn wir uns nicht darauf einrichten und uns davor schützen, von einem Gefühl des Getrennt-Seins vom kosmischen Prinzip und unserem Höheren Selbst überrollt. Dieses Gefühl nehmen wir auf bewusster Ebene als eine Art von Verstimmung, Unwohlsein oder kurzzeitige Depression wahr. Somit sind wir in diesen Momenten auch anfälliger für Fremdenergien und Ähnliches.

Auch verlassen wir Menschen unser Dasein in einem linearen Zeit-Raum-Kontinuum und steigen in ein multidimensionales Sein ein. Während ein Teil unseres Bewusstseins ein Erdenleben führt, erfahren wir parallel dazu noch etliche andere Seinsebenen auf anderen Planeten und in anderen Dimensionen. Dies scheint für unseren menschlichen Verstand nicht nachvollziehbar zu sein, wir werden aber immer mehr Eindrücke darüber erlangen, im Wach-, aber auch im Schlafzustand. Vor allem Blackouts sind ein eindeutiges Zeichen dafür, dass man parallele Existenzen führt: Man erhebt sich vom Bürostuhl und will sich eine Tasse Tee holen. Kaum ist man in der Küche, hat man vergessen, weshalb man aufgestanden ist. Wenn dir so etwas immer wieder mal passiert, kannst du – außer, du bist allgemein sehr zerstreut – davon ausgehen, dass du in diesen Momenten in ein anderes Leben und Sein eintauchst und somit ein Loch in deinem Erden-Sein entsteht. Dies fühlt sich weder besonders angenehm noch unangenehm an, und unser menschlicher Verstand kann meist nicht wirklich etwas damit anfangen. Das Beste ist, es nicht zu bewerten. Man kann selbst nicht darauf einwirken, wie oft diese Blackouts in Erscheinung treten. Es kann dabei aber sogar vorkommen, dass du ganz konkrete Bilder von parallelen Existenzen erhältst, was sehr schöne Erlebnisse sein können.

Jeder Mensch steckt jetzt im globalen Transformationsprozess. Der eine spürt es mehr, der andere weniger. Aber es gibt niemanden, der davon verschont bleibt. Um das zu merken, muss man weder sensitiv noch medial sein. Viele Menschen erleben die körperlichen und seelischen Veränderungen sehr deutlich, beispielsweise in Form von Krankheiten oder emotionaler Zerrissenheit. Es beginnen aber auch neue Energien im Körper zu fließen und das Leben verändert sich immer rascher. Es können sich bestimmte körperliche Symptome einstellen oder neue Berufssituationen ergeben. Alte Freundschaften enden, und vielleicht tauchen neue Personen in unserem Leben auf, mit denen wir in viel größerer Resonanz stehen als zu früheren Freunden.

Seit Beginn des Transformationsprozesses gab es zahlreiche Portalöffnungen und energetische Ereignisse – Momente, in denen massive Energieströmungen aus der Geistigen Welt auf die Erde trafen. Der Trend ist dahingehend, dass sich Portalöffnungen häufen werden und es noch öfter zu »energetischen Stürmen« kommen wird. Diese Informationen erhielten wir während eines Channelings von einem Wesen, das sich Sandjiban nennt. Es wollte uns nicht offenlegen, was für ein Wesen es ist, aber wir wissen, dass es zu einer anderen Galaxie gehört und einen physisch anders gearteten Körper hat. Es wurde damit beauftragt, gewisse Themen auf der Erde zu kontrollieren, soweit dies in seiner Macht liegt. Es scheint auch daran beteiligt zu sein, wenn sich Portalöffnungen zeigen.

Weder 2012 noch 2013 oder auch der Transformationsprozess selbst läuten ein Ende der Erde ein. Es ist ein Prozess, der uns auf die neue Art zu leben, auf die neue Zivilisation, die wir sein werden, vorbereitet. Es wird keinen plötzlichen Übergang geben, sondern nur weitere Meilensteine in der Evolution. Es beginnen sich deswegen ganz konkrete Zeichen des Wandels zu zeigen, an der Erde, an unserem Körper und an der Aura. All dies ist Teil eines ganz natürlichen Prozesses.

Der Mensch weist jetzt bereits eine erhöhte sensitive und mediale Wahrnehmung auf, und dieser Trend wird sich mehr und mehr fortsetzen. Mit dieser Verfeinerung unseres Wesens wird es uns möglich sein, besser auf die Veränderungen einzugehen, mit ihnen zu gehen, uns immer wieder anzugleichen. Für dich kann dieses Buch ein wertvolles Werkzeug auf deinem Weg der Transformation sein. Du wirst darin nicht nur erfahren, wie die Aura aufgebaut ist und funktioniert, wie du sie klären und stabilisieren kannst, sondern auch, wie du deine Aurasichtigkeit verstärkst. Die erhöhte Schwingung des Planeten wird dir dabei helfen. Zunächst aber sollten wir uns mit Energie und Feinstofflichkeit beschäftigen, die essenziell für die Aura sind.

Was ist Energie, was heißt Feinstofflichkeit?

Es geht mir hier nicht darum, dich davon zu überzeugen, dass es Energie im Sinne von kosmischem Prana und Chi gibt. Bis zu diesem heutigen Tag kann nicht einmal die Wissenschaft eine genaue Erklärung darüber abgeben, was Energie genau ist oder wie sie funktioniert. Fakt ist aber, dass es sie gibt und sie auf verschiedenste Art und Weise auf unser Leben einwirkt, ja es überhaupt erst möglich macht. Der Verstand fände sicherlich tausend Gründe dafür, wieso es Energie im feinstofflichen Sinne nicht gibt, und ebenso viele dafür, dass es sie gibt. Auch hier gilt: Für den, der nicht glauben will, wäre kein Beweis genügend, und für den, der glaubt, sind alle Beweise überflüssig.

Ich möchte dich einladen, eine kleine und einfache Übung zu machen. Vielleicht nennen wir es auch lieber ein kleines Experiment. Denn es geht wie bei allen anderen sensitiven und medialen Übungen nicht darum, ein bestimmtes Ziel oder Ergebnis zu erreichen, sondern darum, mit Neugier und Spaß neue Dinge auszuprobieren. Viele Menschen scheitern bei solchen Übungen, weil sie viel zu verspannt und unter Druck an die Sache herangehen. Wir wollen es aber auf eine ganz andere, eine spielerische Art und Weise probieren.

Ein kleines Experiment

Idealerweise findet das Experiment unter freiem Himmel statt. Du stellst dich mit beiden Füßen fest auf die Erde, richtest deinen Blick weit hinaus in die Ferne und suchst dir einen Punkt, auf den du deinen Blick fixierst. Während deine Augen ganz ruhig auf diesem Punkt bleiben, weitest du deinen Blickwinkel aus, sodass du alles um diesen Punkt herum wahrnehmen kannst, wenn auch nicht so scharf wie den Fixpunkt.

Bleib vollkommen entspannt und atme tief und ruhig weiter. In wenigen Momenten wirst du Millionen von kleinen Lichtpartikeln in der Luft erblicken können, die sich in rasanter Geschwindigkeit bewegen und runde Formen in der Luft hinterlassen. Alle diese Formen sind aber sehr subtil und sehen wie feinste Energiebahnen aus, umgeben und angeführt von Lichtpartikelchen. Das ist Energie, das Chi oder Prana, wie es in fernöstlichen Kulturen genannt wird.

Lass dir mit dieser ersten Übung Zeit und verzage nicht, wenn es auf Anhieb nicht klappt. Das Wichtigste, was für alle anderen sensitiven und medialen Übungen auch gilt, ist, dass du dich in einer konzentrierten Entspannung befindest. Dieser Zustand ist vergleichbar mit dem Lesen eines inspirierenden Buches oder dem Lauschen auf ein Konzert. Während man voller Aufmerksamkeit dabei ist, entspannt sich der Körper.

Wie du nun erkennen und vielleicht sogar sehen konntest, sind wir umgeben von feinstofflichen Energiepartikeln. Dies geht so weit, dass wir selbst zu 100 Prozent

aus sich bewegenden und rotierenden Energiepartikel-
chen bestehen und auch die materielle Welt, die uns fest
und unbeweglich erscheint, ständig in Bewegung ist. Wir
erliegen also einer Illusion, wenn wir denken, dass beispielsweise ein Stuhl oder Tisch tote und unbewegliche
Materie sei. Alles trägt eine bestimmte Form von Lebendigkeit in sich und ist in ständiger energetischer Interaktion
mit allem anderen, was ist.

Und es geht noch weiter: Nicht nur Gegenstände und
Lebewesen bestehen aus Energie in Bewegung, sondern
auch Worte, Klänge und Gedanken. All das kann ein energetisches Abbild in Form von Mandalas und Mosaiken in
unserer Welt hinterlassen, was die harmonisierende Wirkung von Worten wie »Liebe« und »Frieden« auf das Element Wasser beweist. Alles ist aus Energie erschaffen und
beinhaltet eine energetische Information in Form von
Schwingung. Vielleicht können wir all diese Energieformen nicht mit unseren physischen Augen und den rest-
lichen Sinnen wahrnehmen, existieren tun sie dennoch.

Gewisse Strukturen von Energie sind so hoch- beziehungsweise niederfrequent, dass sie weder gemessen
noch gesichtet werden können. Sie sind dennoch existent,
und dies können wir an ihrer Wirkung erkennen. Unter
die nicht messbare Kategorie fällt auch die feinstoffliche
Energie. Feinstoffliche Energien bewegen sich nach bestimmten Gesetzmäßigkeiten, wie dies auch bei grobstofflichen Formen der Fall ist. Woran sich die feinstoffliche Welt jedoch nicht hält, sind die Dimensionen von Zeit
und Raum. Sie ist in der Lage, Zeit und Raum zu beherr-
schen, sie aber auch komplett zu ignorieren. Feinstoffliche

Energien haben keine in sich abgeschlossene Form, sie sind expansiv und ermöglichen auch besagte Parallelexistenzen.

Feinstoffliche Energien wirken auf die materiell-grobstoffliche Welt ein, und umgekehrt ist es ebenso der Fall. Auf die Aura des Menschen bezogen bedeutet dies, dass die Aura (= das Feinstoffliche) auf den Körper (= das Grobstoffliche) Einfluss nimmt und auch der Körper auf die Aura. Somit ist eine völlige Trennung der grobstofflichen Energie von der feinstofflichen nicht möglich, die Frequenzen der feinstofflichen und auch der grobstofflichen Energie können sich unter der gegenseitigen Einwirkung verändern.

Je nach Schwingungsfrequenz erscheint uns eine Energieform als grob- oder feinstofflich. Unsere physischen Augen sind nur in der Lage, eine bestimmte Spannbreite an Frequenzen wahrzunehmen. Darüber stellt sich uns die grobstoffliche Welt dar. In ihr existieren für uns Bäume, Steine, Körper und andere materielle Dinge. Die feinstoffliche Form der Dinge bleibt unseren physischen Augen jedoch verborgen, unseren Hellsinnen (viele können hellsehen, hellfühlen, hellhören oder auch hellwissen) jedoch nicht. Jeder gesunde und in sich zentrierte Mensch, egal ob er sich als spirituell empfindet oder nicht, ist in der Lage, seine Wahrnehmung auf seine Hellsinne umzupolen und die feinstoffliche Welt zu erfassen.

Für mich ist es das Natürlichste auf der Welt, dass alles Materielle eine energetische Abstrahlung hat, diese war mir von klein auf sichtbar und bekannt. Es mag daran liegen, dass mich meine Oma in meiner Hellsichtigkeit immerzu bestätigt hat und ich bis zum heutigen Tag meine Hellsinne nicht eingebüßt habe. Doch alle Kinder sehen ohne spezielle Anstrengung oder Mühe die Aura und das Feinstoffliche, nur werden ihnen mit der Zeit diese Eindrücke von Eltern, Schule und Gesellschaft genommen. Sobald man nämlich die Illusion, dass die Welt aus grober Materie besteht, als die einzige Wahrheit annimmt, entziehen sich einem jegliche Eindrücke des Feinstofflichen.

Ein Lichtblick ist es, dass heute zunehmend Seelen inkarniert werden, die selbstbewusst und erwacht ihren Seelenweg gehen und sich nicht von der Gesellschaft »einordnen« lassen. Die Geburt dieser speziellen Seelen läutet den Beginn der stetigen Transformation ein. In diesem Prozess verändert sich die Grundschwingung von allem Existenten, und die Frequenzen von grob- und feinstofflichen Energien verschieben sich. Dieser Trend führt immer mehr dazu, dass Menschen ihre Hellsinne ausbauen und direkten Kontakt zu Engeln und Geistwesen aufbauen können. Dieses Buch kam dir somit genau zum richtigen Zeitpunkt zugeflogen, denn du findest darin alle Werkzeuge, um deine Hellsinne einzusetzen und mit feinstofflichen Energien zu arbeiten.

Ich bin mir sicher, dass du die grobstoffliche Welt weitgehend im Griff hast. Hast du dich jedoch schon einmal gefragt, wie es mit der feinstofflichen Welt aussieht? Durch die Meisterschaft über Energie im Allgemeinen wirst du zu einem Transformator von Energien, und dies wird sich nicht nur positiv auf dein berufliches und privates Leben auswirken, sondern auch auf deine ganze Umgebung, deine Mitmenschen und die Erde.

Denn genau darum geht es in dem weltumfassenden Transformationsprozess.

Fälschlicherweise wird Transformation negativ beleuchtet, indem man denkt, dass es dabei darum ginge, Altes und Vergangenes als schlecht abzutun und es verändern zu wollen. Dabei handelt es sich bei der Transformation um einen Wandlungsprozess, für den es unabdingbar ist, dass Vergangenes vorhanden und einsetzbar ist. Die Vergangenheit stellt die Basis dar, auf der die Blume der Transformation gedeihen kann. Dies ist vergleichbar mit einem Rohdiamanten, der zuerst geschliffen werden muss, bevor er funkeln kann. In seiner Essenz bleibt der Diamant jedoch immer kostbar, ob geschliffen oder nicht.

Nun geht es auch verstärkt darum, dass alte Muster, Gewohnheiten, emotionale Blockaden und Ängste transformiert werden, um die eigene Schwingung besser an die erhöhte Schwingung der Erde anzupassen. Dies ist ein Weg, Körper und Geist zu reinigen und sich auf das kosmische Erwachen vorzubereiten. Durch die energetische Arbeit an der Aura kann verhindert und gemildert werden, dass der Körper sich über Beschwerden, Krankheiten oder emotionale Störungen anpasst. Nicht nur aus diesem Grund ist dieses Buch regelrecht ein Muss für jeden, der in diesen Zeiten der Transformation in vollkommener Erfüllung auf jeglicher Ebene leben möchte.

Die Aura: das elektromagnetische Feld des Menschen

In diesem Kapitel wirst du nicht nur alles Wissenswerte rund um die Aura erfahren, sondern auch, wie sich die persönlichen Energiefelder anordnen und welche Veränderungen es in der energetischen Abstrahlung seit dem Beginn der globalen Transformation von Energien auf der Erde bereits gab. Die wichtigsten feinstofflichen Strukturen des Menschen sind die Aura, die Chakras, die mit dem Energiekörper verbunden sind, die Marmas als Energiepunkte am physischen Körper und die Nadis als Energiekanäle vergleichbar den Meridianen. Sie alle werden wir genauer untersuchen.

Alles augenscheinlich Grobstoffliche trägt auch eine feinstoffliche Komponente in sich, es wird von ihr durchdrungen und geprägt. Somit kann man sagen, dass beispielsweise auch ein Stuhl eine energetische Abstrahlung hat. In unserem Kontext wollen wir dafür allerdings nicht den Begriff Aura verwenden, da dieser für Menschen, Tiere und Pflanzen vorbehalten sein sollte. Ausschlaggebend dafür, ob etwas eine Aura besitzt oder nicht, ist ein wichtiges Merkmal der energetischen Abstrahlung: die energetische (sicht- und fühlbare) Verbindung zur Geistigen Welt oder einem Höheren Prinzip. Ich denke, es steht außer Frage, ob ein Stuhl ein Höheres Selbst besitzt oder nicht.

Nur etwas sollte nicht vergessen werden: Gegenstände, auch wenn sie zunächst leblos erscheinen, können durch den Glauben und die Intention von Menschen sozusagen eine Seele und damit eine Aura erhalten, die dann wieder in Resonanz mit einem kosmischen Prinzip treten kann. Bestes Beispiel dafür sind Götter- oder Buddha-Figuren. Diese teilweise sehr aufwendig und rituell konstruierten Manifestationen von etwas Göttlichem auf der Erde haben tatsächlich eine Aura, und diese ist für die meisten Menschen tatsächlich spürbar, wenn nicht sogar sichtbar. Ausgelöst durch das Gesetz der Resonanz wird beispielsweise die Energie von Krishna automatisch »angezapft«, wenn zu ihm gebetet oder er besungen wird, und sie wirkt dann tatsächlich durch die Krishna-Statue. Ich durfte schon sehr viele Klöster im Osten besuchen und traf bis heute noch keine Götter- oder Buddha-Figur an, die nicht strahlte und eine Aura besaß.

Eine eindrückliche Erfahrung machte ich einst mit einer Krishna-Statue, die Pascal Voggenhuber und ich damals für unser gemeinsames spirituelles Center in der Schweiz bestellt hatten. Es dauerte einige Zeit, bis sie bei uns ankam, und wir stellten sie sorgsam im Yoga-Raum auf. Für mich war die energetische Abstrahlung Krishnas enorm und so stark, dass er an einem Tag sogar zu mir zu sprechen schien. Er sagte, dass er hier bleiben werde, wenn ich gehe, und für Trost und Liebe im Center da sei. Ich hatte überhaupt nicht vor zu gehen, und konnte damals nichts mit diesen Worten anfangen. Ich war mehr irritiert als berührt davon. Kurze Zeit später aber kam die größte Wende in meinem bisherigen Leben, und ich fühlte mich aufgefordert, meine Zelte in der Schweiz abzubrechen, um meinen eigenen Weg zu gehen. Sehr schweren Herzens nur konnte ich mich von meinen geliebten Schülern trennen, wusste aber in meinem Innersten, dass Krishna für sie da war, um ihnen Trost und Liebe zu schenken.

Das Wort Aura beschränken wir hier also auf Menschen, Tiere, Pflanzen und besondere Gegenstände, die durch Intention, persönliche Erlebnisse oder Glaube speziell energetisiert wurden. Vor allem interessiert uns aber das menschliche Energiefeld. Die Aura ist mittlerweile vielen bekannt und wird fälschlicherweise als das alleinige Energiefeld des Menschen bezeichnet beziehungsweise werden alle Energiefelder einfach nur Aura genannt. Das Energiefeld des Menschen besteht jedoch aus mehreren Feldern. Sie werden oft in unterschiedlicher Weise benannt, ich benutze folgende Begriffe:

- Schwarzfeld,
- Vitalhülle,
- Aura-Feld,
- Morpho-Feld,
- Nirwana-Feld.

Natürlich gibt es neben diesen noch andere, physikalisch messbare elektromagnetische und magnetische Felder, die von Lebewesen generiert werden; diese sollen jedoch nicht unser Thema sein. Wir beziehen uns hier nur auf feinstoffliche Felder und Kanäle.

Nun wollen wir uns die verschiedenen Felder genauer anschauen, ohne aber zu behaupten, dass dieses Schema das einzig richtige und wahre ist. All meine Ausführungen sind auf meine persönlichen Erfahrungen im Feld der Aura zurückzuführen und darauf, wie sie sich mir tagtäglich offenbart. Natürlich habe ich mir auch Informationen aus der Geistigen Welt und von Elohijm eingeholt, um eine Bestätigung für die Richtigkeit meines Wissens zu erhalten. Selbstverständlich ließen sich auch andere Begrifflichkeiten verwenden. Der Einfachheit halber belasse ich es aber bei den oben genannten. Ich denke, dass es nicht von Wichtigkeit ist, wie wir die Felder nennen, sondern inwieweit wir mit ihnen arbeiten und uns selbst und anderen Menschen damit helfen können.

Das Schwarzfeld und die Vitalhülle

Die allererste hellsichtig direkt an der Haut beziehungsweise der Kleidung erkennbare Schicht ist das sogenannte Schwarzfeld. Dieses Feld kann man als eine Form der Nicht-Materie verstehen. Es ist kein Träger für eine bestimmte Information oder Schwingung, sondern taucht eher als eine tote Trennungs- oder Übergangslinie zwischen physischem und feinstofflichem Körper auf. Diese erste Schicht ist nur bei lebendigen Lebewesen anzutreffen und somit bei einer verstorbenen Person nicht sichtbar. Das Schwarzfeld ist energetisch mit der Vitalhülle engstens verwoben, beide können immer nur koexistieren. Somit gibt es ohne die Vitalhülle kein Schwarzfeld und ohne Schwarzfeld keine Vitalhülle. Es scheint so, als würden sich die beiden Schichten gegenseitig abschirmen.

Es wäre nicht verwunderlich, wenn du bis jetzt noch nichts von solch einem Schwarzfeld gehört hast. Diese Schicht ist weniger spektakulär als das Aura-Feld, aber gleichzeitig der Vollständigkeit halber zu erwähnen. Vielen Menschen wird das Schwarzfeld erst in Verbindung mit der Vitalhülle hellsichtig wahrnehmbar, was du später selbst ausprobieren kannst. Hierbei ist es wichtig zu wissen, dass diese Schicht eine minimale Dicke aufweist, sich aber sehr gleichmäßig um den Körper herumzieht. Manchmal erscheint mir das Schwarzfeld auch als eine Art Unterlage für die Aura: ein Kokon um den gesamten Körper herum, damit die Farben der Aura nicht durch die Farben der Kleidung verfälscht werden.

Wie erwähnt folgt auf das Schwarzfeld die Vital- oder auch Prana-Hülle. Sie ist der Inbegriff und das Symbol der Lebendigkeit des Menschen. Darüber hinaus kann sie Aufschluss darüber geben, auf welchem Niveau sich die geistige und körperliche Vitalität und Fitness befinden. Die Vitalhülle zieht sich vergleichbar mit dem Schwarzfeld um den gesamten Körper herum und weist eine individuell unterschiedliche Dicke und Leuchtkraft auf. Anders als beim Schwarzfeld sind Dicke und Leuchtkraft dieser Schicht nicht gleichmäßig, sie kann an manchen Stellen dicker oder dünner, dunkler oder heller ausfallen oder sogar komplett wegfallen. Je dünner beziehungsweise dunkler die Schicht an einer Stelle am Körper ist, desto weniger Energie bekommt diese Stelle ab. Sie kann dort nicht so viel absorbieren. Beispielsweise bei einem verspannten Nacken- und Schulterbereich ist meist sehr deutlich zu sehen, dass die Vitalhülle an diesen Stellen sehr dünn und trüb ist. Gleiches gilt für die Region von kranken Organen oder auch in ihrer Funktion eingeschränkten Chakras.

Die Vitalhülle ist für nahezu alle Menschen auf Anhieb sichtbar, jedoch kann das Gesehene nicht sehr lange »gehalten« werden, es sei denn, man ist in der Hellsicht trainiert. Es kann sein, dass man die Vitalhülle für nur ein paar Sekunden erblickt und sie dann wieder verschwindet. Vor allem bei Einsteigern in diese Materie ist dies vollkommen normal, da sich die Augen an das veränderte Sehen gewöhnen müssen. Du wirst in diesem Buch noch praktisch damit umzugehen lernen.

Die Vitalhülle reagiert am stärksten auf Emotionen. So weisen Menschen mit depressiver Verstimmung eine sehr dünne Vitalhülle mit teilweise dunklen Verfärbungen auf, die aber durch Positives Denken und Mental-Übungen sehr schnell wieder an Dicke und Leuchtkraft gewinnen kann. Über den physischen Körper und die Vitalhülle erhält die Aura, die auf die Vitalhülle folgt, ihre Energie und Strahlkraft. Die Aura eines Menschen wird also klarer sicht- und lesbar, wenn es dem Betreffenden emotional und körperlich gut geht. Je »unvitaler« ein Mensch ist, umso blasser erscheinen auch Formen und Farben in der Aura und können somit schwieriger gelesen und gedeutet werden.

Die effektivste und schnellste Methode, um die Vitalhülle zu energetisieren, ist Lachen. Damit wird vielleicht
für den einen oder anderen meiner Klienten auch klar,
wieso ich zum Teil gleich zu Beginn der Sitzung (meist
erfolgreich) versuche, sie zum Lachen zu bringen: Das ist
nicht nur schön und lockert die Atmosphäre auf, sondern
ich steigere damit auch ihr Energielevel. In der Tat kommen viele Menschen in einem eher angespannten und
nervösen Zustand zu mir, und es ist unabdingbar, sie dazu
zu bringen, sich zu entspannen und zu öffnen.

Du wirst mit Sicherheit auch die Erfahrung machen,
dass es Menschen gibt, die du energetisch leichter lesen
kannst als andere. Der Grund dafür liegt genau in der
Vitalität und körperlichen Fitness. Jeder, der seine Aura
gelesen haben will, sollte etwa zwei bis drei Wochen vorher besonders auf seine emotionale Balance und physische Gesundheit achten und vielleicht direkt davor noch
eine Lach-Yoga-Session besuchen oder anderweitig intensiv lachen. Dies wird den Erfolg des Aura-Lesens für
beide Seiten enorm steigern. Du brauchst keine Sorge zu
haben, dass dies die Informationen in der Aura verfälschen
könnte, wegen denen man sie ja lesen lassen will. Wenn
man auf körperliche Fitness und emotionale Balance ach-
tet, wird dies nur einen Effekt auf die Vitalhülle haben.
Und je lebendiger diese ist, desto mehr Energie und Farb-
kraft erhalten die anderen Energiefelder.

Die Vitalhülle erlangt einen großen Teil ihrer Strahlkraft
vom physischen Körper. Weiterhin ist es das Prana –
die kosmische Energie – die über die Chakras transformiert wird und die Vitalhülle mit Energie versorgt. Somit

kann man auch durch das Energetisieren der Chakras das Energielevel in der Vitalhülle steigern und somit das der direkt anliegenden Aura. Die Vitalhülle wird zu etwa 60 Prozent vom physischen Körper und zu 40 Prozent vom Prana mit Energie gespeist. Dies impliziert auch, dass ein alleiniges Augenmerk auf die körperliche Gesundheit einen Menschen nie zu vollkommener geistiger und seelischer Größe wachsen lassen wird. Die Arbeit an den Chakras und an der Aufnahmebereitschaft des Systems für Prana ist das Wichtigste auf dem Weg zur Erfüllung. Dies heißt nicht, dass der grobstoffliche Körper vernachlässigt, sondern vielmehr wie ein Vehikel oder ein Tempel für die unsterbliche Seele behandelt werden sollte. So wie ein wundervoll geschmückter Tempel ohne die Menschen, die ihn aufsuchen, wertlos wäre, so ist es auch mit einem schönen Körper ohne spirituelle Tiefe.

Die Aura

Nun weißt du, dass es zwei Versorgungsquellen für die Vitalhülle beziehungsweise die Aura gibt: den physischen Körper und das kosmische Prana. Wenn die Versorgung gut funktioniert, steht einer wundervoll leuchtenden und hellsichtig gut wahrnehmbaren Aura nichts im Weg. Sie ist die dritte feinstoffliche Schicht um den Körper herum. Viel mehr als die anderen energetischen Hüllen ist die

Aura die Trägerin zahlreicher Informationen, Botschaften und Symbole in Bezug auf den Menschen.

Sie erweckte schon vor Tausenden von Jahren das Interesse vieler spirituell Suchender und hat es bis an die Tür der Wissenschaft geschafft. Es finden sich in der Literatur zunehmend Argumente für die Existenz der Aura und man scheint sich auch unter führenden Wissenschaftlern mehr und mehr einig zu sein: Die Aura gibt es, und der Mensch kann sie wahrnehmen.

Das Aura-Feld besteht aus verschiedenen inneren Feldern, Schichten und Farben und kann in sich das absolute energetische Abbild des betreffenden Menschen tragen. Hier zunächst die wesentlichen Themen, die in der Aura erkennbar werden können:

- Charaktereigenschaften,
- emotionale Imbalancen,
- Disharmonien in Beruf, Privatem und Familiärem,
- traumatische Erfahrungen der jetzigen Inkarnation und früherer Inkarnationen,
- Krankheiten und Beschwerden auf physischer und psychischer Ebene,
- Fremdenergien und Elementarwesen,
- Symbole und Zeichen mit Botschaftsgehalt,
- Bilder aus der Vergangenheit oder Zukunft,
- lebende oder verstorbene Nahestehende,
- spirituelle Verbindungslinien
- und noch vieles mehr.

Der Umfang der Aura eines Menschen kann stark variieren und sich im Laufe des Lebens, ja sogar des Tages stark verändern. So ist es möglich, dass ein Streit mit dem Partner eine so starke emotionale Wirkung hinterlässt, dass das gesamte Aura-Feld in sich einsinkt. Aber auch eine positive Erfahrung kann die Aura beeinflussen, sie wird sie eher zur Ausdehnung bringen. Dies ist nur eine von zwei möglichen Tendenzen, die die Aura aufweisen kann. Hier gibt es nämlich gravierende Unterschiede bei unterschiedlichen Menschen. Im Falle einer »expansiven Aura« tendiert die Person dazu, die Energie bei angenehmen Situationen auszudehnen und bei unangenehmen zurückzuziehen. Bei Menschen mit einer sogenannten Puls-Aura verhält es sich komplett anders: Je nach Situation findet eine Veränderung der Geschwindigkeit und der Intensität des Pulsierens in der Aura statt. Dabei tendieren diese Menschen dazu, bei erfreulichen Gegebenheiten in der Aura stärker und schneller zu pulsieren. Aber auch hier gibt es Individuen, bei denen das Gegenteil der Fall ist: Ihre Aura pulsiert bei unangenehmen Situationen energetisch stärker.

In diesem Kontext gibt es noch einen ganz wichtigen Punkt, der angesprochen werden sollte: Die Aura ist nicht der Dimension Zeit unterlegen, sondern existiert abseits von ihr. Das bedeutet, dass Situationen oder Erfahrungen keine unmittelbare Wirkung auf die Aura haben müssen. Dies ist manchmal ein Nachteil, wenn wir die Aura lesen und von ihr Informationen über das Jetzt erhalten wollen. Im Hinblick auf zukünftige Trends jedoch ist dies ein Vorteil, da sich in der Aura schon Dinge manifestieren können, die in der augenscheinlichen Welt noch nicht vorhanden sind. Wichtig ist zu wissen, dass die Aura wie jede andere feinstoffliche Manifestationsform nie fest oder unbewegt, sondern in einer ständigen Bewegung und Pulsierung ist. Neben der Vibration können noch andere Aktivitäten erkannt werden. Diese zeigen sich in Form von Blitzen, aufblinkenden Sternen, wellenförmigen oder abgehackten Bewegungen und so weiter.

Blitze sind oftmals ein Zeichen von Energieentladungen im Aura-Feld und treten häufig bei Menschen auf, die unter großem Leistungs- und Zeitdruck sowie unter Anspannung stehen. Dieses Phänomen der Blitze treffe ich oft bei Geschäftsmännern an, die es noch nicht gelernt haben, ein gutes Zeitmanagement zu führen und sich auch mal Zeit für sich und die Familie zu nehmen. Blitze können außerdem Zeichen für Energieüberschüsse im Körper sein, insbesondere auch dann, wenn die Person zu viel Feuer in sich trägt. Diesen Menschen rate ich gern, Entspannungsübungen zu praktizieren, es sich aber auch mal zu erlauben, sich im Sport richtig auszutoben. Die passende Ernährung spielt dabei natürlich auch eine ganz wichtige Rolle. Dazu mehr im Kapitel zur Aura-Diät.

Aufblinkende Sterne in der Aura sind sehr schön anzusehen und treten heute zunehmend auf. Der Grund dafür ist die verstärkte Verbindung des Menschen zur Geistigen Welt. Fast in allen Fällen von aufblinkenden Sternen handelt es sich nämlich um Funken der Inspiration und Führung aus der Geistigen Welt. Je mehr Sterne in der Aura aufblinken, desto stärker ist der Draht der Person zur Geistigen Welt. Sie können auch ein Zeichen für die

Präsenz einer verstorbenen Person sein, insbesondere dann, wenn der Aura-Coach nur sensitiv und nicht auch medial veranlagt ist. (Bei einem medial veranlagten Aura-Coach würde die verstorbene Person direkt in einer körperlichen Form erscheinen.) Genauso wie die Vitalhülle recht schnell und ohne großes Training gesichtet werden kann, so ist es auch mit den aufblinkenden Sternen. In meinen Aura-Workshops sind das die zwei Dinge, die auf Anhieb von den Teilnehmern wahrgenommen werden.

Vibration und Bewegung in der Aura sind eng miteinander verwoben und bedingen sich in den meisten Fällen gegenseitig. Je nach Stärke und Intensität der Vibration in der Aura kann man eine Aussage darüber treffen, wie weit das Energiesystem im Ganzen ausgeglichen und die Person in der eigenen Mitte beziehungsweise Kraft ist. Oft sind es nervöse und gestresste Menschen, die eine hohe und unruhige Frequenz in der Aura aufzeigen. Durch eine zu starke Vibration in der Aura können auf der körperlicher Ebene diverse Ticks und Zwänge entstehen – und umgekehrt. Zudem wird die Unruhe in der Aura von den meisten Mitmenschen bewusst oder unbewusst erspürt. Das kann dazu führen, dass sie sich in der Anwesenheit der Person nicht wohlfühlen. Eine starke Vibration in der Aura kann natürlich auch ein Zeichen von einer intensiv erfreulichen oder unerfreulichen Situation sein, dies aber nur, wenn die Person die erwähnte Puls-Aura besitzt. Bei Menschen, die eine wellenförmige Bewegung in der Aura aufweisen, ist es anders: Mit zunehmender Harmonie ist die Vibration Zeichen für einen ausgeglichenen Menschen mit einem meditativen Geist.

Wellenförmige Bewegungen in der Aura lassen sich auch in vielen Fällen bei Menschen auffinden, die empathisch sind und therapeutisch arbeiten. In ihrer Gegenwart fühlt man sich getragen und geschützt, was für eine therapeutische Arbeit in welcher Form auch immer unverzichtbar ist. Harmonische Bewegungen in der Aura können auch Hinweis darauf sein, dass der Metabolismus in der Aura gut funktioniert. Dieser Aspekt ist jedoch ein neuartiger, der seit der energetischen Verwandlung eingesetzt hat und weiter unten noch genauer behandelt werden soll.

Neben den wellenförmigen Bewegungen in der Aura kann es auch zu abgehackten und unharmonisch wirkenden Bewegungen kommen. Diese können so chaotisch sein, dass es nur mit großer Mühe möglich ist, die Aura zu lesen und Botschaften zu vermitteln. Solche Fälle hatte ich im Laufe meiner Praxiserfahrung nur wenige Male, aber bei jedem Mal hat es sich um schwer depressive Menschen gehandelt, die vergessen hatten, wo ihre Seelenheimat liegt. Diesen Menschen ist nur mit zusätzlicher Energieeinwirkung, wie durch ein Trance Healing beispielsweise, zu helfen. Die Energie, die sie aufwenden müssten, um die Imbalancen allein auszugleichen, wäre so gravierend, dass entweder der physische Körper oder andere energetische Anteile darunter leiden würden. Aus diesem Grund sollte für diese Menschen Hilfe von einem Heiler hinzugezogen werden. Ganz oft sind nämlich auch Fremdenergien oder Elementarwesen im Spiel, die nur mit professioneller Hilfe oder mit Hilfe aus der Geistigen Welt entfernt werden können. Danach lassen die chaotischen Bewegungen recht schnell nach.

Die Aura-Felder

Nun wollen wir uns die Aura genauer anschauen und untersuchen, welche Felder es in ihr gibt. Das hier beschriebene Raster in der Aura soll dir ein wichtiges Werkzeug in die Hand geben, um die Aura noch klarer und eindeutiger lesen und verstehen zu können. Für den Beginn ist es wichtig, dass du dich beim Aura-Lesen an dieses Raster hältst, denn dies wird es dir leichter machen, strukturierter und konzentrierter zu arbeiten. Mit fortlaufendem Training und wachsender Erfahrung wirst du beginnen, auch außerhalb des Rasters zu lesen – ein weiterer wichtiger Schritt in deiner Entwicklung.

Das Aura-Raster gibt dir vor, in welchen Bereichen du in der Aura Dinge über den Beruf, die Partnerschaft oder auch die Familie erfahren kannst. Für gesundheitliche Themen werden wir ein energetisches Scanverfahren verwenden, auf das wir noch zu sprechen kommen. Wir teilen die Aura zunächst in zwei Hälften ein. Die linke Aura-Seite (vom Aura-Coach aus gesehen, es ist also die rechte Aura-Seite der Person, die gecoacht wird) ist energetisch gesehen die nach außen gerichtete Seite, die hauptsächlich folgende Themen anzeigt:

- Beruf,
- Karriere,
- Auftreten nach außen,
- Männlichkeit,
- traumatische Erlebnisse in Verbindung mit den genannten Themen.

Auf dieser Seite kann man alles Wissenswerte zum Thema Beruf und Auftreten wahrnehmen, wobei sich in den meisten Fällen das Berufliche im oberen Bereich der Aura zeigt. Im unteren Bereich geht es mehr um die gelebte männliche Seite, bei Frauen wie bei Männern. Traumatische Erlebnisse können sich in Form von inneren Bildern beim Aura-Coach zeigen, während die Felder gelesen werden. Das Wichtigste dabei ist, dass man die Bilder einfach kommen lässt und nicht nach ihnen sucht oder sie innerlich verlangt. Wenn sich keine Bilder zeigen, ist davon auszugehen, dass zu diesem Zeitpunkt einfach nichts dergleichen übermittelt werden soll. Außerdem ist zu bedenken, dass jeder Aura-Coach seine Spezialgebiete hat. Was dort nicht hineingehört, kann er unter Umständen auch nicht sehen oder nicht richtig deuten. So wie sich ein Arzt nach seinem Grundstudium auf spezielle Themenbereiche konzentriert und darin Experte wird, so ist es auch bei Aura-Coachs. Jeder von ihnen sollte seine Spezialgebiete haben, diese pflegen und wertschätzen, ohne sich darüber zu ärgern, dass er nicht »alles« sieht.

In der rechten Seite der Aura (vom Aura-Coach ausgesehen beziehungsweise auf der linken Aura-Seite der gelesenen Person) treffen wir alle weiblichen und beziehungstechnischen Themen an. Darunter fallen:

- Beziehung zum eigenen Körper,
- Selbstliebe, Selbstkritik, Selbstsabotage,
- Partnerschaft,
- Sexualität,
- Beziehung zu den Eltern und den eigenen Kindern,

- familiäre Themen,
- traumatische Erlebnisse im Zusammenhang mit den genannten Themen.

Eine interessante Beobachtung mache ich nun schon seit Längerem bei Aura-Coachings: Die genannten Aura-Felder dieser rechten Seite sind bei den meisten Menschen sehr aus der Balance geraten und weisen die größten energetischen Blockaden auf. Zugleich ist in den meisten Fällen auch eine Verbindung zum männlichen Feld sicht- beziehungsweise spürbar. Das heißt, dass beide Felder keineswegs voneinander getrennt sind, sondern sich in ständiger Interaktion befinden. Und genau dies nimmt zu, seit sich der Planet in seinem Transformationsprozess befindet.

Diese Beobachtung in Bezug auf das weibliche Aura-Feld ist nicht verwunderlich. Unsere Gesellschaft war viele Jahrhunderte und ist teilweise bis heute noch stark auf eine Auswärtsorientierung gerichtet, der Fokus des Mainstreams richtet sich auch heute noch auf materielle Reichtümer und Karriere. Dieser Trend, den wir auch in unserem Arbeitsfeld vorfinden, ist mehr und mehr rückläufig, ausgelöst durch die energetischen Verwandlungen. Die Aura scheint sich aber noch längst nicht davon erholt zu haben. Ihre weibliche Seite hat nach wie vor Blockaden und Imbalancen. Es gibt heute immer mehr Menschen, die neben ihrem Beruf auch den eigenen persönlichen und familiären Bedürfnissen Platz einzuräumen beginnen. Energetisch gesehen braucht es aber eine gewisse Zeit, bis sich solch ein Wandel manifestiert.

In späteren Kapiteln wird es darum gehen, die Farben, Muster und Blockaden in der Aura tatsächlich selbst zu lesen und die Felder zuverlässig zu interpretieren. Zunächst aber wollen wir uns noch verschiedene Aura-Typen ansehen.

Die Aura-Typen

Wir haben bereits von zwei verschiedenen Aura-Typen gehört, der Puls-Aura und der expansiven Aura. Diese Klassifikation bezieht sich insbesondere darauf, wie die Aura auf emotionale Veränderungen reagiert. Menschen mit einer Puls-Aura sind eher die zurückhaltenden Typen, die nicht unbedingt auffallen wollen und nicht gern im Mittelpunkt stehen. Ihre Aura ist energetisch gesehen meist etwas eingedrückt und kleiner als die der Extrovertierten. Was ihnen besonders liegt, sind Feinarbeiten, Konzentrationsübungen, Mathematik und Naturwissenschaften. Sie können aber auch zu nervösen Zuständen tendieren und Menschenansammlungen regelrecht fürchten. Diese Punkte müssen natürlich nicht gänzlich auf jede Person mit einer Puls-Aura zutreffen, sind aber eine gute Richtlinie, um solche Menschen besser einzuschätzen.

Ganz gegenteilig verhält es sich bei der expansiven Aura. Sie reagiert auf emotionale Veränderungen meist in Form einer Expansion. Diese Menschen fallen überall, wo sie sind, auf und stehen meist ganz automatisch im Mittelpunkt. Es scheint von ihnen eine besondere Anziehungskraft auszugehen und andere halten sich in ihrer

Gegenwart sehr gern auf. Wenn man jemandem sein Herz ausschütten möchte, dann meistens einem Menschen mit einer expansiven Aura, da dieser oft sehr mitfühlend ist. Problematisch kann es jedoch für Personen mit diesem Aura-Typ werden, wenn sie nicht wissen, wie sie klare Grenzen setzen können und keinen roten Faden im Leben finden. Sie tendieren zu Konzentrationsproblemen und es mangelt ihnen oft an Durchhaltevermögen. Wenn sie nicht in ihrer Mitte sind, kann es passieren, dass sich andere Menschen von ihnen überrumpelt oder bedrängt fühlen. Deswegen ist es für sie sehr von Vorteil, wenn sie regelmäßig meditieren und die eigene Aura-Energie bewusster steuern.

Nachdem wir nun die zwei verschiedenen Aura-Typen in Bezug auf ihre Reaktion auf emotionale Veränderungen betrachtet haben, wollen wir zu anderen Aura-Typen weitergehen. Diese beziehen sich insbesondere auf Form und Struktur des Energiefeldes. In diesem Zusammenhang sind vor allem drei verschiedene Aura-Typen zu erwähnen: Pyramiden-Aura, Trichter-Aura und Kugel-Aura.

Die Pyramiden-Aura zeichnet sich durch ein breites Energiefeld in den unteren Ebenen aus und ein dünneres in den oberen Feldern. Nach oben hin wird die Pyramide immer schmaler, was ein Hinweis dafür sein kann, dass sich der Mensch mit geistigen oder spirituellen Thema sehr wenig bis gar nicht befasst. Die Erdung hingegen ist gut entwickelt. Womöglich legt dieser Mensch auch sehr viel Wert auf materielle Güter und führt ein reges und aktives Sexleben. Diese Form der Aura trifft man oft auch bei Menschen an, die sehr karriere- und berufsorientiert sind und für sich selbst und ihre Familie wenig Zeit haben. Es sind zum Teil auch Menschen, die von Selbstkritik und Leistungsdruck geplagt sind. Zugleich besitzen sie meist materiellen Wohlstand und sind gut strukturiert. Was dem Pyramiden-Aura-Typen fehlt, ist beim Typ Trichter-Aura ausreichend anzutreffen: Die Trichter-Aura ist in den unteren Bereichen energetisch eher undicht und nach oben hin sehr weit und offen. Diese Menschen sind meist spirituell interessiert und auf ihren Geist ausgerichtet. Sie legen viel Wert auf immateriellen Reichtum in Form von Freizeit, Zeit für Familie und Freunde und spirituelles Wachstum. Die Trichter-Aura lässt sich auch oft bei kreativen Menschen finden, die aber weniger in Strukturen denken können. Auch fehlen ihnen die Erdung und die Aufmerksamkeit auf Finanzen und Berufliches. Aus diesem Grund stecken sie meist in finanziellen Nöten und hadern mit den Alltagsdingen. Die sexuelle Aktivität ist oftmals sehr gering und sie legen großen Wert auf moralische und ethische Regeln.

Eine große Zahl von Menschen ist ein Mischtyp aus beiden, wobei sich dieser Trend immer mehr verändert, wie wir noch sehen werden. Sehr häufig anzutreffen ist auch die Kugel-Aura, die den größten Umfang ungefähr um den Solarplexus herum hat. Dies ist ein Hinweis auf eine starke emotionale und empathische Veranlagung des Menschen, gleichzeitig aber auch auf eine sprudelnde Energie und Dynamik. Der Solarplexus ist überaktiviert, und die Person weiß nicht so genau, wohin mit der ganzen Energie, die im Körper erzeugt wird. Diese Menschen tendieren insbesondere zu Selbstsabotage und Selbstzerstörung, was, wenn es außer Kontrolle gerät, auch auf andere Menschen übertragen wird. Ist das Feuer jedoch unter Kontrolle, sind diese Menschen zu großen Taten fähig und auch in der Lage, leitende Positionen einzunehmen. Sie wirken sehr charismatisch und anziehend auf andere und können sie regelrecht in ihren Bann ziehen. Erdung und spirituelle Ausrichtung sind meist in gleichem Umfang vorhanden. Dennoch müssen diese Menschen darauf achten, nicht in Extreme zu verfallen, wenn sie von ihrem Feuer getrieben werden. Beispielsweise unter Sektenanhängern finden sich gehäuft Kugel-Auren.

Neben diesen fünf angeführten Aura-Typen gibt es natürlich noch vielzählige andere, zumal sich die Aura heute durch die Transformation des Planeten auf immer differenziertere Art und Weise formt. Einige Trends sind zum Beispiel die Licht- und die Schichten-Aura, auf die später noch eingegangen werden soll. In jedem Fall aber muss festgehalten werden, dass fast alle Menschen eine Aura-Mischform haben und es kaum den reinen Kugel-Aura- oder Pyramiden-Aura-Typen etc. gibt.

Das Morpho-Feld

Wenn wir das Aura-Feld nach außen hin verlassen, kommen wir mehr und mehr in feinstoffliche Schichten, die hellsichtig nicht direkt wahrgenommen werden können.

Ihre Existenz ist jedoch nicht abzustreiten, da man aus ihnen intuitiv Informationen, beispielsweise in Form von Bildern, erhalten kann. Besonders nennenswert ist in diesem Zusammenhang das sogenannte Morpho-Feld, das direkt auf die Aura folgt und sie komplett umfasst. Feinstofflich betrachtet hat dieses Feld weder eine Farbe noch eine Form. Es verbindet uns jedoch mit unseren Ahnen, Familienmitgliedern und der Rasse, der wir entspringen. Dieses Feld ist individuell spezifisch und trägt alle Informationen in sich, die an der Person aufgrund der eigenen Vorfahren und Geburtsfamilie haften. Diese Informationen sind essenziell dafür, dass der Einzelne sich geistig und menschlich auf der Basis der Errungenschaften seiner Vorfahren weiterentwickeln kann. Darüber hinaus hat jeder die Möglichkeit, über sein Morpho-Feld zu allen anderen Lebewesen Kontakt aufzunehmen und spezifische Informationen anzuzapfen. Wie man das genau anstellt, kann ganz unterschiedlich ausfallen. Teilweise können diese Informationen spontan hochkommen, teilweise aber auch bewusst herbeigerufen werden.

Somit ist das Morpho-Feld ein Bindeglied in der energetischen Abstrahlung des Menschen. Als sensitiver Coach Botschaften über das Morpho-Feld zu erhalten, kann sehr schwierig sein. In den meisten Fällen muss man sich einige Zeit auf die Person eingelassen haben und die Hellsicht in die Aura vertiefen. Teilweise reflektieren sich gewisse Themen des Morpho-Feldes auf der Aura. Ein häufiges Beispiel dafür sind Muster, die sich innerhalb der Familie gehäuft zeigen und dann in der Aura eines Menschen erscheinen. Beispielsweise treten häufig bei Frauen übernommene Themen der Mutter auf wie Aufopferung und Unterdrückung der eigenen Weiblichkeit. Wenn es der Person bewusst wird, dass dies gar nicht die eigenen, sondern von der Familie übernommene Themen sind, kann es sein, dass das Loslassen und die Heilung des Themas von allein geschehen. Beispielsweise war dieses Thema der Akzeptanz der eigenen Weiblichkeit bei einer meiner Klientinnen so stark im Morpho-Feld vorhanden, dass sie keine Kinder bekommen konnte. Ich konnte in der Aura dazu keine Informationen finden, aber das Morpho-Feld schickte mir intuitiv wahrnehmbare Bilder aus der Vergangenheit, vor allem von der Mutter. Für mich wurde klar, dass das ein übernommenes Thema war und aufgelöst werden konnte, sobald die Frau erkennt, dass das Thema nicht zu ihr gehört. Es gab auch auf der körperlichen Ebene Ungleichgewichte im Unterleib, und nachdem diese durch ein Healing beseitigt worden waren, dauerte es nur wenige Wochen, bis sie schwanger wurde.

Weiterhin spielt das Morpho-Feld eine immense Rolle, wenn es um die eigene Resonanz geht. Wir werden mit einem bestimmten Morpho-Feld geboren, das ab unserer ersten Lebensstunde eine bestimmte Energie entfesselt, die aufgrund des Gesetzes der Resonanz ähnliche Energien anzieht. Kommen wir nochmals auf das Beispiel der Frau mit dem Mutter-Thema der Opferbereitschaft zurück: Diese Frau würde, wenn sie das Thema nicht aufgearbeitet hätte, immer wieder Männer in ihr Leben ziehen, die Aufopferung von ihr verlangen und ihre Weiblichkeit nicht anerkennen. Natürlich kann man in einem solchen Fall an spezifischen Aura-Feldern arbeiten, jedoch kann es nicht

umgangen werden, die Information im Morpho-Feld um-
zuschreiben. Die aus dem Morpho-Feld ausgesandte Energie ist um ein Vielfaches stärker als die Aura-Energie. Das
liegt daran, dass die Energie aus dem Morpho-Feld älter
und stärker aufgeladen ist, da sie wahrscheinlich schon
von vielen Frauen aus früheren Generationen gelebt wurde.
Jedes Mal, wenn ein Muster von Neuem gelebt wird, wird
es noch stärker. Vor allem wenn du Kinder hast, solltest du
unbedingt deine Themen im Morpho-Feld identifizieren
und auflösen. Sonst werden die Muster, die du in deiner
jetzigen Inkarnation lebst und somit verstärkst, auf deine
Kinder übergehen. Für sie wird es dadurch noch schwieriger sein, das »Vererbte« loszulassen.

Das Morpho-Feld kann nicht nur Träger von emotionalen oder energetischen Themen sein, sondern auch von
körperlichen Leiden und Krankheiten. Beispielsweise
kann sich jegliche Art von Krebs im Morpho-Feld zeigen,
die vererbt wurde oder werden wird. Das Hellsehen oder
-fühlen von derartigen körperlichen Beschwerden kann
aber sehr schwierig sein und sollte unbedingt nur von
bewanderten und erfahrenen Aura-Coaches durchge-
führt werden. Ich hatte einst den Fall von Brustkrebs bei
einer meiner Klientinnen, die sich schon seit langer Zeit
mit dem Thema plagte. Nachdem ich gesehen hatte, dass
die Krankheit in Form von übernommenen Energien von
der Mutter stammte, konnte ich ihr klarmachen, dass
diese Krankheit nicht zu ihr gehört und sie das Muster ablegen könne. Hinzu kam noch ein starker Prozess
der Vergebung gegenüber der Mutter. Ein Healing in Verbindung mit dem Höheren Selbst, das Klarheit in den

Seelenplan der Frau brachte, löste die Krankheit komplett auf. Heute lebt die Klientin gesund, glücklich und befreit.

Nun haben wir einige eher unangenehme Dinge über das Morpho-Feld und über das, was es in sich tragen kann, gehört. Es gibt aber noch ein ganzes Spektrum von Fähigkeiten, Gaben und schönen Veranlagungen, die über dieses Feld übertragen werden können. Für mich ist es ganz klar, dass ich über mein Morpho-Feld von meinen Großeltern viele von meinen hellsichtigen und feinfühligen Gaben erhalten habe und über eben dieses Feld auf all ihr Wissen und all ihre Erfahrungen zurückgreifen kann. Insbesondere meine Großmutter besaß eine starke Intuition, und auch mein Großvater mütterlicherseits, den ich nie kennenlernte, schien mit geistigen Wesen in ständigem Kontakt zu sein. Während ich diese Zeilen schreibe, spüre ich auch die Inspiration durch meinen Großvater väterlicherseits, der Autor war und für sein Leben gern schrieb. Du siehst, das Morpho-Feld ist auch eine Quelle von Inspiration, und deine Verbindung zu deinen Ahnen und der gesamten Erdenergie wird hier spürbar. Die Verbindung zur geistigen und kosmischen Welt aber stellen wir über unser Nirwana-Feld her.

Das Nirwana-Feld

Während das Morpho-Feld letztlich eine Verbindung zwischen einem Menschen und der Erde herstellt, geschieht über das Nirwana-Feld die Verbindung zum Kosmos und zur Geistigen Welt. Die Begriffe Kosmos, Universum, Geistige Welt und Gott sind für mich in diesem Kontext ein und dasselbe. Dieses Feld befindet sich auf dem Morpho-Feld und kann hellsichtig betrachtet als ein sehr heller Kranz um die Aura herum wahrgenommen werden. Die gesamte energetische Abstrahlung kann sich bis zu acht Metern um den physischen Körper herum erstrecken, im Durchschnitt haben aber die meisten Menschen eine energetische Abstrahlung von drei bis fünf Metern. Es ist allerdings schwer zu bestimmen, wie weit sich das Nirwana-Feld erstreckt, da es hellsichtig gesehen schwer greifbar ist.

Es besteht einzig und allein aus Licht und strahlt im Gegensatz zum Vitalfeld viel heller und stärker. Zudem hat es keine scharfen Konturen. Bei starker Hellsichtigkeit können innerhalb dieses Feldes sogar kleinste Lichtpartikelchen gesichtet werden. Wenn man die Aura liest, durchstößt man mit den hellsehenden Augen diese Schicht, und es sieht fast so aus, als würden sich Fenster in der energetischen Abstrahlung öffnen, um die Aura und ihre Farben sichtbar werden zu lassen.

Das Nirwana-Feld wird nur ganz wenigen Menschen sichtbar, kann aber im eigentlichen Sinne auch nicht gedeutet oder interpretiert werden. Das Licht im Nirwana-Feld ist das Licht des Göttlichen und auch das, was man in der Geistigen Welt auffindet. Je erwachter eine Seele ist, desto stärker strahlt das Nirwana-Feld, der Mensch wird eine lebendige Sonne auf Erden. Fälschlicherweise wird der Heiligenschein, der auf alten Gemälden um den Kopf von heiligen Menschen dargestellt wird, oft als die Vitalhülle bezeichnet. Dem ist aber nicht so. In den Darstellungen wird auf das Nirwana-Feld hingewiesen. Dieses ist natürlich bei Heiligen besonders stark präsent, da sie in sich das Göttliche anerkennen.

Du kannst in der Literatur unterschiedliche Ausführungen zu etwas Ähnlichem wie dem Nirwana-Feld finden und dies vielleicht unter komplett unterschiedlichen Namen. Ich gab diesem Feld den Namen Nirwana, weil es für mich das Nichts und gleichzeitig das Alles bedeutet, vergleichbar mit dem Zustand der Erleuchtung, den die Hindus und teilweise auch die Buddhisten Nirwana nennen. Da ich auch Yoga-Lehrerin und Meditationscoach bin, lag es nahe, dieses Feld Nirwana zu nennen, symbolisch dafür, dass dort das All-Bewusstsein liegt. Dieses All-Bewusstsein kann von jedem empfunden werden. Es ist uns immer ganz nah, näher, als wir es erträumen könnten.

Das Nirwana-Feld kann somit dem Aura-Coach keine wichtigen Informationen zur gelesenen Person geben, ist aber abseits davon das wichtigste Feld im Energiesystem des Menschen. Hier findet man die Grenzenlosigkeit von allem Sein und auch ein Meer voller Gelegenheiten für die spirituelle Weiterentwicklung. Mit dieser Intention kann man sich bewusst mit diesem Feld verbinden, was aber anfangs viel Energie erfordern kann. Denn die Intention muss es aus dem menschlichen Geist heraus durch alle unter dem Nirwana-Feld befindlichen Schichten schaffen, ohne in der Aura oder im Morpho-Feld neutralisiert zu werden. Wenn aber die Intention oder ein Wunsch im Nirwana-Feld angekommen ist, so erfolgt immer eine Antwort, entweder auf feinstofflicher oder sogar auf grobstofflicher Ebene. Einer der Gründe, wieso Dankeslisten oder Affirmationen bei vielen Menschen nicht wirken, ist, dass sie nicht bis zum Nirwana-Feld gelangen und vorher in anderen Energieschichten neutralisiert werden.

Um jegliche Art von Wunsch oder Absicht ins Nirwana-Feld einschleusen zu können, ist es wichtig, mit voller Kraft und ganzem Willen vorzugehen. Dafür ist eine ganze Menge Energie erforderlich, und wenn beispielsweise der Körper oder die Aura unter Imbalancen leiden, kann diese Energie nicht bereitgestellt werden. Man ist dann ein zu schwacher Resonanzkörper und kann nicht genügend Energie aussenden, um sich mit dem Nirwana-Feld zu verbinden. Das Einzige, was nun hilft, ist, den Körper gesund, den Geist klar und die Energie in der Aura stabil zu halten. Wie du Letzteres tun kannst, wirst du in den folgenden Kapiteln erfahren.

Jeglicher Kontakt zu Geistigen Wesen oder anderen Sphären findet über das Nirwana-Feld statt. Somit kann man dieses Feld als eine Art Brücke zwischen dem Diesseits und dem Jenseits verstehen. Es existiert jenseits von Raum und Zeit und trennt sich nach dem Tod mitsamt den Seelenanteilen vom Körper. Somit sind wir am Ende des Tages tatsächlich Licht und Liebe, wie es in vielen esoterischen Zusammenkünften zu hören ist. Jedoch sollte man nie vergessen, dass es einen tieferen Sinn hat, wieso wir in den materiellen Körper inkarniert wurden, und dass die Mission, die wir haben, nur mit ihm erfolgreich abgeschlossen werden kann.

Die neue Aura in der Zeit der Transformation

Es wäre sehr verwunderlich, wenn die Aura des Menschen von der Transformation auf der Erde unberührt bliebe. So widme ich dieses Kapitel all den Besonderheiten, die im Zusammenhang mit der Aura und der energetischen Wende entstanden und noch immer entstehen.

Die absolute Interaktion von Energien

Die Aura haben wir als ein feinstoffliches Abbild der Person, die sie trägt, kennengelernt. Sie ist somit Energie, die ständig im Wandel, in Bewegung und in Interaktion mit anderen Energien ist. Seit der Transformation ist ein bislang nicht da gewesenes Merkmal zum Vorschein gekommen. Ich nenne es die absolute Interaktion von Energien. Sicherlich sind Energien schon immer in Interaktion gewesen und haben sich gegenseitig beeinflusst, nur war diese Zusammenarbeit räumlich und zum Teil auch zeitlich begrenzt. Ein typisches Beispiel für diese Art der Interaktion kennst du sicher: Wenn eine gut gelaunte Person einen Raum betritt, in der sich eine schlecht gelaunte Person befindet, so findet unmittelbar eine Anpassung der feinstofflichen Energien statt. Die gut gelaunte Person fühlt sich in der Stimmung etwas betrübt, während es der anderen deutlich besser geht. So verlief das Ganze vor der Transformation.

Heute hat sich die Situation verschärft. Die Verschmelzung feinstofflicher Energien findet um einiges schneller, intensiver und zeit- und raumübergreifender statt. Zugespitzt gesagt fühlt es das Energiesystem des Einzelnen, wenn irgendwo am anderen Ende der Welt ein Mensch Gräueltaten ausgesetzt ist. Dafür müssen wir die leidende Person gar nicht kennen und von dem Geschehen auch nichts wissen. Unser Energiesystem mitsamt der Aura spürt jedoch, was geschieht, und versucht, jegliche Art von Ungleichgewicht auf der Erde auszubalancieren.

Diese Botschaft über die absolute Interaktion empfing ich in einer Channeling-Sitzung mit Elohijm. Für mich ist es eine der wichtigsten Veränderungen unserer Zeit in Bezug auf die Aura. Das Gefühl der Isolation, des Getrennt-Seins und der Separation auf energetischer Ebene scheint sich vollkommen aufzulösen. Da sich das Feinstoffliche wiederum auf das Grobstoffliche auswirkt, beeinflussen alle Geschehnisse der Welt auch unser materielles Leben und unsere körperliche Gesundheit.

Durch diese gravierende Veränderung werden wir ohne Ausnahme alle aufgefordert, das Leid auf der Erde zu sehen und buchstäblich auch am eigenen Leib zu spüren. Es gibt nicht mehr »dein Leid« und »mein Leid«, sondern wir alle sitzen in ein und demselben Boot. Vielleicht fragst du dich, wie man denn als eine einzige Person das unzählige Leid der Menschen und auch der Tier- und Pflanzenwelt aushalten und wie man es stoppen könnte. Aus meiner Sicht möchte ich dir einen einfachen, doch auf der energetischen Ebene sehr kraftvollen Weg aufzeigen, das Leiden des Planeten zu mildern und damit auch etwas Gutes für das eigene Energiesystem zu tun. Da wir alle aufs Engste miteinander verbunden sind, kannst du deine eigene Schwingungserhöhung und Herzöffnung vorantreiben und wirst damit auch allen anderen Lebewesen helfen, sich zu transformieren. Eine gute Möglichkeit dafür ist die Herzensgüte- und Mitgefühlsmeditation. Durch ihre Praxis wirst du spüren, wie sich deine eigene Stimmungslage stabilisiert. Denn diese kann aufgrund von verschiedenen globalen Ereignissen gestört werden, ohne dass du die konkreten Gründe dafür kennst.

Buddhisten praktizieren diese Meditation seit Langem, und für Buddha ist sie ein goldener Schlüssel auf dem Weg zur Erleuchtung. Wer die Mitgefühlsmeditation als Technik der geistigen Schulung regelmäßig praktiziert, verströmt von seinem Herzen aus Licht und Liebe in die Welt. Dies spüren über die neuartige absolute Interaktion alle Lebewesen, und sie erkennen nach und nach ihr eigenes Licht. Die Praxis lässt den Menschen zu einem Regulator von Energien werden. Schon durch einmaliges Üben pro Tag polt sich das Energiesystem so um, dass alle Imbalancen auf der feinstofflichen Ebene geglättet werden.

Jegliche Art von Leid in der Welt, das für dich aufgrund der absoluten Interaktion spürbar wird, wird dann sofort in Herzensgüte und Mitgefühl umgewandelt. Somit hast du sowohl für dich selbst als auch für die Menschheit etwas Gutes getan. Eine Form der Mitgefühlsmeditation werde ich dir im Übungsteil des Buches (Seite 217) detailliert vorstellen.

Neue Aura-Typen

Dieses globale Thema der absoluten Interaktion erscheint mir als eines der wichtigsten seit der energetischen Transformation, da es jedes Lebewesen betrifft. Auf der individuellen Ebene sind in den letzten Jahren weitere Typen von Auras entstanden, die ich bei vielen Menschen beobachten durfte und über die ich auch in Channeling-Sitzungen mehr erfahren habe. Vor allem zwei davon möchte ich dir nun vorstellen.

Licht-Aura

Einer der eindrücklichsten neuen Typen ist die Licht-Aura. Die damit ausgestatteten Menschen scheinen eigentlich gar kein Aura- und Morpho-Feld mehr, sondern ausschließlich ein Nirwana-Feld zu besitzen. Auch die Vitalhülle scheint vollkommen mit dem Nirwana-Feld zu verschmelzen und das Schwarzfeld ist nur sehr subtil vorhanden. Bei diesen Menschen handelt es sich meist um spirituell erwachte und erleuchtete Wesen, die es selbst auf diese Weise vielleicht nie empfinden oder sagen würden. Ich denke, dies macht auch echte spirituelle Größe aus: das eigene Licht und die eigene Göttlichkeit zu kennen und zu leben, aber nicht damit zu prahlen oder darüber zu reden. Ich durfte die Licht-Aura schon unzählige Male auf meinen Reisen durch Sri Lanka und Nepal sehen und mit jedem Mal war ich aufs Tiefste berührt. Ich will damit nicht zum Ausdruck bringen, dass es solch lichtvolle Wesen nicht auch in Europa gibt. Da in den östlichen Ländern von alters her mehr Menschen ihr Leben dem göttlichen Prinzip widmen, gibt es dort aber ungleich mehr Licht-Auras.

Menschen mit einer solchen Aura scheinen vollkommen ohne Ego und ohne persönliche Bedürfnisse zu leben. Außer Frage steht, dass auch sie ihre Muster und Blockaden haben, mit denen sie geboren wurden, aber ihr göttliches Licht und vielmehr auch ihre Erkenntnis darüber scheint sie so zum Leuchten zu bringen, dass diese »Altlasten« vollkommen belanglos werden. Je mehr ein Mensch sein inneres Licht sieht und annimmt, desto strahlender wird er in seiner energetischen Abstrahlung. Dann gibt es nichts mehr in der Aura, was ausgeglichen oder aufgelöst werden könnte.

Ich denke, wir alle hatten schon kurze Momente der Erleuchtung, in denen wir uns mit uns selbst, der Welt und Gott auf vollkommene Weise verschmolzen fühlten. Ich bin mir sicher, dass sich dann auch die Aura in eine Licht-Aura verwandelt und unaufhaltsam gestrahlt hat. Leider gibt es keine konkrete Übung, um diesen Zustand der Erleuchtung herbeizuführen. Es ist ein innerer, höchst individueller Prozess, und es sind neue Wege und teilweise auch mutige Schritte notwendig, die du nur allein finden und gehen kannst.

Die Schichten-Aura

Die Licht-Aura enthält keine Farben und besteht nur aus Licht. Genau das Gegenteil finden wir bei der Schichten-Aura, die eine ganz neue Form der Aura darstellt. Sie baut sich auf eine sehr komplexe Art und Weise auf und ist äußerst schwer zu lesen. Die Aura wird ja für den Hellsichtigen oder Hellwissenden in Form von Schichten mit unterschiedlicher Dicke um den Körper herum wahrgenommen. Bei einer »normalen« Aura werden die einzelnen Felder in Form von Kreisen beziehungsweise elliptischen Formen sichtbar. Dem ist bei der Schichten-Aura aber nicht so. Es sind keine konkreten Felder zu lesen, die man auf bestimmte Lebensbereiche beziehen könnte. Auch verfärben und vermischen sich die Farben, da die Schichten aufeinanderliegen wie bei einer Zwiebel. Die einzige Technik, diese Aura lesen zu können, ist, sie mit der Intention Schicht für Schicht auseinanderzunehmen – die Zwiebel sozusagen zu schälen.

Dass eine Schichten-Aura vorliegt, ist meist sehr schnell zu erkennen. Sie weist auf einen Menschen mit einer sehr komplexen Persönlichkeitsstruktur hin. Diese Menschen sind nicht in ein bestimmtes Schema einzuordnen.

Es kann einige Zeit dauern, bis man sie irgendwie begreifen kann. Dies benötigt weit mehr als nur eine Sitzung, insbesondere auch aus dem Grund, weil eine Vertrauensbasis geschaffen werden muss. Ein Mensch mit einer Schichten-Aura ist nämlich von Grund auf misstrauisch und gibt nur sehr schwer etwas über sich preis. Vielleicht repräsentieren diese Menschen auch ein wenig die Seele der Erde, die sich verletzt fühlt und zu schützen versucht.

Wenn ein solcher Mensch jedoch einmal Vertrauen zum Coach gefasst hat, steht einer inneren Transformation nichts im Weg. Diese kann dann so weit gehen, dass sich die Schichten-Struktur auflöst. Diese Menschen sind in den meisten Fällen, wenn sie denn in Harmonie mit sich und der Welt sind, ausgesprochen imponierend und anziehend. Aufgrund ihrer eigenen inneren Komplexität sind sie in der Lage, andere in kürzester Zeit zu verstehen.

Versorgungsquellen der Aura

Wir hatten bereits erwähnt, dass Aura-Feld und Vitalhülle ihre Energie vom kosmischen Prana und vom physischen Körper erlangen. Seit der energetischen Transformation ist nun eine dritte Versorgungsquelle hinzugekommen, und dies ist die Verbindung zur Geistigen Welt, genauer gesagt zum Höheren Selbst.

Du kannst dir das Höhere Selbst als ein Abbild deiner ewigen Seele in der Geistigen Welt vorstellen, mit dem du auf eine gewisse Art und Weise immer verbunden bist. Dieser Kontakt verstärkt sich derzeit immer mehr und die Menschen können buchstäblich den Ruf aus der Geistigen Welt hören. Dies wird insbesondere durch das wachsende Interesse an spiritueller Tiefe deutlich. Das Höhere Selbst eines jeden ist mit dem aller anderen Menschen und Wesen verbunden. Es verfügt über absolute Kenntnis über die Seelenfamilie, die seelische Herkunft und den Seelenplan. Auch ist es die alleinige Instanz, die über diese Dinge verfügen und auch Änderungen im Seelenplan vornehmen kann.

Menschen sind heute viel stärker mit ihrem göttlichen Abbild, dem Höheren Selbst, verbunden, und unheilbare Krankheiten, die im Seelenplan stehen, können geheilt werden. Beispielsweise mit einer Methode des Higher Self Healings, die ich entwickelt habe (mehr Infos auf meiner Website). Wir erhalten über die Verbindung zum Höheren Selbst nicht nur Energie, sondern auch ständige Inspiration darüber, wie wir auf unserem Seelenweg bleiben können und was wir tun können, wenn wir von ihm abgekommen sind.

Die Kenntnis darüber, dass wir mit dem Höheren Selbst verbunden sind und über dieses auch mit allen anderen, eröffnet ein Meer an Möglichkeiten, wenn es darum geht, Beziehungen zu heilen. So ist es für jeden zu jeder Zeit möglich, das Höhere Selbst einer anderen Person zu rufen und durch sich sprechen und arbeiten zu lassen. Diese Methode hat sich in der Praxis als ein wundervolles Werkzeug erwiesen, um familiäre Spannungen aufzulösen, insbesondere dann, wenn Familienmitglieder keinen

Kontakt zueinander pflegen. Es empfiehlt sich jedoch, dies nur unter Anleitung eines erfahrenen Lehrers zu tun. Beispielsweise konnte ich einmal einen familiären Fall auf diese Weise lösen. Es wurde klar, dass es in der Familie eines Klienten ein schweres Beziehungsmuster in Bezug auf die Mutter gab. Es waren in der Vergangenheit viele Dinge geschehen, die die ganze Familie nicht nur emotional, sondern auch geografisch getrennt hatten. Nun verschärfte sich das Thema so stark, dass die Gesundheit und das seelische Wohlbefinden von mehreren Familienmitgliedern beeinträchtigt wurden. Wir ließen daher das Höhere Selbst der Mutter durch mich sprechen und es brachte Klarheit. Mein Klient wurde insbesondere aufgefordert, sich um einen freundlichen Kontakt zur Halbschwester der Mutter, also seiner Tante, zu bemühen, die in der Familie bislang etwas im Abseits gestanden hatte. Dies wäre die einzige Möglichkeit, dieses Karma zu löschen. Der Mann setzte diesen Ratschlag um, und es war unglaublich, wie rasch sich die familiären Verhältnisse verbesserten und alle ihre Kraft zurückbekamen.

Es stehen uns insgesamt also drei Versorgungsquellen für die energetische Abstrahlung zur Verfügung:

* das kosmische Prana, am besten zu aktivieren mit Yoga,
* der physische Körper, zu energetisieren mit guter Ernährung und Sport,
* die Verbindung zum Höheren Selbst, am besten zu intensivieren mit spirituellen Trance- und Meditationsübungen.

Diese Versorgungsquellen sollten unbedingt genutzt werden, denn unsere Zeit ist herausfordernd. Zudem gibt es neue Aura-Felder, die sehr viel Energie absorbieren könnten.

Die neuen Aura-Felder

Du weißt bereits, dass wir die Aura in zwei Bereiche teilen können: die weibliche Seite mit partnerschaftlichen und familiären und die männliche Seite mit verstärkt beruflichen Themen. Diese Felder waren bisher die gängigen und bei allen Menschen auffindbar. Nun sind im Zuge der Schwingungserhöhung zwei weitere hinzugekommen, die sich jeweils in der oberen und unteren Hälfte der Aura befinden. Lass uns mit dem unteren Anteil der Aura beginnen, wo sich neuerdings das Karma energetisch abbildet.

Das Karma-Feld

Zum Thema Karma gibt es unzählige Bücher und viele verschiedene Meinungen. Ich möchte später im Buch noch etwas näher darauf eingehen (Seite 232 ff.). Hier zunächst nur: Als Karma bezeichnet man alle feinstofflichen und grobstofflichen Abdrücke von vergangenen und gegenwärtigen Taten, Worten und Gedanken, die sich als eine

Wirkung im Jetzt oder als ein zukünftiger Trend manifestieren. Vergangenheit kann sich dabei selbstverständlich auch auf vergangene Inkarnationen beziehen. Das Karma kann über unzählige Inkarnationen hinweg angesammelt werden, wenn es nicht aufgelöst wird.

Alle karmischen Verstrickungen werden nun auch in der Aura von vielen Menschen sichtbar, im Besonderen im unteren Bereich. Mit der Transformation des Planeten scheint auch die Stunde der Löschung des individuellen Karmas gekommen zu sein. Das Erscheinen des Karmas in der Aura ist ein eindeutiges Indiz dafür. Der Mensch wird nun direkt auf der feinstofflichen Ebene mit seinen vergangenen Taten konfrontiert. Er wird aufgefordert, das Alte und Erlebte aufzuarbeiten und dadurch seine eigene Schwingung weiter zu erhöhen. Eine absolut logische Entwicklung auf der feinstofflichen Ebene.

In einem Aura-Coaching kann der Klient auf gewisse karmische Verstrickungen aufmerksam gemacht werden, und es können Methoden ausgearbeitet werden, um dieses Karma zu löschen. Bei einigen meiner Klienten kann ich das Karma-Feld nicht beobachten; dies mag wohl daran liegen, dass sie in ihrem Seelenprozess noch nicht so weit vorangeschritten sind, dass sie bereits karmische Themen aufarbeiten könnten. Natürlich sind alle Menschen grundsätzlich immer in der Lage, Karma abzulegen, nur ist es manchmal sehr versteckt und muss zuerst erkannt werden.

Das Feld der Spiritualität

Ein weiteres neuartiges Feld zeigt sich nun im oberen Bereich der Aura, der ganz der Spiritualität gewidmet ist. Dort kann man nicht nur den spirituellen Weg der Seele ablesen, sondern auch, was die Person daran hindert, ganz zu ihrem spirituellen Potenzial zu erwachen. Die Spiritualität und die Sorge um die Seele scheinen somit ganz in das feinstoffliche System integriert worden zu sein. Die Menschen sind in einem Zustand des Erwachens, und dies wird logischerweise auf der energetischen Ebene reflektiert.

Über dieses Feld wird für einen auch medial veranlagten Coach die Sicht in die Geistige Welt möglich. Dadurch können Botschaften aus der Geistigen Welt übermittelt werden, besonders von Geistführern, Verstorbenen und Engeln, die den Menschen begleiten. Grundsätzlich stelle ich nur dann einen Kontakt zum Geistführer her, wenn der Klient zuvor schon einmal einen direkten und fühlbaren Kontakt zu ihm hatte. Denn es ist mir wichtig, ihm diese einzigartige und tiefe Erfahrung einer ersten Begegnung mit dem Geistführer nicht zu nehmen. Für mich war nämlich dies das Eindrücklichste, was ich jemals erlebt habe. Der andere Grund, weshalb ich einen Erstkontakt zum Geistführer nicht herstelle, ist der, dass ich kein Bild im Unterbewusstsein des Klienten hinterlassen möchte, auf das sich derjenige stützen könnte. Dies könnte dazu führen, dass er sich den Geistführer nach meiner Beschreibung »herbeifantasiert«. Zudem wird dem Geistführer die Möglichkeit erschwert, seine Gestalt zu ändern, wenn dies denn notwendig sein sollte.

Mit diesen weiteren Feldern in der Aura kann man selbst oder über die Hilfe eines Aura-Coaches Abkürzungen auf dem spirituellen Weg gehen, zu denen man vor der energetischen Wende gar keinen Zugang gehabt hätte. Der eigene Transformationsprozess kann beschleunigt werden, es sei denn, der Metabolismus in der Aura funktioniert nicht einwandfrei.

Der energetische Metabolismus der Aura

Unser Körper würde ohne Stoffwechsel nicht existieren können. Ein gut funktionierender Stoffwechsel, auch Metabolismus genannt, verleiht dem Körper Gesundheit, Vitalität und Ausdauer. Er ist unverzichtbar für die körperliche Gesundheit. Auch unser energetisches System verfügt offensichtlich seit Neuestem über solch einen Stoffwechsel, der sicherstellt, dass wir effizient und effektiv mit den aufgenommenen neuen Energien umgehen, diese transformieren und wieder abgeben können.

Dieser sogenannte energetische Metabolismus ist auch erst im Laufe der Schwingungserhöhung entstanden und stellt sicher, dass die einzelnen Energien miteinander arbeiten können. Vielleicht fragst du dich, wie es denn vor der energetischen Transformation aussah. Nun, Energien, die auf das eigene Energiesystem trafen, wurden in das Energiefeld aufgenommen und integriert. Ein Beispiel: Die beste Freundin steckt in einer partnerschaftlichen Krise und erzählt dir davon. Während sie dir ihr Herz ausschüttet, erhält dein Energiesystem die Information von partnerschaftlichem Stress. Nun kann es passieren, dass du beim Heimkommen zu deinem Partner einen Streit oder eine Auseinandersetzung erlebst, weil du diese energetische Information von deiner Freundin übernommen hast.

Heute nun ist es anders. Es kann sein, dass in deinem System der Metabolismus schon eingesetzt hat oder auch nicht. Ist er da, stellt er sicher, dass alle Informationen, die du auf der feinstofflichen Ebene direkt oder indirekt aufnimmst, in deinem Energiesystem »verdaut« und »ausgeschieden« werden. Dies verläuft vergleichsweise wie im physischen Körper, nur mit dem Unterschied, dass die Verdauung nicht über Organe stattfindet, sondern über drei Chakras, die sich neu gebildet haben. Du musst also, um im erwähnten Beispiel zu bleiben, keinen Streit mit deinem Partner erleben, nachdem dir die Freundin von ihren Problemen erzählt hat.

Ich nenne diese Kraftwerke des Metabolismus Chakras, auch wenn sie von ihrer Struktur und Funktionsweise her nicht identisch mit den bereits bekannten Chakras sind. Diese befinden sich ja direkt am physischen Körper, auch wenn sie feinstofflicher Natur sind. Diese neuen Chakras, die für den Metabolismus zuständig sind, befinden sich auf der Aura-Ebene, das heißt etwas vom Körper nach vorn beziehungsweise nach hinten versetzt. Genau genommen sind es also sechs Chakras, da sie sich jeweils auch an der Rückseite des Körpers auf der Aura-Ebene reflektieren. Diese Chakras sind kreisförmig. Sie bewegen sich im Inneren jedoch weder kreisförmig noch elliptisch, wie dies bei den üblichen Chakras der Fall ist, sondern besitzen eine ganz eigene, von Person zu Person unterschiedliche Aktivität. Auch gibt es keine spezifischen Farben, die ihnen zugeordnet werden könnten. Ihre Position in der Aura ist das ausschlaggebende Kriterium.

Das erste Chakra, das für den Stoffwechsel zuständig ist, befindet sich ungefähr auf Stirnhöhe, doch wie gesagt nicht direkt am Körper, sondern im Aura-Feld. Hier werden insbesondere alle gedanklichen und mentalen Konstrukte, die auf das Energiefeld der Person treffen, neutralisiert. Aus diesem Grund will ich dieses Chakra Mentales Chakra nennen, um hervorzuheben, dass es sich auf den Geist bezieht.

Das Emotions-Chakra, das zweite neue Chakra im Zusammenhang mit dem Metabolismus, liegt etwas unter dem Solarplexus, also unter dem Sonnengeflecht, wieder im Aura-Feld. Den Namen hat dieses Chakra der Tatsache zu verdanken, dass hier die emotionalen Energien harmonisiert werden. In unserem oben genannten Beispiel wäre dieses Chakra aktiviert worden, um die emotionale Aufruhr, die die Freundin mitbrachte, nicht auf das eigene Energiesystem einwirken zu lassen.

Das letzte neue Chakra, das seit der energetischen Transformation zum Vorschein gekommen ist, ist das Sexual-Chakra, nicht zu verwechseln mit dem bereits bekannten Wurzel-Chakra. Das Sexual-Chakra lässt sich etwas oberhalb des Wurzel-Chakras ungefähr auf Höhe des Schambeins finden. Es reguliert alle energetischen Informationen im Zusammenhang mit Sexualität, Begierde und Sinnlichkeit. Es steht vollkommen außer Frage, dass der

Mensch der neuen Zeit auch ein verändertes Sexualleben führt. Dies zeigt sich insbesondere in der spirituellen Tiefe der mit dem Partner erlebten Sinnlichkeit. Dieses Chakra ist dafür verantwortlich, dass alles feinstofflich Negative, was über den Geschlechtsverkehr aufgenommen werden könnte, neutralisiert wird. Zusätzlich entstehen mithilfe dieses neuen Chakras keine energetischen Bande zwischen zwei Menschen, die miteinander Sex haben. Dies war vor der Entstehung dieses neuen Sexual-Chakras nämlich der Fall, und man war bis zum Lebensende mit der Person verbunden, mit der man Sex hatte. Während des Sex können heute nur noch energetische Bande zwischen Menschen entstehen, die es gelernt haben, spirituelle Liebende zu sein. Sonst wird keine Verbindung hergestellt.

Wie wir gesehen haben, gibt es einige energetische Veränderungen in unserem Aura-System, was Form, Struktur und Funktionsweise betrifft. Nun wollen wir uns aber etwas tiefer gehend mit den feinstofflichen Energieformen beschäftigen, die sich direkt am beziehungsweise im Körper befinden: mit (den älteren) Chakras, mit Marmas und Energiekanälen.

Die Chakras: unsere Energie-transformatoren

In diesem Kapitel möchte ich dich nicht mit langen Ausführungen über die verschiedenen lange bekannten Chakras und ihre Funktionen langweilen. Darüber hast du mit Sicherheit schon etwas gelesen oder gehört. Dennoch ist es wichtig, dass wir uns gewisse Details zum Thema Chakras bewusst machen und diese in unser bereits vorhandenes Wissen um das Feinstoffliche integrieren. Aus diesem Grund steigen wir nun direkt in das Thema ein und nehmen noch Marmas und Nadis zur Betrachtung hinzu.

Das Chakra-System

Chakras sind feinstoffliche Energiezentren, die im physischen Körper ansetzen und sowohl auf diesen als auch auf das gesamte Energiesystem einwirken. Diese Zentren sind Transformatoren von Lebensenergie, ohne sie wäre eine Energieaufnahme nicht vorzustellen. In ihrem Inneren weisen sie eine rotierende Aktivität auf, die sicherstellt, dass Schwingungen von außen so heruntergebrochen werden, dass der Körper mit ihnen umgehen kann, ohne »durchzubrennen«. Energetische Impulse aus der Prana-Ebene werden in tiefere und im Körper liegende Bereiche weitergeleitet. Das geschieht in Form von Rotationen, die unterschiedliche Richtungen und Stärken haben. Dies wird auch in dem Wort Chakra (Sanskrit) deutlich, das übersetzt »Wirbel« oder »Rad« bedeutet.

Jedes einzelne Chakra ist für spezifische Lebensbereiche zuständig und versorgt die entsprechenden körperlichen und psychischen Funktionseinheiten mit Energie, sodass ein reibungsloses Funktionieren möglich ist. Hellsichtig betrachtet stellen sich die Chakras in verschiedenen Farben, Formen und individuellen, dynamischen Rotationsweisen entlang der Mittellinie des Körpers dar. Diese Mittellinie ist einer der Haupt-Energiekanäle, der Sushumna, der vom Basiszentrum, dem untersten Energiepunkt, bis zum höchsten Punkt am Scheitel verläuft. An ihm sind alle sieben Chakras angeordnet. Gleichzeitig verlaufen etliche Nadis (Energiekanäle) zu den Chakras hin, kreuzen sich dort und verteilen sich von dort aus wieder im ganzen Körper. Rein energetisch gesehen spielen die Chakras somit eine sehr bedeutende Rolle. Chakra-Harmonie ist aber beispielsweise auch ausschlaggebend dafür, inwieweit sich ein Mensch auf der Erde daheim fühlt, sich in Worten und Gefühlen ausdrücken kann und sich mit den anderen Lebewesen und mit sich selbst verbunden wahrnimmt.

Es befinden sich insgesamt sieben Haupt-Chakras mit vielen Neben-Chakras im menschlichen System, wobei den ersten fünf Chakras die Elemente Erde, Wasser, Feuer, Luft und Äther zugeordnet werden. Das sogenannte Dritte Auge oder sechste Chakra und das Kronen-Chakra haben kein entsprechendes Gegenelement auf der materiellen Ebene und sind die Energiezentren, die die größte Bedeutung für unser spirituelles Wachstum haben.

Nun wollen wir kurz auf jedes Chakra eingehen. Ich verzichte ganz bewusst auf die meist übliche Erklärung von Farbe und Form, da sich hellsichtig betrachtet eine dogmatische Festlegung auf das Erscheinungsbild der Chakras gar nicht machen lässt. Hinzu kommt, dass sich die Farben der Chakras seit der energetischen Wende noch unterschiedlicher darstellen.

Wurzel-Chakra

Wie schon am Namen des Chakras zu erkennen ist, handelt es sich hierbei um ein Energiezentrum, das die Grundlage im Energiesystem darstellt und dafür sorgt, dass wir überhaupt existieren und mit dem eigenen Energiereservoir umgehen können. Dieses Chakra am Dammbereich gibt uns Halt und auch die Möglichkeit, mit spirituellen Erfahrungen klarzukommen. In diesem Chakra kann auf der anderen Seite auch die Unbewusstheit bezüglich der eigenen Göttlichkeit verborgen liegen.

Energetisch gesehen strahlt das Wurzel-Chakra in den gesamten Beckenbodenbereich, in die Hüften bis hinab über die Beine in die Füße. Jegliche Ausscheidungsprozesse werden von ihm beeinflusst. Triebe wie die der Selbsterhaltung und Fortpflanzung sind Themen des Basiszentrums. Hier liegen auch unsere innersten Ängste – vor Tod, Krankheit und Verlust – verborgen. Eine Dysbalance im Chakra kann zu Trägheit, Passivität, Selbstzerstörung oder auch übersteigertem Materialismus führen.

Oft wird das Wurzel-Chakra wie ein Tabu behandelt und als ein »niedrigschwingendes« Energiezentrum abgetan. Dabei ist ohne ein ausbalanciertes Wurzel-Chakra keinerlei spirituelle Entwicklung möglich, vor allem in unserer heutigen Zeit des Umbruchs nicht. Es versorgt unseren Körper mit der nötigen Energie, um »erdentauglich« zu sein und so auch unserem göttlichen Kern durch den Körper Ausdruck zu verleihen. Das Gefühl, nicht geerdet zu sein, oder auch Verdauungsstörungen können von einem unbalancierten Wurzel-Chakra herrühren und uns schwer zu schaffen machen.

Sakral-Chakra

Hier liegt unser Halt in unserem eigenen Selbst verborgen. Ähnlich wie das Wurzel-Chakra hat auch dieses Energiezentrum mit Stabilität zu tun. Diese Stabilität ist jedoch vor allem auf Gefühle und Emotionen bezogen. Das Sakral-Chakra liegt auf der körperlichen Ebene betrachtet ungefähr drei Fingerbreit unterhalb des Bauchnabels auf Höhe des Kreuzbeins und wirkt sich insbesondere auf die Geschlechtsorgane und den Unterleib aus.

Jeglicher Austausch und Transport von Körperflüssigkeiten liegt im Wirkmechanismus des Sakral-Chakras, zumal diesem auch das Element Wasser zugeordnet ist. Von hier holen wir uns die Antriebskraft für das Leben, die Freude und auch die sexuelle Energie. Gleichzeitig trägt es all unsere Gefühle in sich und beherbergt damit auch blockierte Kräfte und Emotionen. Ein gestörtes Körpergefühl kann mit einer Disharmonie in diesem Zentrum zusammenhängen. Ein Ungleichgewicht im Sakral-Chakra führt auch dazu, dass die Intuition blockiert und der sensitive Zugang zum Außen verhindert wird.

Solarplexus-Chakra

Das Manipura-Chakra ist die innere Sonne im Menschen. So wie die Sonne in der Natur das Leben, Blühen und Strahlen möglich macht, versorgt dieses Chakra den Menschen mit Energie und Vitalität. Der Solarplexus liegt im Magenbereich und hat somit auch auf die Verdauung einen Einfluss. Leber, Gallenblase und Bauchspeicheldrüse liegen ebenso im Wirkbereich des Solarplexus. Da auch das Zwerchfell, der wichtigste Atemmuskel im Körper, genau auf Höhe dieses Chakras liegt, wird die Atmung ebenfalls von ihm beeinflusst.

Man spricht davon, dass die Kraft dieses Chakras jegliche Dualität aufzulösen vermag und unterscheidendes Denken transzendiert. Dies macht auch Sinn, denn der Solarplexus ist das wichtigste Zentrum für die Sensitivität. Über die Ausdehnung der Manipura-Energie wird es uns erst möglich, sensitiv wahrzunehmen. Dies erfordert, dass man die individuellen Grenzen auflöst und sich auf die Erfahrung von jemand anderem, auf einen Ort oder eine Situation einlässt. Ist jemand völlig verschlossen gegenüber dem Außen, wird es ihm niemals möglich sein, über die eigenen Grenzen hinaus zu spüren und somit Sensitivität zu entwickeln.

Herz-Chakra

Das Herz-Chakra befindet sich körperlich gesehen auf Höhe der Brustwirbelsäule in der Brustmitte. Einflussbereiche sind das Herz-Kreislauf-System, das Herz, die Atmung und das gesamte Immunsystem. Liebe, Frieden und ehrliches Mitgefühl sind die Hauptthemen des Herz-Chakras. Ein ausgeglichenes Herz-Chakra ist die Voraussetzung dafür, jegliches Tun in Liebe zu vollbringen. Es ist unser Herz-Chakra, das uns zu unserem vollen Potenzial erblühen lässt. Ein ausgeglichenes Herz-Chakra drückt sich in Großzügigkeit, Mitverantwortung und einem Überschreiten der Dualität aus, wohingegen Dysbalancen zu übermäßiger Selbstliebe, Selbstüberschätzung und Besitzansprüchen führen können. In Liebe können wir uns mit allem verbinden, mit der Geistigen Welt ebenso wie mit allen lebenden Wesen – dies lehrt uns dieses Chakra.

Hals-Chakra

Die Energie des Hals-Chakras strahlt in den gesamten Hals- und oberen Nackenbereich aus und wirkt auf die Funktion der Schilddrüse. Den Hals passieren Nahrung und Luft, somit gilt er als eine Verbindungsstelle, die die gesamte Energietransformation ermöglicht. Im Hals-Chakra liegt vor allem die Kreativität verborgen, die sich ausdrücken möchte. Kommunikation und mentale Vorstellungskraft sind die Hauptthemen dieses Chakras. Gleichzeitig ist es das wichtigste Zentrum für die Medialität. Der Kontakt zu Verstorbenen, Engeln, Geistführern und anderen Geistwesen wird über den Hals hergestellt. Meist macht sich dies auf der körperlichen Ebene mit einem Zug oder Druck am Hals bemerkbar. Ein ausgeglichenes Hals-Chakra versorgt den Menschen mit Inspiration und geistiger Lebendigkeit. Blockaden in diesem Bereich können hingegen zu übermäßigem Stolz, Habsucht, Isolation und Verwirrung führen.

Stirn-Chakra

Das Stirn-Chakra liegt in der Kopfmitte, genau dort, wo die Zirbeldrüse platziert ist. Diese Drüse, die sich unmittelbar in der Mitte des Großhirns befindet, hat eine wichtige Funktion, wenn es um das Hellsehen geht. Es ist dieses Dritte Auge, über das man die feinstoffliche Welt wahrnehmen kann. Diese Stelle des Gehirns wird als »Auge Shivas« oder »Auge der Weisheit« bezeichnet.

Der französische Philosoph Descartes sagte, dass die Zirbeldrüse der Sitz der Seele, die Verbindungsstelle zwischen Geist und Materie sei. Richtet man den Fokus auf die Mitte der Stirn, ohne mit den Augen dorthin zu schielen, bekommt man sofort ein Gefühl für die Zirbeldrüse. Das Stirn-Chakra ist vor allem im Zusammenhang mit der Meditation wichtig und in einem aktiven und harmonischen Zustand in der Lage, den Geist zu klären und zu stabilisieren. Ein gestörtes Stirn-Chakra kann dazu führen, dass der Mensch seinen geistigen Fokus im Leben und den Blick auf das Wesentliche verliert.

Scheitel-Chakra

Das Scheitel-Chakra liegt am höchsten Punkt des Schädels und strahlt in den gesamten Kopf hinein. Dieses Chakra stellt in der Tat den krönenden Abschluss der Chakra-Reihe dar, denn es ist der Ort der absoluten kosmischen Einheit und des göttlichen Bewusstseins. Hier wird reine Transzendenz repräsentiert. Fühlt man sich in dieses Chakra hinein, scheinen jegliche Grenzen auf der materiellen Ebene ihre Relevanz zu verlieren. Es kann uns die Erkenntnis geben, dass es Materie eigentlich nicht gibt, genauso wenig wie Raum und Zeit.

So wichtig das Scheitel-Chakra für die spirituelle Entwicklung ist, so schwierig ist es, dieses Energiezentrum aktiv in Balance zu bringen. Es ist oftmals viel mehr eine spontane Erweckung, die das Scheitel-Chakra harmonisiert, als eine bewusste Arbeit mit ihm. In Indien spricht man auch davon, dass es der göttlichen Gnade bedarf, um die Erleuchtung zu erlangen.

Das Marma-System

Über die Chakras hinaus besitzt das menschliche Geist-Körper-System noch weitere energetische Punkte, die sogenannten Marmas. Sie sind an feinen Energiekanälen, den Nadis, angeordnet, dienen als Sammelstellen von Prana und sind somit über den ganzen Körper verteilt. In der *Sushruta Samhita* (etwa 1000 v. Chr.) werden 107 dieser Energiepunkte genannt, die über Berührung, Massage und Bewusstwerdung aktiviert werden können. Die Marmas speichern seelische und geistige Informationen ab und sind auf der körperlichen Ebene wahrnehmbar. Sie wirken in gleichem Maße nach außen und nach innen. Für das Innere sind sie die Steuerzentrale der Energien, im Außen dienen sie als Fühler, über die man die Umwelt energetisch wahrnehmen kann.

Es befinden sich vielzählige Marmas in unseren Händen, und über diese kann man auch die Aura von Menschen oder Tieren erspüren. Die Haupt-Marmas liegen jedoch in der Körpermitte. Neben ihnen gibt es aber noch wesentliche weitere Vitalpunkte, die für das Energiesystem relevant sind. Beispielsweise liegt das Sthapani-Marma zentral im Inneren des Kopfes und kann über die

Berührung der Stirnmitte aktiviert werden. In ihm liegt unser seherisches Bewusstsein verborgen, über das auch die Seher des alten Indiens, die Rishis, ihre Prophezeiungen erhielten. Ein aktives Sthapani-Marma schafft Weit- und Klarsicht und eröffnet das Tor zu inneren Visionen der näheren Zukunft.

Während das Sthapani-Marma mehr auf der unterscheidenden Intelligenz aufbaut, wird das Nabhi-Marma der Intuition zugeordnet. Nabhi liegt auf Höhe des Bauchnabels und ist sozusagen die Mitte unseres Körpers. Dieser Punkt zählt auch als Zusammenkunft von unzähligen Marmas und Nadis und hat somit eine ganz besondere Bedeutung für die Aufnahme, Verarbeitung und den Transport des Prana. Weiterhin kontrolliert Nabhi den Solarplexus und stellt den Energieausgleich in diesem Chakra her, wann immer dies nötig ist.

Die neue Form der Chakras und Nadis

Nun haben wir alles in unserem Zusammenhang Wissenswerte über die bisherige Form und Funktion von Chakras, Marmas und Nadis gehört. Im Zuge des Transformationsprozesses sind starke Veränderungen in diesen Energiesystemen wahrzunehmen, auf die wir nun eingehen wollen.

Veränderungen der Chakras

Die Lehre von den Chakras war mir zu Beginn meiner Arbeit als sensitiver und medialer Coach durchaus gängig, da ich bereits eine Yoga-Ausbildung absolviert hatte. Yoga beschäftigt sich viel mit den Chakras und Nadis und ich kannte mich darin sehr gut aus. Und dann kam mein erstes Chakra-Reading in meiner Übungszeit. Es verwirrte mich total, denn nichts von all dem, was ich über die Chakras bisher gelernt hatte, wurde mir hellsichtig offenbart. Die Chakras waren weder am richtigen Platz noch in der richtigen Form oder Farbe. Ich begann an meiner Sensitivität zu zweifeln, bis ich jedoch entdeckte, dass ich kaum jemanden antraf, der das Chakra-System in der Weise aufwies, wie ich es gelernt hatte, und dies auch anderen Sensitiven so ging. Ich war beruhigt, musste der Sache jedoch auf den Grund gehen. In einer Channeling-Sitzung wurde mir dann klar, dass die Schwingungserhöhung auf der Erde zu starken Veränderungen im feinstofflichen System des Menschen geführt hatte und weiter führen würde. Es wäre auch verwunderlich gewesen, wenn sich alles Feinstoffliche auf dem Planeten verändert, aber die Chakras nicht.

Was genau aber hat sich bei den Chakras verändert und welche Trends sind noch zu erwarten. Eine der größten Auffälligkeiten ist, dass sich die Chakras nicht mehr an den immer wieder beschriebenen Stellen befinden, sondern teilweise komplett versetzt sind oder sogar gar nicht mehr auffindbar. Am häufigsten treffe ich die Tendenz an, dass das Kronen-Chakra tiefer gerückt ist und nun ungefähr auf Höhe der Stirn liegt, während das Stirn-Chakra auf Höhe der Augenlider gerutscht ist. Dies hat damit zu tun, dass spirituelle Aspekte heute immer mehr auch zu materiellen beziehungsweise irdischen Themen gehören und es keine Trennung mehr zwischen materialistischem und spirituellem Leben geben kann.

Auch scheinen Sakral-Chakra und Wurzel-Chakra teilweise zu verschmelzen, und dies erweckt den Anschein, dass es ein Chakra weniger gibt. Wir hatten ja bereits vom neu entstandenen Sexual-Chakra gesprochen und dass es sicherstellt, dass nur eine Herzverbindung zwischen Sexpartnern aufrechterhalten wird. Die Verschmelzung des Sakral- und des Wurzel-Chakras scheint genau diesen Trend zu unterstützen. Denn gehen wir davon aus, dass das Animalische im Wurzel- und das Sinnliche im Sakral-Chakra liegt, findet auf dem Weg der Vereinigung beider eine Intensivierung des Sex auf spiritueller Ebene statt. Somit beginnt Sex die Ebene des rein Körperlichen zu verlassen und ein wichtiger Teil der spirituellen Entwicklung zu werden.

Neben der räumlichen Verschiebung und der Verschmelzung im Chakra-System gibt es nun auch gravierende Unterschiede zu den üblichen Vorstellungen über die Farben der Chakras. Ich habe mittlerweile bei fast allen Chakras alle Farben beobachten dürfen und festgestellt, dass es da kein festes Schema (mehr) gibt. Beispielsweise kann es sein, dass das meist so beschriebene Indigo des Stirn-Chakra mit einem Rot gemischt ist oder sich vielleicht sogar vollständig rot zeigt. Dies kann ein Zeichen dafür sein, dass der betreffende Mensch begonnen hat, eine

Symbiose zwischen materiellen und geistigen Themen herzustellen, um so beispielsweise sein Verhältnis zu Finanzen zu heilen. Oder das Herz-Chakra verfärbt sich immer mehr in ein klar leuchtendes Weiß, was darauf hindeutet, dass der Mensch die göttliche und bedingungslose, reine Liebe zunehmend durch sich hindurchfließen lässt. Bei manchen hat sich zudem das Herz-Chakra in zwei Teile getrennt, was dafür sorgen könnte, dass der Mensch mit der veränderten Zeit-Dimension besser umgehen kann. Diese Trennung wirkte sich physisch zum Teil auch auf das Atmen aus, was viele Menschen in einem neuen Atemmuster an sich selbst wahrnehmen können: in den meisten Fällen eine gewisse Schweratmigkeit, die sehr schnell wieder abklingt und sich in ein tieferes und volleres Atmen verwandelt.

Die Liste der Veränderungen im Farb- und Formenmuster der Chakras könnte ich endlos fortsetzen. Das Wichtigste ist jedoch, dass du deine eigenen Beobachtungen hellsichtig oder hellwissend machst und diese neue Entwicklung in den Chakras selbst entdeckst. Im Zusammenhang eines Aura-Coaching setzen wir den Schwerpunkt nicht auf die Chakras. Dennoch kann ein Chakra-Reading sehr wertvolle Informationen zum Leben der Person preisgeben. Wie du das Chakra-Reading konkret machst, und was es dabei zu beachten gibt, wirst du im Übungsteil erfahren und erproben können.

Veränderungen in den Nadis

Wie wir bereits gehört haben, sind Nadis die feinstofflichen Energieleitbahnen, die mit dem physischen Körper und den Chakras in Verbindung stehen. Durch sie wird das Prana geleitet, das den Körper vitalisiert und gesund hält. Ida, Pingala und der bereits erwähnte Sushumna sind die wichtigsten Bahnen, die jeweils rechts und links entlang der Wirbelsäule beziehungsweise im Falle von Sushumna direkt auf ihr liegen. Über diese drei und die vielen kleineren Nadis wird das gesamte Energiesystem des Körpers und der Chakras versorgt. Ohne sie könnte der Mensch nicht existieren.

Bisher war man der Ansicht, dass die Nadis im Körper sind und zudem ein paar Zentimeter über die Haut reichen. Sie bilden so ein energetisches Netzwerk am und im physischen Körper. Seit sich die Schwingung des Planeten nun geändert hat, hat sich das energetische Nadi-System ausgebreitet, und zwar in der Form, dass die Nadis nun bis weit in die Aura hineinreichen. Das aber heißt, es findet nun eine viel intensivere Vernetzung der Energiefelder mit dem physischen Körper statt, was verschiedene Folgen nach sich zieht.

Man kann davon ausgehen, dass sich jede körperliche Krankheit zuerst in einem Energiefeld (meist im Morpho- oder Aura-Feld) manifestiert, bevor sie sich auf der körperlichen Ebene zeigen wird. Dieser Prozess kann gestoppt werden, wenn die krank machende Information bereits auf der feinstofflichen Ebene erkannt und noch rechtzeitig transformiert wird. Wenn dies jedoch nicht geschieht, kann sich die negative Information auf der grob-stofflichen Ebene materialisieren, dem Körper. Bevor wir in den Transformationsprozess eingegangen waren, hat es immer eine gewisse Zeit gedauert, bis die Information aus dem Energiefeld über das feinstoffliche System des Körpers transportiert wurde und sich dann in Form einer Krankheit zeigte.

Heute, da sich die Nadis bis in die Aura und sogar fast bis ins Morpho-Feld ausgedehnt haben, geht alles sehr viel schneller. Jegliche Art von Information im Aura- oder Morpho-Feld wird direkt über die Nadis auf die körper-liche Ebene übertragen. Das heißt, uns läuft die Zeit weg oder klarer ausgedrückt: Wir haben keine Zeit mehr, auf etwas zu warten oder uns einfach Zeit zu lassen. Alles muss unmittelbar erkannt beziehungsweise gefühlt wer-den und durch einen Transformationsprozess gehen. Nur so kann verhindert werden, dass der Mensch auf der kör-perlicher Ebene leidet. Wenn man Zeit verstreichen lässt, kommt es zu körperlichen Störungen, und das heißt auch, dass man weniger Energie für die spirituelle Entwicklung hat. Dies kann zu einem Kreislauf führen, bis man stirbt und in einer neuen Inkarnation mit den unerledigten Haus-aufgaben erneut konfrontiert wird.

Das klingt zunächst erschreckend, es birgt aber auch Chancen. Denn auch spirituelle Übungen greifen nun deutlich schneller. Wie immer liegt es in deiner Hand und in deiner Verantwortung, wie du mit dir in deiner fein- und grobstofflichen Ganzheit umgehst und wie weit du dich der Transformation öffnest. In den folgenden Kapiteln möchte ich dir zahlreiche Impulse geben, diesen großen Wandel kraftvoll mitzuerleben und für deine Entwicklung zu nutzen. Dabei werden wir nun auch praktisch, indem ich dich anleite, die Grundlagen des Aura-Coaching zu lernen.

Praktische Vorbereitungen zum Aura-Coaching

Der Mensch ist ein multidimensionales Wesen mit einem Energiesystem, das uns die Möglichkeit eröffnet, Erfüllung in allen Dimensionen des stofflichen und nichtstofflichen Universums zu erfahren und mit anderen zu teilen. Mithilfe der Methode des Aura-Coaching können wir uns selbst zur Meisterschaft darin entwickeln und auch anderen dabei helfen.

An dieser Stelle möchte ich kurz schildern, warum ich den Begriff des Aura-Coachings anstelle des weitverbreiteten Aura-Readings verwende. Aura-Reading bedeutet eigentlich nicht mehr, als die Aura zu lesen. Natürlich tun wir das im Rahmen eines Aura-Coachings auch, wir gehen aber noch viele Schritte weiter. Denn allein mit der Kenntnis und dem Wissen über energetische Gegebenheiten der Aura kann niemandem geholfen werden. Das Aura-Coaching aber versetzt uns in die Lage, das in der eigenen oder fremden Aura Gesehene oder Erspürte zu interpretieren und darüber hinaus so zu beeinflussen, dass Heilung und Erfüllung auf allen Ebenen möglich werden.

Im Rahmen eines jeden Aura-Coachings erlangen wir Erkenntnisse über uns selbst oder andere. Nichts kann wertvoller sein als die Bewusstwerdung von Energien in sich selbst und im Umfeld. Ich sehe, wie sich in meinen Klienten in der Sitzung immer wieder Aha-Effekte zeigen. Diese innere Erweiterung ist es, was die Transformation eines Menschen enorm vorantreiben kann.

Bevor du nun mit der gezielten Beeinflussung der Aura-Felder beginnen kannst, musst du lernen, die Aura und die Energiefelder wahrzunehmen. Dem widmet sich dieses Kapitel mit zahlreichen praktischen Übungen.

Vielleicht scheint es dir so, als sei die Technik des Aura-Sehens die einzige und damit auch gängigste, um jemanden in Bezug auf sein Energiesystem zu betrachten. Dem ist allerdings nicht so. Das Wahrnehmen der Aura kann nämlich über drei verschiedene Kanäle erfolgen: das Hellsehen, Hellfühlen und Hellwissen. Bevor du sie erlernen kannst, wollen wir uns einigen Vorübungen widmen.

Zugang zur sensitiven Kraft über mentale Umprogrammierung

Welche Macht unser Denken mit all seinen Verstrickungen und Mustern auf unser Leben ausübt, kann man nur erahnen. Auf jeden Fall ist sie immens. Ein Mensch kann noch so viele spirituelle Techniken üben, meditieren und

Yoga machen, wenn er seinen eigenen Geist nicht unter Kontrolle hat, kann von einem Moment zum anderen all sein spirituell erwachtes Potenzial wieder in sich zusammenfallen.

Der Geist beeinflusst jeden unserer Lebensbereiche von der Partnerschaft bis zum Beruf, von der Körperlichkeit bis zum Spirituellen. Wenn man es lernt, den Geist zu befreien, bewusst zu lenken und zu steuern, steht einem vollkommen erfüllten Leben nichts mehr im Wege. Ist man jedoch in inneren Überzeugungen, mentalen Gefängnissen und Denkmustern gefesselt, kann einem das Leben als schwer und unangenehm erscheinen.

Solche Muster sind es auch, die der Wahrnehmung von Auras entgegenwirken können. Wir wissen, dass wir alle mit einem hellsichtigen und hellfühligen Potenzial geboren wurden und als Kinder das Feinstoffliche in seiner ganzen Form erfassen konnten. Durch die elterliche Erziehung und die gesellschaftlichen Anforderungen, die an uns bereits als Kinder gestellt wurden, wurden unsere sensitiven und medialen Fähigkeiten betäubt. Sie scheinen verschwunden, aber komplett wegnehmen kann sie uns niemand. Heute nun ist der Tag, an dem du dich wieder erinnern und dein sensitives und mediales Können neu in Besitz nehmen kannst.

Dies wird jedoch eine mentale Umprogrammierung erfordern, denn auf der unbewussten Ebene hast du mit Sicherheit Überzeugungen und Glaubensmuster übernommen, die dich daran hindern, deine Sensitivität und Medialität zu nutzen. Da mentale Konstrukte alle Lebensbereiche blockieren können, könnte es sein, dass sie bei dir die hellsichtigen, hellfühligen und hellwissenden Fähigkeiten lähmen. Bei der folgenden Übung, der mentalen Umprogrammierung, geht es darum, deinem Unterbewusstsein Informationen in Form von positiv formulierten Affirmationen einzuschleusen, die dann eventuell vorhandene negative Glaubensüberzeugungen auflösen.

Mentale Umprogrammierung zur Aktivierung der medialen und sensitiven Kräfte

- Notiere auf einem Blatt Papier all die Denkmuster, die dich davon abhalten, dein ganzes hellsichtiges, hellfühliges und hellwissendes Potenzial auszuleben.
- Formuliere jede dieser Glaubensüberzeugungen nun in eine positive Form um. Zum Beispiel könnte die Überzeugung lauten: »Hellsichtige, hellfühlige oder hellwissende Menschen werden von der Gesellschaft nicht akzeptiert und oftmals sogar verfolgt und vertrieben.« Daraus machst du die Affirmation: »Hellsichtige, hellfühlende und hellwissende Menschen sind wichtige und wertvolle Mitglieder der Gesellschaft, ihre Arbeit ist erwünscht und wird wertgeschätzt.« Beachte bei der Formulierung der Affirmationen stets, dass sie weder »nicht« noch »kein« enthalten, positiv und in der Gegenwartsform formuliert sind.
- Wenn deine Affirmationen niedergeschrieben sind, geht es nun weiter zum wichtigsten Punkt der Übung: Du sprichst die Affirmationen selbst auf ein entsprechendes Gerät und erstellst dir deine persönliche Affirmations-CD. Diese hörst du immer dann, wenn du gerade auf bewusster

Ebene mit etwas anderem beschäftigt bist. Das heißt, du hörst nie bewusst hin, sondern lässt sie einfach wie Hintergrundmusik laufen.

Dieses Vorgehen wird sicherstellen, dass dein Intellekt die Affirmationen nicht infrage stellt und somit ihre positive Information auch nicht neutralisieren kann. Denn in diesem Fall würde sich in deinen mentalen Konstrukten nichts verändern, da die Information nicht bis ins Unterbewusstsein eindringen konnte. Dies ist übrigens auch der Grund, wieso gesprochene oder gelesene Affirmationen bei vielen Menschen nichts bewirken. Ihr innerer Wächter beziehungsweise der Verstand steht den Affirmationen zu sehr im Weg. Sie hören bewusst zu, denken darüber nach und machen die gute Intention schnell selbst wieder zunichte.

Auf besonders effektive Weise kann sich die Wirkung der Affirmationen entfalten, wenn sie nachts während des Schlafes gehört werden. Denn dann kann die positive Information direkt ins Unterbewusstsein gelangen und es steht einer mentalen Umprogrammierung nichts im Wege.

Vielleicht fällt dir die Formulierung von Affirmationen schwer. Dann kannst du gern einige der folgenden verwenden, um eine eigene Affirmations-CD zu erstellen. Denke bitte daran, nur die Affirmationen zu verwenden, die für dich stimmig sind und auf deine Situation passen.

- Ich bin dankbar für meine körperliche, geistige und energetische Fitness, die mich in meiner Arbeit mit Energien an mir selbst, aber auch an anderen unterstützt.
- Ich öffne mich im Hier und Jetzt meinem vollem Potenzial, feinstoffliche Energien wahrnehmen und mit ihnen heilsam arbeiten zu können, an mir und an anderen.
- Ich öffne mein Herz allen Lebewesen und geistigen Wesen und lade sie ein, mich auf meinem Weg hin zu meiner vollen sensitiven und medialen Kraft zu begleiten.
- Die Aura zu sehen, sie zu fühlen und zu kennen, ist sicher für mich und bringt mich auf meinem spirituellen Weg weiter.
- Ich setze all meine sensitiven und medialen Kräfte ein, um mir selbst und meinen Mitmenschen ein glückliches und erfülltes Dasein auf allen Ebenen zu bescheren.
- Die Arbeit an und mit der Aura ist gesellschaftlich akzeptiert und erhält die gebührende Wertschätzung.
- Ich öffne mich für alle Energien und ziehe auch Anerkennung und Akzeptanz vonseiten der Gesellschaft dafür an.
- Ich bin geistig zu jedem Zeitpunkt klar und zentriert und setze meine sensitiven und medialen Kräfte mit Bedacht ein.
- Ich ziehe Menschen in mein Leben, die sich mir in wahrer Liebe öffnen, und denen ich auf die gleiche Art und Weise begegnen darf.

- Die Aura zu sehen, wahrzunehmen und in Kontakt zur Geistigen Welt zu stehen, ist für mich das Natürlichste, was es gibt, und ich öffne mich jetzt dieser Wahrheit.
- Ich liebe meine innere Fähigkeit, mich auf feinstoffliche Ebenen einzustimmen, und finde zu jedem Zeitpunkt die Akzeptanz und Wertschätzung meiner Familie dafür.
- Jeder Mensch ist sensitiv und medial veranlagt, so wie ich es auch bin. Heute und mit jedem Mal, wenn ich diesen Satz höre, integriere ich diese Wahrheit in mein ganzes System.
- Ich bin offen und bereit, auf heil- und verdienstvolle Weise mein sensitives und mediales Können einzusetzen und in meinem Leben aus dem Vollen zu schöpfen.

Mit diesen Sätzen kann man einen Großteil der üblichen Überzeugungen aus dem Weg schaffen und sich dem eigenen sensitiven und medialen Potenzial voll öffnen. Du wirst erstaunt sein, wie diese Affirmationen schon nach kürzester Zeit wirken und deine innere Einstellung gegenüber der ganzen Sache verändern. Empfehlenswert ist es, die Affirmationen für etwa zehn Tage in der gleichen Formulierung und Zusammenstellung zu hören und sich dann wieder eine neue CD mit neuen Sätzen vorzubereiten. Dies ist wichtig, denn es kann zu einer Art geistiger Gewöhnung an die Affirmationen kommen, die Wirkung lässt dadurch nach. Wenn deine negativen Überzeugungen in Bezug auf das Aura-Sehen aus dem Weg geschafft sind, steht einem erfolgreichen Training im Aura-Coaching bald nichts mehr im Wege.

Die erfolgreiche Arbeit mit der Aura

Ich bin der Überzeugung, dass alle Menschen ihre Hellsinne erwecken und einsetzen können, nur stehen ihnen leider meist auf der unbewussten Ebene Überzeugungen und Vorstellungen im Wege, die sie als Information aussenden und die den Vorgang, die Hellsinne zu erwecken und einzusetzen, komplett blockieren. Meistens fehlen dann auch das Selbstbewusstsein und die Selbstsicherheit bei der Arbeit mit Energien. Diese Information der Unsicherheit wird ausgesendet, und so ziehen die Betreffenden Situationen und Menschen an, die den Eindruck verstärken, dass ihnen das energetische Arbeiten nicht liegt oder gar nicht möglich ist. Das kann ich immer wieder beobachten. Eine Methode neben den Affirmationen, um diese Probleme effektiv auszugleichen, ist eine Meditation, bei der man sich energetisch mit jemandem verbindet, der in seiner Arbeit – egal in welchem Bereich – absolute Selbstsicherheit und Selbstbewusstsein aussendet. Dies geschieht dann fast so, als würde man diese spezifische Energie anzapfen und sie in den eigenen Körper und in das eigene System herunterladen.

Neben dem Selbstbewusstsein ist es wichtig, vollkommen kongruent zu sein mit dem, was man macht und will. Alle ausgesendeten Energien sollten immer im Einklang mit deinem erwünschten Endzustand stehen und es dir ermöglichen, dass du deine eigenen Energien bündeln kannst. Frage dich also einmal, ob es in dir oder um dich herum Faktoren gibt, die es verhindern wollen, dass du in deine Kraft kommst. Wenn ja, dann versuche, all diese Faktoren zu beseitigen oder mit Gegengedanken zu neutralisieren. Vielleicht gibt es sogar Menschen, die deine Arbeit im Spirituellen nicht gutheißen. Das ist vollkommen in Ordnung und ihr freier Wille. Nur solltest du nicht zulassen, dass ihre Überzeugungen auf dich überschwappen und du das Denken von diesen Menschen übernimmst. Am Ende bist du ferngesteuert und nicht mehr du selbst. Stehe zu dem, was du bist, willst und machst, und alle Menschen, die dich wahrhaft lieben, werden an deiner Seite sein und dich unterstützen.

Selbstsicherheit, Kongruenz und der Glaube an ein schöpferisch-göttliches Prinzip sind die wichtigsten Dinge, mit denen du dich innerlich ausstatten solltest, wenn du in deiner Arbeit, egal welche es ist, erfüllt und erfolgreich sein möchtest. Diese drei Prinzipien sind nicht nur dann wichtig, wenn du energetisch arbeitest, sondern auch in jedem Berufsfeld. Vor allem deine Verbindung zum Göttlichen ist ein sehr wichtiger Faktor. Du solltest sie immer neu verstärken und stets aufrechterhalten.

Räume energetisch ausgleichen

Neben diesen inneren Faktoren haben auch die äußeren eine entscheidende Bedeutung. Wir haben bis jetzt schon sehr viel über Energiefelder von uns Menschen gehört, wie sie aufgebaut sind und welche Funktionen sie ausüben. Nun geht es daran, dass wir verinnerlichen, dass eigentlich alles in seiner Essenz Energie ist und wir ständig von Energiefeldern umgeben sind. Das heißt, jeder Ort und jeder Raum trägt eine ganz spezielle Kombination von energetischen Feldern in sich, die Träger von feinstofflichen Informationen sind.

Zum Beispiel ist es in der Tat energetisch spürbar, wenn in einem Raum eine Auseinandersetzung stattgefunden hat. Die Luft und alle Gegenstände laden sich mit dieser spezifischen Energie auf. Somit sind wir zu jedem Zeitpunkt verschiedensten Energiefeldern ausgesetzt, und dies kann das Wahrnehmen und Lesen einer Aura sehr erschweren. Insbesondere auch dann, wenn Imbalancen oder blockierte Stellen im Raum vorhanden sind.

Das Feng-Shui oder das indische Vastu befassen sich mit genau diesem Thema der Herstellung und Stabilisierung des ungehinderten Energieflusses an Orten und in Räumen. Neben der Anwendung von Feng-Shui beziehungsweise Vastu gibt es eine Reihe anderer Methoden, um auch selbst ganz schnell und einfach die Energie in Räumen und an anderen Orten in Balance zu bringen. Ich empfehle dir, deine Räume auf eine dieser Weisen regelmäßig zu reinigen, insbesondere immer dann, wenn du das Aura-Lesen üben und praktizieren willst. Hier nun die Anwendungen, die auch ich persönlich einsetze und deren Wirkung sehr stark und unmittelbar spürbar ist.

Über Jahre hinweg habe ich verschiedenste Methoden des Räucherns eingesetzt, um Räumlichkeiten energetisch zu reinigen und eine Balance in der Schwingung zu erzielen. Jedoch wurde ich häufig enttäuscht, weil nach kürzester Zeit der Effekt der energetischen Harmonisierung nachließ und ich das Gefühl hatte, dass sich der Raum wieder wie vor dem Räuchern anfühlte. Vielleicht denkst du nun, dass ich es vielleicht nicht richtig oder mit dem falschen Räucherwerk getan habe. Mein Geistführer Pramesh aber hat mich eines Besseren belehrt.

An einem Tag, an dem ich morgens wie üblich meine Praxis ausräucherte, hörte ich mit einem Mal seine Stimme in meinem Inneren, die sagte: »Rauch kann das nicht ausgleichen, was aus dem Gleichgewicht geraten ist. Du musst mit Schwingungen reinigen.« Die Botschaft wurde konkreter und nun hatte ich endlich die Lösung für mein Problem. Nach Prameshs Erklärungen müsse man auch mit harmonisierenden Klängen reinigen. Die klangliche Einwirkung des Om habe dabei die stärkste harmonisierende Wirkung auf Gegenstände und Räume. Durch die Schwingungen des Klanges Om geraten alle Gegenstände im Raum in Schwingung, wodurch sich die in ihnen enthaltene Energie lockern und lösen würde. Danach sei es wichtig, den ganzen Raum zu räuchern und zu lüften, damit die gelösten feinstofflichen Informationen hinausbefördert werden können. Damit sei die Atmosphäre im Raum wieder gereinigt.

Seitdem lasse ich in meiner Wohnung für zwei bis drei Stunden eine Om-CD laufen und beginne erst dann zu räuchern. Der Effekt ist unglaublich. Der Raum erscheint mir nach dieser energetischen Reinigung größer, weiter und klarer. Diese räumliche Harmonie wirkt sich natürlich auch auf das gesamte eigene Energiefeld aus und beeinflusst es auf eine positive Art und Weise. Viele meiner Schüler beklagen sich darüber, dass sie bei sich daheim nie so gut meditieren können wie in meiner Praxis. Die energetische Belastung im eigenen Zuhause kann mitunter ein Grund dafür sein, dass die Qualität spiritueller Übungen beeinträchtigt wird.

Somit ist die Schlussfolgerung, dass ein Raum energetisch harmonisiert sein sollte, bevor man mit der Aura zu arbeiten beginnt, nicht verwunderlich. Es sollten darüber hinaus aber alle Räumlichkeiten, insbesondere die, in denen sich viele unterschiedliche Menschen aufhalten, in regelmäßigen Abständen energetisch gereinigt werden. Zudem ist es sinnvoll, den Raum nach dem Feng-Shui rein und sauber zu halten, damit die Energie ungehindert fließen kann. Das bedeutet zum einen, alles, was herumsteht und nicht gebraucht wird, zu beseitigen, und zum anderen auch, all das, was sich so im Laufe der Zeit immer wieder am Boden, über den Schränken und in den Ecken ansammelt, zu entfernen. Je weniger in einem Raum ist, desto besser ist es für den Energiefluss. Auch Energiebilder mit Mandalas, Engeln und Lichtwesen können eine harmonisierende Wirkung haben.

Neben dem Urklang Om können auch Mantras reinigend und klärend auf Räume wirken. Diese heiligen indischen Silben beeinflussen die Energie in einem Raum auf eine ganz bestimmte Art und Weise positiv. Zum Beispiel werden durch das Singen oder Abspielen des Gayatri Mantras – eines der ältesten und mächtigsten Mantras überhaupt – die Naturelemente in einem Raum in Einklang gebracht und die Herzenergie erweckt.

Gayatri Mantra
Om bhur bhuvah svah
tat savitur vareniyam
bhargo devasya dhimahi
dhiyo yo nah prachodayat

(Om, wir meditieren über den Glanz des verehrungswürdigen Göttlichen, die Essenz aller drei Welten, Erde, Luftraum und himmlische Welten.
Möge das Höchste uns erleuchten, auf dass wir die letzte Wahrheit erkennen.)

Du kannst auch das Moola-Mantra einsetzen, um Yin und Yang, also die weibliche und männliche Energie, in einem Raum wieder auszugleichen. Insbesondere vor der Kontaktaufnahme mit der Geistigen Welt bietet sich dieses Mantra an.

Moola-Mantra
Om sat chit ananda parabramha
purushottama paramatma
sri bhagavati sametha
sri bhagavate namaha
hari om tat sat

(Ich verneige mich vor dem höchsten Wesen, das Existenz, Bewusstsein und Glückseligkeit ist. Ich verneige mich vor dem Göttlichen, das sich in menschlichen Formen und in unseren Herzen manifestiert. Ich verneige mich vor dem weiblichen und vor dem männlichen Aspekt des Göttlichen. Gott ist die Wahrheit – das wahre Sein.)

Es ist sehr eindrücklich, was die Aura einem alles zeigen kann, wenn gewisse Informationen für sie wichtig sind. Einmal erschienen mir Bilder aus der Küche meiner Klientin. Ich konnte die Küche, wie ich sie vor meinem inneren Auge wahrnahm, bis ins Detail beschreiben. Es war eine eher kleine und längliche Küche, die den Eindruck machte, sehr neu und sauber zu sein. Meine Klientin bestätigte mir, dass sie erst neulich eingebaut wurde und noch sehr wenig benutzt war. Mein Gefühl sagte mir aber, dass die Küche energetisch verschmutzt sei und eine niedrige Schwingung aufweise. Mir wurde aber nicht ersichtlich, woraus dieser Zustand resultieren könnte. Also trug ich meiner Klientin auf, die Küche mal gründlich auf energetische Weise zu reinigen.

Es vergingen nur wenige Wochen, bis ich eine Mail von ihr erhielt, dass sie nun tatsächlich gefunden hätte, woher der energetische Schmutz in der Küche kam. Die alte Waschmaschine, die auch in der Küche stand, war voller Schimmel und stinkendem Schlamm gewesen, den sie nie bemerkt hatte. Ganz klar, dass sich das auf die Energie der ganzen Küche ausgedehnt hatte. Wie du sehen kannst, kann man in der Aura auch mehr sehen als das, was die Person direkt betrifft, und sie kann sehr wichtige Hinweise auf fast alle Lebensbereiche liefern.

Sich auf die Aura-Energie einstimmen

Es gibt viele Faktoren, die den Erfolg der Arbeit mit der Aura beeinflussen können. Einer der wichtigsten ist es, sich vorab auf die Aura einzustimmen. Dies kann bestimmend dafür sein, inwieweit man sich tatsächlich mit der Aura einer anderen Person verbinden kann. Hierbei geht es nicht nur darum, dass der, der die Aura liest, sich auf den, der energetisch gelesen wird, einstimmt. Es wird auch sichergestellt, dass alle Botschaften einem reinen Kanal entspringen. Grundsätzlich sollte man weder mit der eigenen noch mit einer fremden Aura arbeiten, wenn man erschöpft ist oder sich müde beziehungsweise krank fühlt. In diesen Zuständen könnte es schnell passieren, dass die mit der Aura arbeitende Person von den Themen des Klienten in Beschlag genommen wird. Eine gesunde Distanz ist dann nicht gegeben.

Natürlich ist es auch für den Erfolg eines Aura-Coachings bestimmend, inwieweit eine Verbindung zwischen den beiden Menschen hergestellt werden kann. Zu meinem Glück muss ich sagen, dass ich in meiner gesamten Laufbahn als medialer und sensitiver Coach nur ein einziges Mal den Fall hatte, dass ich keine Sympathie gegenüber dem Klienten empfinden konnte. In solch einem Fall macht es eigentlich nicht viel Sinn, dennoch eine Sitzung abzuhalten, es sei denn, man findet einen Weg, sich mit dem Klienten doch zu verbinden. Ich bin allerdings der Überzeugung, dass man immer Menschen anzieht, die zu einem passen und mit denen man gern eine Verbindung aufnimmt.

Ich treffe in meiner Praxis gelegentlich auf Menschen, deren Aura schwieriger zu lesen ist als die anderer Menschen. Ganz oft liegt dies daran, dass die Person in sich noch Zweifel über die Methode des Aura-Coachings hegt und sich dem Aura-Coach nicht ganz öffnen kann. Die Lesbarkeit der Aura bestimmt sich auch sehr stark darüber, wie sich die Person fühlt. Nervosität und Angespanntheit können dazu führen, dass die Aura kontrahiert und somit weniger Lesefläche für den Coach zugänglich ist.

Ich habe es auch schon erlebt, dass sich mir die Aura eines Menschen überhaupt nicht offenbart hat. Es war nicht dieser Mann selbst für eine Sitzung erschienen, sondern seine Partnerin kam mit der Bitte des Mannes, dass ich ihn doch mal energetisch scannen solle, weil er aus für ihn unersichtlichen Gründen sehr stark unter finanziellen und beruflichen Nöten litt. Normalerweise ist es überhaupt kein Problem, über eine geografische Distanz hinweg in die Aura einer nicht anwesenden Person zu sehen. Ich konnte in diesem Fall jedoch nichts erkennen, fast so, als hätte dieser Mensch gar keine Aura. Im Nachhinein stellte sich heraus, dass der Mann sehr strenggläubig und ein Anhänger einer Sekte war, die mit diversen Ritualen und Gelübden arbeitet. Allem Anschein nach hatte man seine Aura mithilfe eines Rituals oder dergleichen unsichtbar gemacht. Dies kann womöglich zum Schutz oder zur Tarnung der eigenen Identität geschehen sein. Ich denke, dass jede Form von Ritual nur mit Bedacht ausgeübt werden sollte. Im vorliegenden Fall scheint es der Person insgesamt nicht geholfen zu haben, dass seine Aura verschlossen wurde.

Mit all diesen Themen nähern wir uns immer mehr den Übungen zum eigentlichen Aura-Lesen. Die folgende praktische Anleitung soll dir helfen, dich auf die Aura einzustimmen, dich mehr auf Energien einzulassen und eine andere Person besser und stimmiger lesen zu können. Für diese Übung kannst du dir so viel Zeit nehmen, wie du möchtest. Es geht um deine Intention und nicht um die Dauer des Übens.

Vorab möchte ich dir kurz darlegen, was unter Geistführern zu verstehen ist, da du sie in die folgende Einstimmung mit einbinden wirst. Egal welchen spirituellen Weg wir gehen, wir sind nie allein. Wir werden ständig von Wesen aus anderen Sphären und Dimensionen begleitet. Das Wissen darum, dass der Mensch mit Engeln und Geistwesen verbunden ist, ist sehr alt und in den verschiedensten Kulturen wiederzufinden. Der Begriff des Geistführers wurde insbesondere vom englischen Spiritualismus geprägt. Dies ist eine rational-religiöse Gemeinschaft, die stets darauf bedacht ist, die Verbindung zwischen Philosophie, Wissenschaft und Religion zu erforschen und zu lehren. Ein Großteil meiner spirituellen Wurzeln liegt im Spiritualismus, und ich gehe auf dieses Thema und auch auf die Geistige Welt in meinem Buch »Trance Healing« genauer ein.

Geistführer gesellen sich zum Teil mit der Geburt zu uns und begleiten uns so lange, wie wir ihre Unterstützung für unsere Entwicklung benötigen. Zum Teil kommen aber auch im Laufe des Lebens andere Wesenheiten hinzu, die für eine bestimmte Aufgabe, die wir auf der Erde zu erfüllen haben, wichtig sind. Die meisten von uns haben einen Hauptführer, der sie ein Leben lang begleitet und insbesondere auch eine Schutzfunktion hat.

Woher stammen nun aber die Geistführer und nach welchen Kriterien werden sie uns Menschen zugeordnet? Es gibt zwei verschiedene Arten von Geistführern. Die einen waren bereits mindestens einmal als Mensch inkarniert und wurden dann in der Geistigen Welt als Geistführer eingesetzt. Dies bestimmt sich nach dem Grad ihrer spirituellen Entwicklung. Die anderen waren noch nie als Menschen inkarniert und stammen entweder direkt aus der Geistigen Welt oder von einem anderen Ort des Kosmos. Je nachdem, woher die Seelenaspekte eines Menschen stammen und welche Aufgaben er in seiner Inkarnation zu erfüllen hat, werden ihm die passenden Geistführer zugeordnet. Zum Teil werden uns geistige Wesen an die Seite gestellt, damit wir Informationen erhalten. Oftmals geht es dabei auch darum, das Geschehen auf der Erde zu überwachen. Dies ist vor allem bei Hybridseelen sehr oft der Fall, auf die ich am Ende des Buches noch ausführlich zu sprechen kommen werde. Diese Seelen werden zum Teil ständig begleitet und auch mit Informationen aus anderen Sphären versorgt, die für die Menschheit wichtig sein könnten.

Im Folgenden nun die Übung zum Einstimmen auf die Aura, die du nicht nur bei einem wirklichen Aura-Coaching, sondern am besten vor allen Übungen mit der Aura machen solltest. Sie beinhaltet auch, die Verbindung zum Geistführer zu aktivieren – mach dir keine Sorgen, wenn du dies noch nie getan hast. Probier es aus und lass dich überraschen. Eine solche Einstimmung kann man auch machen, *bevor* man auf den Menschen trifft, den man lesen möchte.

Einstimmung auf die Aura

– Stell dich hin oder setz dich bequem auf einen Stuhl oder ein Sitzkissen. Schließe die Augen und lass zu, dass du innerlich ruhig wirst und bei dir selbst ankommst. Beobachte für einige Momente deinen Atem. Verändere ihn nicht, sondern lass ihn ganz sanft fließen.

– Nun stell dir vor, dass sich von deinem Herzen ausgehend ein Licht um deinen Körper aufbaut. Es reicht so weit, bis du in einer Lichtkugel stehst beziehungsweise sitzt.

– Nun stell dir vor deinem inneren Auge die Person vor, deren Aura du lesen wirst. Dabei spielt es keine Rolle, ob du bereits weißt, wie die Person aussieht oder nicht. Während du noch immer in deinem Licht bist, beginnt es sich so weit auszudehnen, bis auch die Person in dieses Licht aufgenommen wird – und zwar über eine liegende Acht. Ihr beiden seid also nicht in einer Kugel, sondern in zwei verschiedenen, die aber mit Linien aus Licht miteinander verbunden sind.

– Nun bitte deinen oder deine Geistführer, näherzutreten, dich zu unterstützen und dich mit allen nötigen Informationen auszustatten. Du wirst spüren können, wie sich die Atmosphäre um dich herum verändern wird. Nun bist du energetisch auf die Aura-Sitzung und die Geistige Welt eingestimmt und es steht einem fließenden Arbeiten mit der Aura nichts im Wege.

Diese Übung stellt sicher, dass du einen energetischen Schutz um dich herum aufbaust und über die Herzenergie mit der anderen Person verbunden bist. Dies ist der Grund, warum wir das Licht vom Herzen aus sich ausdehnen lassen. Denn eine Aura-Arbeit ohne die Herzensverbindung kann weder für den anderen noch für dich heilsam sein.

Genauso, wie es wichtig ist, sich für die Energie der Aura zu öffnen, bevor man sie liest, ist es natürlich auch wichtig, dass man sich darauf einstimmt, energetisch gelesen zu werden. Dabei geht es vor allem darum, dass man die eigene Vitalhülle aktiviert, indem man sich vorstellt, dass man von innen heraus leuchtet und dass dieses Licht sich bis in die Aura ausdehnt. Dies wird sich unmittelbar positiv auf die Energie der Vitalhülle auswirken. Wenn die Vitalhülle leuchtet, erlangen auch die Aura-Felder mehr

Energie und die Farben werden für den Lesenden besser sicht- und spürbar sein. Zudem ist es von großem Vorteil, wenn man sich schon zwei bis drei Wochen zuvor um eine lichtvolle Ernährung, idealerweise vegan, bemüht und sich regelmäßig bewegt. Das wird die Arbeit mit der Aura für beide Seiten angenehmer und leichter gestalten.

Hellsichtig, hellfühlig oder hell-wissend – das Aura-Lesen lernen

Immer mehr Menschen heute sind in der Lage, die Aura wahrzunehmen. Wenn du dazugehörst, kannst du deine Fähigkeiten mithilfe der folgenden Übungen vertiefen. Oder du lernst sie von Grund auf, wenn du bislang keine Erfahrungen damit machen konntest. Sie stehen jedem offen.

Wenn wir von übersinnlicher Wahrnehmung sprechen, kann man verschiedene Hellkanäle unterscheiden: hellsehen, hellfühlen, hellhören, hellschmecken und hellwissen. Am populärsten ist der Hellkanal des Sehens, auch wenn dieser in manchen Fällen nicht der hilfreichste sein muss. Denn alleiniges Hellsehen beispielsweise ohne die intuitive Wahrnehmung einer Botschaft hinter dem Gesehenen hilft meist nicht weiter. Es ist daher aus meiner Erfahrung in erster Linie wichtig, dass man die Aura intuitiv beziehungsweise hellfühlend wahrnehmen kann, viel weniger das direkte Sehen der Aura. Das Hellfühlen der Aura bedeutet, in Verbindung mit der Aura ein Gefühl für gewisse Farben und ihre Bedeutung zu entwickeln und auf diesem Weg Menschen weiterzuhelfen.

Ein deutlicher Trend zeigt sich darin, dass es immer mehr Menschen gibt, die die Aura hellwissend wahrnehmen und deuten können. Dies ist auch die eindrücklichste und einfachste Art, mit der Aura zu arbeiten. Dabei geht es nicht darum, konkrete Farben, Formen oder Symbole in der Aura zu sehen oder zu spüren, sondern einfach zu wissen, welche Farben in der Aura enthalten sind und welche Bedeutung diese haben. Die betreffenden Menschen wissen auf Anhieb, ohne nachzudenken oder nachzusehen, wo sich Blockaden in der Aura befinden und welche Bereiche nicht im Fluss sind.

Erste Spürübungen

Im Folgenden kannst du all diese Hellsinne durch geeignete Übungen erfahren, entwickeln und ausbauen. Dabei kannst du für dich entdecken, auf welche Weise sich dir die Aura am besten und schnellsten offenbart. Bitte denke nicht, dass nur das Hellsehen der Aura etwas wert sei. Viel wichtiger kann wie gesagt sein, dass du die Aura erspüren und über deine Intuition deuten kannst. Vielleicht gehörst du aber auch zu den Menschen, die die Aura hellwissend wahrnehmen können. Wir werden es gemeinsam herausfinden und dein Können trainieren.

Farben erspüren

Die gleich folgende erste Übung ist eine der
und sollte sehr häufig wiederholt werden. Das Wichtig
hierbei und auch bei allen anderen Übungen, die folgen
werden, ist, dass du auf spielerische Art und Weise an das
Ganze herangehst. Denn genau das ist der Schlüssel zum
Erfolg. Viele Menschen geraten in einen Wettkampf mit
sich selbst und werden viel zu ernsthaft in dem, was sie
tun. Dies verhindert augenblicklich, dass sie sich mit ihrer
Intuition verbinden können. Also: einfach relaxen und
Spaß haben beim Experimentieren!

Farben erspüren

– Für diese Übung musst du ein paar Vorbereitungen treffen: Du benötigst nämlich farbiges Papier, das du dir in kleine
Stücke zuschneidest, sodass du sie bequem in beide Hände
legen kannst. Nimm bitte folgende Farben: Rot, Hell- und
Dunkelblau, Hell- und Dunkelgrün, Rosa, Hell- und Dunkel-
lila, Orange, Gelb, Weiß, Schwarz, Grau sowie Hell- und Dunkelbraun.
– Breite die farbigen Papierschnipsel vor dir aus, mische sie
mit geschlossenen Augen durch und greife »blind« ein Blatt
heraus. Leg es in beide Hände.
– Nun fühle dich mit geschlossenen Augen in das Blatt
hinein. Frage dich selbst: Wie fühlt es sich an? Kalt oder
warm? Leicht oder schwer? Gibt es Gefühle oder Gedanken,
die spontan in dir hochkommen? Siehst du vielleicht sogar

eine konkrete Farbe vor deinem inneren Auge? Taste dich so langsam immer mehr voran, bis du bestimmen kannst, um welche Farbe es sich in deinen Händen handelt.

- Dann öffne deine Augen und sieh nach. Idealerweise sollte die Farbe in deiner Hand mit der in deinem Kopf übereinstimmen.

- Wenn dies nicht der Fall ist, versuche es hellwissend: Nimm ein neues Blatt und geh davon aus, dass du einfach weißt, welche Farbe es ist. Wenn diese Methode bei dir funktioniert, kannst du davon ausgehen, dass du wahrscheinlich eher auf hellwissende Art mit der Aura arbeiten wirst. Für den Fall, dass in dir Gefühle in Bezug auf das Blatt hochgekommen sind, bist du womöglich hellfühlend. Solltest du direkt eine Farbe vor deinem inneren Auge gesehen haben, ist es sehr wahrscheinlich, dass du hellsehend bist.

- Experimentiere mit der Übung, bis sich ein klarer Trend herausstellt und du deiner Sache immer sicherer wirst.

Die gleiche Übung kannst du auch mit weißem Papier machen, auf das du eine Farbe notierst. Schreib einfach »rot«, »blau« oder »dunkelbraun« darauf. Auch so wird sich das Blatt mit der Energie der Farbe anfüllen. Natürlich ist es mit farbigem Papier um einiges leichter, weswegen ich dies für Anfänger mehr empfehle. Während du übst, solltest du dir Notizen dazu machen, welche Empfindungen bei welchen Farben aufkamen. Das wird wichtig sein, wenn du später dein persönliches Farblexikon erstellst.

Diese erste Spürübung stellt sicher, dass du zunächst ein Gefühl und eine Empfindung gegenüber Farben entwickelst und zu verstehen beginnst, wie sich verschiedene Farben für dich anfühlen. Gelb muss sich für dich nicht gleich anfühlen wie für mich, und so ist es mit allen anderen Farben auch. Das heißt, du tastest dich mit dieser Übung langsam heran, zu lernen, wie deine eigene übersinnliche Kraft funktioniert und wie du mit ihr arbeiten kannst. Mit regelmäßiger Übung wird sich deine Trefferquote bezüglich der Farben immer mehr steigern, und dies ist dann das Zeichen für dich, einen Schritt weiterzugehen. Aber lass dir unbedingt so viel Zeit, wie du benötigst, und lass keinen Übungsschritt aus. Wenn du nämlich in der Arbeit mit Farben sicher bist, wirst du dich auch beim Lesen der Aura viel leichter tun.

Informationen erspüren

Nun haben wir bereits trainiert wahrzunehmen, wie sich gewisse Farben anfühlen und welche Empfindungen sie in uns auslösen können. Nun wollen wir den umgekehrten Weg gehen und versuchen, gewisse Informationen wie Gefühle, Gedanken und Symbole zu erspüren. Die folgende Übung stärkt damit deine Sensitivität und deine intuitiven Fähigkeiten.

Informationen erspüren

– Bereite dir weiße Blätter vor, die du wieder in eine handliche Größe zuschneidest. Notiere auf jedes einzelne Blatt einen der folgenden Begriffe: Wut, Liebe, Hass, Mitgefühl, Eifersucht, Zweifel, Lüge, Selbstkritik, Verletztheit, Nervosität, Schamgefühl, Zerbrechlichkeit, Vergebung, Groll, Sabotage, Sexualität, Krankheit, Konzentration, Glück, Erleuchtung, Spiritualität, Familie, Kinder, Beruf, Krise, Armut. Diese Liste kannst du beliebig weiterführen. Die Beispiele hier sollen dir nur als kleine Starthilfe dienen.

– Nun gehst du weiter zu den Symbolen. Zeichne auf weitere zugeschnittene Blätter folgende Symbole auf: Herz, Kreuz, Stern, Baum, Zahlen von 1 bis 10. Auch dies ist keine vollständige Liste, und es geht hierbei auch nicht um Vollständigkeit, sondern darum, dass du den energetischen Unterschied zwischen Farben, Gefühlen, Gedanken und Symbolen erlernst.

– Du gehst nun bei dieser Übung genauso vor wie beim Erspüren von Farben. Du schließt deine Augen, greifst ein Blatt heraus und öffnest mit deiner Intention deine Hellkanäle. Dabei kannst du auch gern innerlich oder laut sagen, dass du dich nun deiner übersinnlichen Kraft öffnest. Vielleicht siehst du jetzt spontan vor deinem inneren Auge, um welche Information es sich auf dem Blatt handelt (hellsehen) oder es steigen in dir Gefühle oder Gedanken auf (hellfühlen) oder du weißt einfach auf Anhieb, welches Symbol oder welches Wort auf deinem Blatt zu finden ist (hellwissen).

Diese Übung ist um einiges schwieriger als die Erste, da geschriebene oder gezeichnete Informationen eine viel weniger kompakte Energie haben als Farben. Aber bleib einfach dran und übe so lange, bis dich deine Ergebnisse zufriedenstellen. Bedenke dabei, dass deine übersinnliche Kraft wie eine Art Muskel ist, den du vielleicht sehr lange Zeit nicht genutzt hast. Somit braucht es auch eine gewisse Zeit, bis dieser Muskel wieder kräftig und einsatzbereit ist.

Auch bei dieser Übung solltest du ständig Mitschrift darüber führen, wie du die verschiedenen Informationen empfindest und vor allem, welche Farben du mit welchen Informationen verbindest. Sobald du diese Übung gemeistert hast und eine Trefferquote von etwa 60 Prozent hast, kannst du dein ganz persönliches Farblexikon zu erstellen beginnen.

Dein individuelles Farblexikon

Für die Erstellung deines persönlichen Farblexikons solltest du dir unbedingt genügend Zeit nehmen und es mit Sorgfalt machen. Denn dieses Lexikon wird dich insbesondere in der Anfangszeit intensiv begleiten und unterstützen. Vielleicht hast du schon einmal ein Farblexikon in den Händen gehalten, dieses war aber mit Sicherheit nicht auf dich abgestimmt. Denn dies ist der ausschlaggebende Punkt: Es gibt nie nur eine Aura einer Person, sondern es gibt immer die Aura einer Person, die sich in Resonanz zu der Aura der Person zeigt, die die Aura liest.

Verwirrend? Anfangs vielleicht. Aber dieser Fakt ist wichtig. Die Aura ein und derselben Person zeigt sich zwei verschiedenen Aura-Lesenden manchmal mit komplett verschiedenen Farben. Dennoch werden beide, wenn sie ihr Handwerk verstehen, die gleichen Informationen und Schlussfolgerungen liefern. Denn je nachdem, welche Information wichtig ist, so erscheint auch die Aura nach außen. Eine objektiv sichtbare Aura gibt es in diesem Sinne also eigentlich gar nicht. Die Aura ist eher eine Art Gefäß für Energien, die von allen Menschen komplett unterschiedlich empfangen werden können, aber bei richtiger Einstimmung immer die gleiche Information abliefern.

Zum Beispiel kann es sein, dass für mich die Farbe Gelb Leichtigkeit bedeutet, für dich aber Zweifel. Wir haben in beiden Fällen recht, denn für mich wird sich die Information von Leichtigkeit in der Aura einer Person in Gelb zeigen, für dich die Information von Zweifel. Wenn du gelb siehst, sagst du dann: Zweifel. Und es wird stimmen, weil sich dir die Zweifel der Person in Gelb zeigen. Für mich wird sich hingegen Leichtigkeit in Gelb zeigen.

Natürlich gibt es hierbei auch viele Übereinstimmungen zwischen den Menschen, die mit der Aura arbeiten. Die Bedeutung gewisser Farben ist bei den meisten Menschen ähnlich und auch kulturell konditioniert. Aber dennoch gibt es Abweichungen, und dies solltest du unbedingt im Kopf behalten.

Im Folgenden wirst du nun mein persönliches Farblexikon finden, das du gern ausschnittsweise verwenden kannst. Viel wichtiger ist es jedoch, dass du deinen Empfindungen in Bezug auf Farbe und Informationen vertraust und auf der Basis meines Vorschlags dein eigenes Farblexikon erstellst. Dazu kannst du vertieft in die zuvor beschriebenen Übungen einsteigen und dich auch im Alltag immer neu fragen, wie Farben und Emotionen im Zusammenhang von dir wahrgenommen werden.

Farbe	Gefühle und Themen
Hellgrün	Heilung, Hoffnung, Erwartungen
Dunkelgrün	Heilung (bei schweren Beschwerden), Bangen und Hoffen, Misstrauen
Hellblau	Kommunikation, Freiheit
Dunkelblau	geistige Konzentration, krampfhaftes Denken, Anspannung im Geist, starker Fokus
Gelb	Vitalität, Zweifel, Unsicherheit
Orange	Lügen, Betrug, Unentschlossenheit, Ärger
Rot	Sexualität, Wut, Kritik, Unausgeglichenheit, Ehrgeiz, Sabotage
Rosa	Selbstliebe, Zuneigung, Mitgefühl und Mitleid, Kinder und Tiere
Hellviolett	Veränderungen (kleinerer Art), Ungewissheit, Vertrauen
Dunkelviolett	Transformation, Wandlung, Karma
Grau	Blockade
Weiß/Schwarz	Leere, Blockade

Dieses Farblexikon erhebt nicht den Anspruch auf Vollständigkeit und ist wie gesagt sehr individuell. Grün in der Aura muss und kann nicht bei der einen Person exakt das Gleiche bedeuten wie bei jeder anderen. Dies ist mit Sicherheit eine versteckte Schwierigkeit beim Aura-Coaching, gleichzeitig aber auch das beste Training für deine Sensitivität und Intuition. Beim Aura-Coaching können wir nie eine Standardmethode anwenden, die dann bei jeder Person wirkt, sondern müssen immer wieder individuell arbeiten und uns auf den Menschen vor uns wirklich einlassen.

Du wirst in meinem Farblexikon auf gleich drei Farben stoßen, die Blockade oder Leere symbolisieren. Diese Farben können in jedem Feld auftauchen und sind ein Zeichen dafür, dass an diesen Stellen die Energien nicht im Fluss sind oder die Schwingung zu niedrig ist. Vor allem bei blockierten Stellen an der Aura ist es wichtig, dass du auf deine Intuition vertraust und die inneren Botschaften hochkommen lässt. Bevor wir jedoch näher auf energetische Blockaden eingehen, wollen wir uns erst einmal auf die Techniken der Aura-Wahrnehmung konzentrieren.

Aura-Sehen

Wir bereits angesprochen gibt es gleich mehrere Methoden, um die Aura wahrzunehmen. Das Sehen ist eine davon. Wichtig ist immer, konkrete und richtige Hinweise zur energetischen Abstrahlung zu liefern, egal ob dies über das Hellsehen, das Hellfühlen oder Hellwissen passiert. Als Erstes wollen wir uns mit dem konkreten Hellsehen beschäftigen.

Das für das Hellsehen geforderte Chakra ist hauptsächlich der Solarplexus. Dieses Energiezentrum ist dafür zuständig, dass genügend Feuerenergie bereitgestellt wird, die dann das Hellsehen über die physischen Augen sicherstellt. Gleichzeitig arbeitet dabei das Hals-Chakra mit dem Solarplexus zusammen, um die Botschaften auf heilvolle Weise kommunizieren zu können.

In meinem Buch »Yoga Siddhis« schreibe ich darüber, wie man mithilfe von einfachen Yoga-Übungen die eigene mediale und sensitive Kraft verstärken kann. Es gibt in der Yoga-Tradition auch eine meditative Übung, die den Augen und deren Reinigung gewidmet ist: Tratak. Diese kann insbesondere auch die eigene Hellsichtigkeit fördern.

Reinigung der Augen mit Tratak

– Stell eine Kerze im Abstand von etwa 50 Zentimetern vor dich auf den Boden und zünde sie an. Nimm dann eine meditative, bequeme Sitzhaltung ein. Du kannst auch gern auf einem Stuhl sitzen, solltest die Kerze dann aber auf einen Tisch stellen.

– Richte nun den Blick auf die Kerzenflamme und fixiere diese, ohne zu blinzeln, so lange, bis die Augen zu tränen beginnen. Atme auch dann ruhig weiter und halte den Blick noch für eine weitere Minute fixiert.

- Jetzt schließe die Augen und entspanne sie. Wenn du magst, kannst du die Hände auf den Augen ablegen, was die Augen noch mehr entspannen wird.

Mach diese Übung vorzugsweise am Abend oder in einem leicht abgedunkelten Raum. Die regelmäßige Praxis, alle zwei bis drei Tage, ist sehr wichtig, damit man den Effekt spüren kann. Durch diese Übung werden die Augen gereinigt, die Konzentrationsfähigkeit verbessert und auch die Sehschärfe kann positiv beeinflusst werden.

Objektives Hellsehen

Das Hellsehen wird in zwei verschiedene Formen unterteilt: das subjektive und das objektive Hellsehen. Bei Ersterem handelt es sich um ein subjektives inneres Bild von der Aura, ohne dass ein direktes echtes Bild vor deinem Auge erscheint. Du siehst beispielsweise kein direktes Blau im Berufsfeld der Aura, sondern hast eher ein Gefühl von Blau an dieser Stelle.

Wir wollen zunächst beginnen, unsere Augen auf das objektive Hellsehen umzustellen, und dies geht anfangs am besten über einen Gegenstand, der eine energetische Abstrahlung hat. Ich verwende in meinen Seminaren dafür sehr gern ein »Blaues Auge«, das ein Schutzsymbol aus dem orientalischen Raum ist: blaues Glas in Augenform mit Pupille. Dieses Symbol hat eine starke energetische Abstrahlung und schützt Raum und Menschen. Vielleicht möchtest du dir auch solch ein Auge zulegen oder du verwendest für die folgende Übung einen Edelstein, einen Talisman oder irgendein anderes Symbol, das für dich und auch im Allgemeinen eine starke Information abstrahlt.

Energie von einem Gegenstand sehen

– Nachdem du dich für einen bestimmten Gegenstand, der eine persönliche oder spirituelle Bedeutung hat, entschieden hast, legst du ihn entweder auf den Boden oder auf einen Tisch, sodass du direkt daraufblicken kannst. Achte darauf, dass die Fläche, auf der der Gegenstand liegt, hell oder sogar weiß ist. Dies wird es anfangs einfacher machen, die Farben in der energetischen Abstrahlung zu erkennen.

– Nun geht es darum, dass du deine Augen ganz still und fokussiert auf einen Punkt, am besten genau in der Mitte des Gegenstands (beim blauen Auge wäre es die Pupille) richtest. Lass deinen Blick auf diesem Punkt ruhen und versuche, nicht mehr zu blinzeln, sodass die Augen die ganze Zeit geöffnet bleiben. Mehr musst du im Rahmen dieser Übung nicht tun.

– Es kann sein, dass sich mit der Zeit der Raum um den Fixpunkt herum verändert, vibriert oder sogar verschwimmt. All dies sind erwünschte Phänomene. Denn im Grunde ist nichts im Universum statisch oder fest, sondern alles in einer gewissen Bewegung. Es werden auch Farben um den Gegenstand herum erscheinen und vielleicht sogar Energiestränge oder -fäden. Nimm einfach wahr.

Bitte verzage nicht, wenn du über deine Augen nichts Besonderes wahrnehmen kannst. Mit Sicherheit wirst du dann etwas spüren oder fühlen können. Beobachte all dies und lass dich einfach auf das ein, was geschieht. Wie bei jeder anderen sensitiven oder medialen Übung geht es auch hierbei darum, dass du während des Übens eine Balance zwischen Fokus und Entspannung findest. Zu viel zu wollen, kann dich komplett blockieren. Versuche jenseits von allem, was du schon gesehen und gehört hast, zu sehen und öffne dich deiner übersinnlichen Kraft.

Vielleicht möchtest du auch zu Beginn folgende Affirmationen sprechen:

- Ich öffne mich im Hier und Jetzt meiner gesamten übersinnlichen Kraft.
- Meine Hellsichtigkeit ist stark ausgeprägt, und ich weiß, wie ich sie heilvoll für mich und andere Menschen einsetzen kann.
- Ich verfüge über den nötigen geistigen Fokus und die innere Ausgeglichenheit, um Energien hellsichtig wahrnehmen zu können.
- Mein Solarplexus und mein Hals-Chakra arbeiten mit mir zusammen, und wir sind ein perfektes Team, insbesondere wenn es darum geht, die Aura oder Energien zu sehen.

Ich empfehle dir, diese Übung einige Male mit verschiedenen Gegenständen zu machen, vielleicht auch mit Schmuck von einer anderen Person. Eventuell kannst du

Informationen darüber erhalten, welche Bedeutung das Schmuckstück für diesen Menschen hat.

Nun gehen wir einen Schritt weiter und lernen, den Blick auf »scharf« und auf »unscharf« zu stellen. Diese Übung solltest du als eine Art Muskeltraining für deine Augen verstehen, bevor wir mit dem eigentlichen Sehen der Aura beginnen.

Scharf-unscharf-Sehen

– Stelle oder setze dich gegenüber einer Wand, an der ein Bild hängt. Dabei spielt es keine Rolle, um was für ein Bild es sich handelt.

– Nun fixiere deinen Blick auf einen Punkt im Bild und versuche, von diesem Punkt aus dein Blickfeld so weit auszudehnen, dass du auch alles um diesen Punkt herum sehen kannst. Mach dies für etwa 30 Sekunden und schließe dann für ebenfalls 30 Sekunden deine Augen.

– Nun fixiere deinen Blick erneut auf einen beliebigen Punkt im Bild und lass deinen Blick verschwimmen, stell sozusagen deine Sicht auf unscharf. Versuche dies so lange wie möglich zu halten und schließe dann wieder die Augen, um ihnen etwas Ruhe zu gönnen.

– Nun verbinde beide Teile der Übung: Du stellst deine Sicht auf unscharf und weitest dabei deinen Blick aus, sodass du alles, was sich in deinem Blickfeld befindet, sehen kannst.

Diese Übung wird dir zu Beginn eventuell viel Mühe bereiten, und ich weiß auch, dass sie nicht gerade die spannendste ist. Aber es ist wichtig, dass du beginnst, mit deinen Augen zu arbeiten und sie auf ein anderes Sehen umzustellen. Wenn wir die Aura einer Person wahrnehmen wollen, stellen wir unsere Sicht immer auf unscharf und lassen zudem das weite Blickfeld zu. Ich rate dir daher, diese Übung täglich zu machen, sodass sich deine Augen schnell an das neue Sehen gewöhnen und du bald zum Sehen der Aura übergehen kannst.

Übrigens empfehle ich meinen Schülern mit Brille oder Kontaktlinsen, das Hellsehen sowohl mit als auch ohne Sehhilfe auszuprobieren. Ich hatte schon häufiger den Fall, dass jemand auch ohne Sehhilfe hellsichtig klar und deutlich sehen konnte.

Wenn du nun dein Farblexikon erstellt hast, die Farben erspüren kannst und deine Augen weitestgehend auf die Hellsicht umstellen kannst, können wir uns an das Aura-Sehen herantasten.

Die Aura sehen

– Für diese Übung benötigst du eine Person, deren Aura du lesen willst. Diese Person setzt oder stellt sich vor eine weiße Wand. Du kannst es gern auch mal vor einer schwarzen Wand probieren. Für manche Menschen ist das einfacher.

– Setze beziehungsweise stelle dich direkt vor die Person und fixiere einen Punkt ein paar Zentimeter über ihrer linken oder rechten Schulter. Nun beginne, deinen Blick auf unscharf zu stellen und ihn von diesem Punkt aus zu weiten. Eventuell wirst du zu Beginn nur für ganz wenige Sekunde Farbkleckse um den Körper herum sehen, die dann ganz schnell wieder verschwinden. Das ist vollkommen normal und hat damit zu tun, dass deine Augen noch nicht genügend für das Hellsehen trainiert wurden.

– Schließe zwischendrin einfach deine Augen, ruhe sie für einen Moment aus und starte dann von Neuem.

– Versuche anfangs vor allem das Schwarzfeld in Verbindung mit der Vitalhülle wahrzunehmen – also die Schichten ganz nah am Körper. Dies kann meistens auf Anhieb klappen. Aber denke nicht, dass das Gesehene statisch bleibt. Es zeigen sich meist nur kurze Eindrücke, die du in deinem Geist festhalten solltest.

Wir wollen uns im Rahmen dieser Übung nur auf das Sehen konzentrieren und nicht direkt mit der Intuition arbeiten. Natürlich wird das eine oder andere Gefühl in dir hochkommen. Aber versuche, deinen Fokus auf dem Sehen und auf den Farben zu halten, die du wahrnimmst. Ich empfehle dir auch, ein Blatt Papier und Buntstifte zur Hand zu nehmen und die Aura mit ihren verschiedenen Farben, so wie du sie wahrgenommen hast, grob aufzumalen. Diese Technik kannst du beibehalten, wenn du mehr Übung hast. Sie wird dir helfen, deinen neuen Hellsinnen zu vertrauen.

Es mag sein, dass es bei dir auf Anhieb klappt, dann ist das super. Wenn dies jedoch nicht der Fall ist, ist dies auch vollkommen in Ordnung. Denn du hast womöglich deine übersinnlichen Kräfte viele Jahre nicht eingesetzt, und es wird einfach seine Zeit brauchen, bis diese neu aktiviert werden können. Und auch bei den ersten Anzeichen, die du erhältst, ist Vertrauen sehr wichtig. Vielleicht ist es nicht viel, was du anfangs wahrnehmen kannst. Vielleicht scheint es dir so, als wären es nur Schatten im Blickfeld, die eher an einer Störung in deinen Augen liegen, aber nichts mit der anderen Person zu tun haben. Bleib dran und beobachte.

Ich durfte bei meinem Freund Jeffrey beobachten, wie sich die Hellsichtigkeit ganz spontan und mit einem Schlag aktiviert hat. Dies war an einem Urlaubstag, als er auf einmal begann, von einem Blau in meiner Aura zu sprechen. Dies wiederholte sich noch einige Male und immer dann, wenn wir uns im Urlaub befanden. Das heißt, seine Hellsichtigkeit wird aktiviert, wenn er sich entspannt und sein Kopf frei ist. Dies ist ein ausschlaggebender Punkt für viele Menschen, die ihre Hellsichtigkeit aktivieren wollen. Sie haben zum Teil so viele andere Dinge im Kopf und so viel geistige Unruhe, dass gar kein Freiraum für die Erfahrung des Aura-Sehens existiert.

Es ist für jeden, der die Aura wahrnehmen will, wertvoll und hilfreich, zu meditieren und geistige Techniken zu praktizieren, um den Geist frei und klar zu halten. Dann wird sich fast von allein auch die übersinnliche Kraft einstellen. Dies durfte ich selbst auch erfahren. Je mehr ich mich mit Yoga und Meditation beschäftigte, desto klarer wurden meine übersinnliche Wahrnehmung und meine mediale Kraft.

Aura-Typen wahrnehmen

Du hast bereits verschiedene Typen von Auras kennengelernt und kannst nun versuchen, diese hellsichtig wahrzunehmen. Folgende Typen und natürlich auch die Mischung daraus kannst du finden, hier noch einmal zusammengefasst:

- Expansive Aura: Diese ist meist sehr umfangreich und kann in der Größe stark variieren, je nachdem, wie sich die Person im Moment fühlt.
- Puls-Aura: Hier können eine ganz deutliche Vibration und ein Pulsieren in der Aura festgestellt werden, vielleicht an einer Stelle stärker als an anderen.
- Pyramiden-, Trichter- und Kugel-Aura: Die Begriffe bringen bereits sehr deutlich zum Ausdruck, wie diese Aura-Formen aussehen.
- Licht-Aura: Vielleicht begegnest du in deiner Übung einer Licht-Aura. Dann ist das etwas ganz Besonderes, für deine Übungszwecke aber nicht sehr hilfreich, da es keine konkreten Farben oder Formen zu sehen gibt.
- Schichten-Aura: Diese Aura zeigt sich dir in Form von vielen übereinanderliegenden Schichten. Diese Form der Aura ist am schwierigsten zu lesen und du wirst mit ihr hellfühlend besser arbeiten können.

Wenn du nun die Vitalhülle, das Schwarzfeld und die Aura so weit sehen konntest, kannst du dich auch daran machen, zu beobachten, ob sich irgendwo in der Aura

Blitze oder Sterne befinden. Meist treten diese spontan auf. Auch sind die Gebiete mit dunklen Verfärbungen sehr spannend, da sie aufzeigen, dass es blockierte Stellen in der Aura gibt. Die folgende Übung hilft dir, noch genauer auf Besonderheiten der Aura zu achten.

Aura-Typen und Bewegungen erkennen

– Auch für diese Übung benötigst du eine Person, deren Aura du lesen willst. Diese Person setzt oder stellt sich vor eine weiße beziehungsweise schwarze Wand, wenn dir das leichter fällt. Setze beziehungsweise stelle dich direkt vor die Person und fixiere wieder einen Punkt ein paar Zentimeter über der Schulter des anderen. Nun stelle deinen Blick unscharf und weite ihn.

– Zuerst kannst du nun nachsehen, wie die Aura schwingt, vibriert oder sich anderweitig bewegt. Denn keine Aura ist statisch. Vielleicht hast du bereits eine Vibration oder Bewegung in der Aura wahrnehmen können, wenn nicht, dann versuche es hiermit: Schließe für einen Moment die Augen, atme ein paar Mal entspannt ein und aus. Dann öffne die Augen und blicke direkt in die Augen deines Gegenübers. Versuche gleichzeitig, alles um die Person herum im Energiefeld wahrzunehmen. In den meisten Fällen tauchen dann, auch wenn es nur für ein paar Sekunden ist, Eindrücke von Schwingung und Vibration auf. Genau diese Information hast du gesucht.

– Versuche nun hellsichtig wahrzunehmen, wie weit die Aura reicht und ob sie eine gewisse Form aufweist. Ist es eher eine Pyramiden-, eine Trichter- oder eine Kugel-Aura? In den meisten Fällen kann man die Aura nicht direkt zuordnen, aber doch ungefähr sagen, welcher Typ passt.

Du kannst diese kleine Übung beliebig oft wiederholen, bis du dir selbst ein klares Bild darüber gemacht hast, wie die Aura schwingt und sich bewegt. Diese Bewegungen können wellenförmig oder abgehackt sein oder die Schwingung ist sehr nervös oder eher langsam. Je nachdem, wie sich das in der Aura verhält, kannst du Botschaften daraus ableiten. Es mag sein, dass dir sogar kleine Sternchen oder Blitze in der Aura auffallen, die für Sekunden aufleuchten und dann wieder verschwinden.

Die eigene Aura sehen

Nun haben wir uns intensiv damit beschäftigt, die Aura von Gegenständen oder Personen zu sehen. Aber wie sieht es eigentlich damit aus, die eigene Aura wahrzunehmen? Diese Frage wird mir von meinen Seminarteilnehmern sehr oft gestellt und hierauf möchte ich nun eingehen.

Die eigene Aura im Spiegel zu sehen, ist rein theoretisch möglich, aber praktisch nicht umsetzbar und der Versuch nicht empfehlenswert. Zum einen ist es so, dass sich über die Reflexion im Spiegel die Aura verfälscht, zum anderen sollte man immer sehr vorsichtig sein, wenn man mit Spiegeln arbeitet. Man spricht davon, dass ein

Spiegel eine Brücke in andere Dimensionen und Zeiten sein kann. Blickt man für eine gewisse Zeit in einen Spiegel und trägt die Intention in sich, tiefer zu kommen, kann es sehr schnell passieren, dass man Dinge sieht, die nicht angenehm sind. Man kann richtiggehend in andere Sphären katapultiert werden. Ich spreche hier aus Erfahrung. Der Spiegel ist ein sehr starkes Instrument, das man für magische Praktiken einsetzen kann, was aber immer nur unter professioneller Anleitung geschehen sollte. Für das Lesen der eigenen Aura ist er also nicht zu empfehlen. Daher beziehen wir uns lieber auf andere Methoden, insbesondere auf die Arbeit mit einem Foto.

Die eigene Aura sehen

– Nimm ein aktuelles Foto von dir selbst in die Hand. Idealerweise solltest du dich darauf in einer stehenden Haltung vor einer weißen Wand befinden. Zusätzlich sollte der Bildausschnitt so gewählt sein, dass genügend weiße Wand um dich herum sichtbar ist, auf der du deine Aura sehen kannst. Wenn es solch ein Foto von dir nicht gibt, bitte jemanden, eines zu fotografieren.

– Nun setz dich auf einen bequemen Stuhl oder ein Sitzkissen und blicke auf das Foto. Fixiere dabei mit den Augen einen Punkt außerhalb deines Körpers auf der weißen Wand hinter dir. Ich empfehle, auch hierbei über die linke oder rechte Schulter zu blicken. Lass deinen Blick, während du dich entspannst, vollkommen auf den Punkt fixiert.

– Im nächsten Schritt lässt du deinen Blick verschwimmen und weitest dein Blickfeld aus. Du hast deine Augen auf das Hellsehen umgestellt und kannst nun wahrnehmen, was sich zeigen will.

Auch bei dieser Übung ist es gut, wenn du die verschiedenen Farben deiner Aura auf einem Blatt Papier aufmalst und dir Notizen machst. Es mag sein, dass dir das Ganze sehr leicht fällt, oder es ist genau das Gegenteil der Fall. Ich persönlich wende diese Technik nicht sehr oft an, weil man die eigene Energie hellfühlig besser einschätzen kann als hellsichtig. Es macht im Grunde nicht viel Sinn, die eigene Aura hellsichtig wahrzunehmen, da man viel zu sehr in sein eigenes Energiefeld involviert ist und in der eigenen Beobachtung nie neutral sein kann. Ich wollte dir diese Übung dennoch nicht vorenthalten, vielleicht findest du Freude daran. So oder so ist es ein tolles Training.

Durch Wasser hindurch lesen

Insbesondere zu Beginn deines energetischen Trainings ist es wichtig, dass du verschiedene Methoden und Mittel verwendest, die es dir ermöglichen, Energien wahrzunehmen. So lernst du am schnellsten. Das Element Wasser beispielsweise kann dir sehr hilfreich sein. Wasser gilt als eines der durchlässigsten und empfänglichsten Medien überhaupt, und ich setze es immer wieder in meinen

Coachings ein. Mit der folgenden Übung möchte ich dir eine von vielen Möglichkeiten, mit Wasser energetisch zu arbeiten, zeigen.

Gegenstände oder Auras übers Wasser lesen

– Diese Übung eignet sich für das Lesen von Gegenständen, der eigenen Aura und auch der Aura von anderen. Hierfür benötigst du eine Schale aus Glas, die du mit Wasser füllst. Diese Schale stellst du auf einem weißen Untergrund ab und legst den Gegenstand, den du energetisch lesen möchtest, in das Wasser hinein beziehungsweise platzierst ein Foto von dir oder jemand anderem zwischen dem weißen Untergrund und der Schale. Achte darauf, dass die Schale ausreichend groß ist, sodass um das Foto beziehungsweise den Gegenstand herum noch genügend Platz vorhanden ist.

– Nun stimme dich innerlich ein und fixiere deinen Blick auf einen Punkt am Gegenstand beziehungsweise auf dem Foto. Stelle auf Hellsehen um. Es werden sich im Wasser verschiedenen Farben, vielleicht sogar Formen zeigen. Das Wasser ist in der Lage, Informationen auf sehr schnelle Art und Weise zu übertragen und sichtbar zu machen.

Subjektives Aura-Sehen und intuitive Hellsichtigkeit

Die Hellsichtigkeit einer Person kann sich auch in inneren Bildern ausdrücken. Das bedeutet, dass jemand, der die Aura subjektiv hellsieht, keine konkreten Farben in der Aura sehen kann, jedoch innere Bilder von Farben oder Symbolen erhält, wenn er auf eine Aura blickt. Ich nenne diese Form der Hellsichtigkeit gern auch intuitive Hellsichtigkeit, da die eigene Intuition da sehr stark hineinspielt. Somit sieht die subjektiv hellsichtige Person ausschließlich vor ihrem geistigen Auge die Farben und Symbole in der Aura. Dies geht meist mit einem bestimmten Gefühl zum Gesehenen einher und kann somit schnell und einfach gedeutet werden.

Um das zu üben, benötigst du eine andere Person, die du nicht kennst und vorher auch nie gesehen hast. Wie das gehen soll? Wir befinden uns an einem wichtigen Punkt der Zeitgeschichte, an dem wir uns sprunghaft weiterentwickeln. Dabei bekommt auch das Gemeinschaftliche einen neuen Stellenwert. Und dies trifft sich sehr gut mit dieser Frage: Denn allein wirst du das Aura-Coaching weder lernen noch praktizieren können. Ansatzweise kannst du sehr viel Gutes für dich tun, aber es ist umso wirkungsvoller, gemeinsam zu lernen und zu üben. Ergreife also die Initiative und bring Menschen, egal ob aus deiner Familie oder aus deinem Freundeskreis, zusammen, damit ihr gemeinsam das Fühlen, Sehen und Harmonisieren der Aura üben könnt. Vielleicht bringt dann jeder noch jemand Unbekanntes mit und man kann so die eigenen Fähigkeiten noch besser trainieren. Denn je weniger du einen anderen Menschen kennst, desto besser kannst du fühlen und den Kopf zur Seite schieben. Außerdem helft ihr euch auf diese Weise alle gegenseitig weiter und bringt die Entwicklung der Menschheit mit voran.

Intuitives Aura-Sehen einer Person

– Lass deine Augen geschlossen und bitte darum, dass sich dein Übungspartner direkt vor dir auf einen Stuhl setzt. Während du noch immer deine Augen geschlossen hast, stimmst du dich ein und nimmst einfach alle inneren Bilder, Farben und Symbole vor deinem geistigen Auge wahr, die erscheinen. Es werden mit Sicherheit auch verschiedene Informationen und Gefühle in dir hochkommen. Lass es einfach geschehen und bleibe in der Beobachtung dessen, was in deinem Inneren geschieht.

– Es könnte passieren, dass sich dein Verstand meldet. Dann denke für einen kurzen Moment an eine sehr lustige Situation in deinem Leben, die dich zum Schmunzeln bringt. Dies stellt sicher, dass du mit deiner Intention in einen anderen Bereich deines Gehirns wechselst.

– Mache diese Übung so lange, wie die Bilder kommen. Öffne dann die Augen und tausch dich mit der gelesenen Person aus.

Aura-Fühlen

Wenn es spontan dazu kommt, dass man die Aura eines Menschen sieht, nimmt man in den meisten Fällen intuitiv nicht wahr, was diese Farben in der Aura zu bedeuten haben. Das heißt, man hat zwar die Farbe für einen Moment in der Aura erblicken können, schafft es jedoch nicht, dies intuitiv zu deuten. Somit sehen wir, dass das Hellsehen allein meist nicht hilfreich und es wichtig ist, die Aura auch hellfühlend deuten zu lernen.

Augenblicke von spontanen sensitiven oder medialen Bildern habe ich relativ oft, und auch bei mir ist es so, dass ich außerhalb des Gesehenen keine weiteren Informationen geben kann. Es passierte mir beispielsweise sehr oft, dass ich verstorbene Menschen objektiv sehen, mit ihnen aber nicht kommunizieren konnte. Deswegen ist es so wichtig, auch die eigene Feinfühligkeit zu trainieren, die eine Interpretation beziehungsweise Kommunikation dann ermöglicht. Eine der wichtigsten Übungen dafür haben wir bereits ganz am Anfang des praktischen Buchteils kennengelernt: Immer wenn wir versuchen, Farben hellfühlend wahrzunehmen, fällt das in diese Kategorie.

Um die Hellfühligkeit zu erwecken, ist es sehr wichtig, sich mit dem eigenen Körper und seinen Botschaften auseinanderzusetzen. Der Körper liefert uns ständig Signale darüber, was für uns gut oder schlecht ist, welche Situationen gefährlich sein könnten oder von welchen Menschen wir uns fernhalten sollten. Leider überhören wir diese Signale viel zu oft, was dazu führt, dass der Körper sie irgendwann nicht mehr aussendet. Doch die Botschaften der Aura einer Person oder der eigenen Aura können wir hellfühlend über genau diese Körperkanäle wahrnehmen. Als Erstes müssen wir unserem Körper daher mitteilen, dass wir fortan auf ihn hören und mit ihm zusammenarbeiten wollen. Die wichtigsten Chakras in diesem Zusammenhang sind der Solarplexus und das Sakral-

Chakra. Beide befinden sich im Bauchraum und zeigen uns das sogenannte Bauchgefühl.

Ich möchte dich mit der folgenden Übung einladen, zu einem Beobachter in deinem Inneren zu werden und mit dir verbunden zu sein, und das für 24 Stunden am Tag und sieben Tage in der Woche. Diese Übung wird etwas Energie und Geduld beanspruchen, denn dieser Prozess der Verbindung zwischen dir und deinem Körper benötigt Zeit und deine volle Aufmerksamkeit. Ganz oft passiert es uns nämlich im Alltag, dass wir von unserem Körper, den eigenen Bedürfnissen und Gefühlen abgelenkt werden und mit unserer Aufmerksamkeit nur noch im Außen oder in unseren Gedanken sind. Dann aber können wir natürlich auch nicht hellfühlen.

Die Körpersignale (re-)aktivieren und wahrnehmen

– Versuche jeden Tag und in jeder Situation in Verbindung mit deinem Körper, den Empfindungen und den Gefühlen zu bleiben. Hör zu, was dein Körper, dein Bauch dir zu sagen haben. Egal ob das während des Essens ist oder im Gespräch mit jemandem. Richte dein Augenmerk, wann immer es dir einfällt, darauf, wie dein gesamtes System auf verschiedene Konstellationen, Situationen, Räume, Orte oder Personen reagiert. Auch wenn du es nicht immer benennen oder einordnen kannst, darum geht es auch zunächst nicht.

– Mit dieser Alltagsübung zeigst du dem Körper, dass du wieder zuhörst und sensibel für seine Botschaften wirst. Je mehr du deinem Körper, insbesondere dem Bauch, zu-

hörst und vertraust, desto klarer, genauer und öfter werden
dir bald Botschaften übermittelt werden. Denke daran, dass
dies ein Prozess ist, der eine gewisse Zeit benötigen wird.

Ich finde diese Übung für einen angehenden Aura-Coach
beziehungsweise einen Menschen, der mit Energie arbeiten möchte, unschätzbar wertvoll. Denn wie wollen wir
Energie verstehen, die Aura lesen und interpretieren,
wenn wir keine Körpersignale wahrnehmen und deuten
können? Je mehr wir dem Körper zuhören, desto stärker
wird sich auch die Hellfühligkeit entfalten.

Nun wollen wir einen Schritt weitergehen und uns dar-
anmachen, die eigene Aura, die anderer Personen oder
auch Gegenstände energetisch zu erspüren. In welchem
Zustand sich die eigene Aura befindet, kann sehr schön
und einfach über die eigenen Körperempfindungen und
Emotionen abgefragt werden. Darüber hinaus gibt es
noch weitere wichtige Indikatoren dafür, in welchem energetischen Zustand wir uns befinden. Um sie zu überprüfen, kannst du dich fragen:

- Wie fit fühle ich mich auf der geistigen und körper-
  lichen Ebene?
- Wie beweglich und geschmeidig ist mein Körper?
- Wie ist mein Appetit?
- Wie ist mein Schlaf?
- Wie verhält es sich mit meinem Hautbild und dem
  Stoffwechsel?
- Wie gehe ich mit Stress und Emotionen um?

Vielleicht erscheinen dir diese Fragen eher als materiell, weniger als energetisch. An diesen Faktoren kannst du aber ermessen, ob dein Energiesystem intakt und in der Lage ist, deinen physischen Körper mit Lebensessenz zu erfüllen. Diese Lebensessenz bestimmt darüber, wie gesund, fit und ausgeglichen du bist. Um das eigene energetische Level einstufen zu können, sind diese Fragen also sehr wichtig. Fallen die Antworten ungünstig aus, solltest du aktiv werden und gut für dich sorgen. Die Hinweise im Kapitel zum eigentlichen Aura-Coaching und zur Aura-Diät geben dir hierzu vielfältige Hilfestellung.

Nicht nur die Antworten auf die Fragen zum Befinden aber zeigen dir, wo du stehst, sondern insbesondere auch deine Fähigkeit, dich selbst zu spüren und zu verstehen. Auch folgende einfache Meditationsübung macht dich für deine eigene Aura-Energie empfänglich und polt dich darauf um, Energien welcher Art auch immer in deinem eigenen Energiefeld zu spüren.

Die eigene Aura erspüren

– Nimm dir für diese Übung etwa 20 Minuten Zeit und zieh dich an einen Ort zurück, der energetisch rein und ruhig ist und an dem du nicht gestört werden kannst.

– Sobald du eine bequeme und aufrechte Position eingenommen hast, schließe deine Augen und beginne, die Luft und die Atmosphäre im Raum zu erspüren. Versuche mit deiner Aufmerksamkeit bis in die hinterste Ecke des Raumes zu wandern. Stell dir vor, du verlässt deinen physischen Körper und läufst mit deinem Licht- beziehungsweise Energiekörper durch den Raum. Vielleicht stellst du dir auch vor, wie du Gegenstände berührst. Wie fühlt sich das an?

– Nachdem du den Raum vollständig erkundet hast, kehre wieder zurück in deinen Körper und dehne von dort aus deine Aufmerksamkeit in deine Aura aus. Frage dich: Was kann ich wahrnehmen? Sind Farben oder Bewegungen in meinem Energiefeld spürbar? Kann ich irgendwelche Symbole oder Zeichen sehen? Was passiert um mich herum?

– Bleib so lange in dieser beobachtenden Haltung, bis du alle Facetten deiner Aura, die dir sichtbar oder spürbar werden, wahrgenommen hast. Komm dann langsam wieder zurück in den Körper und ins Hier und Jetzt.

Das Fühlen der Aura kann sehr heilsam sein, egal ob es deine eigene Aura ist oder die einer anderen Person. Es geht nämlich in beiden Fällen darum, dass du ein Gespür für Energien erhältst und so immer aufmerksamer durch dein Leben gehen kannst. In den meisten Fällen spüren wir die Aura von Menschen in unserem Umfeld automatisch, ob dies am Arbeitsplatz ist oder zu Hause. Die meisten erhalten auf einer für sie unbewussten Ebene Informationen über verschiedene energetische Gegebenheiten der Menschen um sie herum, können jedoch mit diesen Informationen weder etwas anfangen noch sie interpretieren. Allenfalls bleibt ein diffuses Gefühl zurück.

Das tägliche Leben bietet uns ständig die Möglichkeit, Energien zu spüren und zu prüfen, ob sie uns guttun oder nicht. Versuche also von jetzt an, ganz aufmerksam zu sein. Dehne deine feinfühligen Antennen aus, wenn du unter Menschen bist. Frage dich, wie du dich während des Zusammenseins fühlst und vor allem auch im Nachhinein. Vielleicht geht es dir so, dass du dich nach einem Treffen mit Menschen müde und ausgelaugt fühlst. Das ist ein Zeichen, dass sich dein Energiesystem nicht schützen konnte, als Energien im Umlauf waren, die dir einfach nicht guttaten. Es ist wichtig, so etwas zunächst einmal zu bemerken. Mit der folgenden kleinen Übung kannst du das Erspüren der Aura noch gezielter üben.

Die Aura von anderen spüren

– Bei dieser Übung geht es darum, dass du versuchst, die Aura (und natürlich alle anderen Energiefelder auch) eines anderen Menschen sowohl über deine Hände als auch über deinen Körper wahrzunehmen. Geh dafür von einem weiten Abstand ausgehend auf den Übungspartner zu. Du wirst irgendwann spüren, wie sich die Energie zwischen euch verdichtet und du an einen leichten Widerstand stößt. Das ist ein Zeichen, dass du in der Aura des anderen angekommen bist.

– Das Gleiche kann man auch mit den Händen tun, indem man versucht, die Grenze der Aura zu spüren, und insbesondere auch die Qualität des Gefühlten prüft. Wo fühlt sich die Aura dichter, fester an und wo leichter, durchlässiger? Gibt es

Stellen an der Aura, die vielleicht sogar kalt oder warm sind? Welche Gefühle kommen in dir selbst hoch? Nimm alles sehr genau wahr und fühle, was es mit dir macht, was sich in dir zeigt.

Diese Übung kann sehr hilfreich sein, vor allem wenn man Sicherheit bei der Energiearbeit gewinnen möchte. Denn das direkte Fühlen-Können der Aura gibt einem ein direktes Feedback darüber, dass man energetisch verbunden ist. Ein eher indirektes Feedback erhält man beim Aura-Wissen.

Aura-Wissen

Nun sind wir beim Aura-Wissen angekommen, der einfachsten Methode, mit der Aura zu arbeiten. Das Aura-Wissen ist etwas, das viele Menschen bereits einsetzen, ohne dass sie es wissen. In den meisten Fällen wird das Unterbewusstsein nämlich in Sekundenschnelle mit Hellwissen über die energetischen Gegebenheiten einer Person oder eines Ortes versorgt, und von diesen Informationen kommt auch vieles ins Bewusstsein. Ähnlich wie bei der Intuition ist es wichtig, dass man dieser inneren Erfahrung Platz macht und sie zulässt. Statt diese inneren Impulse zu überhören, kann man sie bewusst einladen und verstärken.

Beim Aura-Wissen beziehungsweise auch beim Hellwissen im Allgemeinen unterscheidet man zwischen zwei
verschiedenen Formen: dem Hellsehen, das aus dem
eigenen Selbst entspringt, und dem, das aus der Geistigen
Welt oder anderen kosmischen Sphären als Information
übermittelt wird. In den meisten Fällen ist es sehr schwierig, zu unterscheiden, ob es sich um das Hellwissen des
eigenen Selbst oder um das sogenannte mediale Hellwissen handelt. Dennoch gibt es ein Unterscheidungsmerk-
mal: Beim medialen Hellwissen bemerkt man meist Gedanken im Kopf, die einfach da sind, ohne dass man sie
vorher erdacht hätte. Diese inneren Eindrücke erscheinen
sehr unerwartet, und in den meisten Fällen fühlt man sich
von ihnen sogar etwas überrumpelt.

Das mediale Hellwissen wird heute ganz bewusst von
der Geistigen Welt und unseren geistigen Helfern eingesetzt, um spezielle Informationen durch uns »durchzu-
schleusen«. Dabei werden wir, die diese Informationen
erlangen, zu einem Kanal. Diese Verbindung und diese
Art der Kontaktaufnahme ist sehr typisch für unsere neue
Zeit, und es wird sich mehr und mehr häufen, dass die
Geistige Welt auf diese Art mit uns kooperiert. Ich bin mir
sicher, dass es auch dir schon passiert ist, dass du etwas
gesagt oder gedacht hast, ohne genau zu wissen, woher
es kam.

Um das eigene Hellwissen beziehungsweise Aura-Wissen zu verstärken, braucht es Techniken und Methoden,
die den eigenen Geist beruhigen. Denn sehr oft passiert
es, dass unser eigener Geist und unsere vielen Gedanken die hellwissenden Impulse übertönen und diese In-

formationen von uns dann nicht bewusst wahrgenommen werden. Die beste und einfachste Methode, um den Geist zu beruhigen, ist die Art von Meditation, wie sie nach Buddha und dem Yoga gelehrt wird. Mit der folgenden, sehr einfachen Übung wirst du es schaffen, Stille in den Kopf zu bringen. Voraussetzung ist, dass du sie möglichst oft praktizierst.

Den Geist beruhigen

– Nimm eine bequeme Sitzhaltung ein und erlaube es dir, dich für die nächsten zehn Minuten von der Außenwelt zurückzuziehen.

– Schließe deine Augen und beginne, deinen Atem zu beobachten. Nimm einfach wahr, wie er kommt und geht. Beobachte die Bewegungen deines Atems im Brust- und Bauchraum und spüre, wie die Luft über die Nase einströmt und wieder ausströmt.

– Verharre in dieser meditativen Haltung, bis die zehn Minuten verstrichen sind. Sollten deine Gedanken währenddessen abschweifen, bring sie immer wieder sanft und liebevoll zurück zum Atem.

Das Aura-Wissen ist zwar auch eine Methode des Aura-Lesens, aber sie ist nicht zu erüben. Erfahre einfach für dich, wie und auf welche Weise dir Botschaften zukommen, wenn du dich mit Energien verbindest. Konkret sieht das Aura-Wissen so aus, dass du, ohne Farben oder

Symbole gesehen zu haben, Informationen über einen Menschen abgeben kannst. Auf die gleiche Art und Weise funktioniert es mit Gegenständen oder Räumen. Experimentiere damit und lass dir immer wieder neue Spielarten einfallen, wie du auch an eine Bestätigung deines so erlangten Wissens kommen kannst.

Aura-Scan

Sehr viele Menschen leiden heute stark unter körperlichen Beschwerden und Krankheiten, und dieser Trend setzt sich leider immer weiter fort, je höher die Erde schwingt. Wenn der Körper mit der höheren Schwingung nicht mitgehen kann, reagiert er mit Chaos und Verwirrung. Anhand des energetischen Scan-Verfahrens, das ich dir hier vorstellen möchte, kannst du all diese körperlichen Schwachstellen identifizieren und sogar den Ursprung einer Krankheit erkennen. Denn Krankheit entsteht, wenn es zu einer Disharmonie der fein- und grobstofflichen Energien im System kommt und diese disharmonischen Stellen nicht ausgeglichen werden.

Ganz oft werden Menschen auch krank, weil sie ihre Mission, mit der sie auf die Erde geschickt wurden, nicht leben. Wenn dies geschieht, wird man von der Energie der Seelenfamilie abgenabelt, und dies kann fatale Wirkungen nach sich ziehen. Während einer Trance-Coaching-Session, in der ich den Klienten in einen Trance-Zustand versetze und sein Höheres Selbst durch ihn sprechen lasse, erhielt ich einst bei einer Dame, die an Brustkrebs litt, die Botschaft, dass ihr Leben keinen Sinn mehr ergebe. Sie würde ihre Mission nicht erfüllen, wegen der sie auf die Erde geschickt wurde, und ihr Dasein mache daher aus Sicht des Höheren Selbst keinen Sinn mehr. Ich muss gestehen, diese Antwort schockierte mich, und ich versuchte mit dem Höheren Selbst auszuhandeln, dass es ihr doch Zeit geben möge. Ich sicherte ihm zu, dass sie ihrer Aufgabe nachgehen würde, jetzt, wo sie klarer darum wisse. Sie wurde dann auch wirklich aktiv und lebt heute glücklich und gesund. Sie ist eine Hybridseele (siehe abschließendes Kapitel), bei denen es oft zu strikten Vereinbarungen mit der Seelenfamilie kommt und die nur wegen ihrer Mission zur Erde kommen.

Mit so drastischen Bildern und Beschwerden solltest du – gerade zu Beginn – natürlich nicht arbeiten. Aber du kannst üben, auch die schwierigen Bereiche im Leben deiner Übungspartner aus deren Aura herauszulesen.

Aura-Scan

Stell dir vor, dass in deinen Augen ein Scanner installiert ist, mit dem du mit grünem Licht alles abscannen kannst, was du willst. Dies funktioniert sowohl mit offenen als auch mit geschlossenen Augen. Aus den Augen strahlt ein grüner Lichtstreifen aus, den du beim Kopf beginnend über den ganzen Körper eines Übungspartners streifen lassen kannst, allein durch deine Intention.

- Während der Körper abgescannt wird, wird das grüne Licht von rotem Licht unterbrochen, wenn es Stellen gibt, die krank sind. Diese Stellen werden entweder durch rote Flecken oder auch durch innere Bilder von roten Flecken angezeigt. Es kann auch sein, dass der grüne Strahl an manchen Stellen des Körpers nicht oder nur langsam durchkommt.
- Dies ist auch ein definitives Zeichen dafür, dass die Energie nicht harmonisch fließt.
- Tausche dich abschließend mit dem anderen darüber aus, was du bemerkt hast. Sei dabei aber sehr achtsam und gib keinesfalls Diagnosen ab.

Bitte sei sehr vorsichtig und zurückhaltend, wenn du Urteile über die Gesundheit eines anderen fällen willst. Dieses Scan-Verfahren ist eher eine Bestätigung für die Beschwerden, die jemand bereits spürt oder kennt, als eine Diagnosetechnik. Eventuell kann durch dieses Scan-Verfahren gesichtet werden, woher die Beschwerden stammen. Vielleicht kannst du Verbindungslinien zwischen der Aura und dem Körper wahrnehmen oder fühlst, dass es einen energetischen Grund für die Beschwerde geben muss. Das können sehr wertvolle Informationen sein.

Wenn deine Hellfühligkeit stark ausgeprägt ist, könnte vielleicht die folgende Methode, körperliche Beschwerden aufzudecken, die passendere für dich sein.

Körper-Scan mithilfe des Kristallstrahls

– Stell dich hinter den sitzenden Übungspartner und lege deine Hände ganz leicht auf seinen Schultern ab. Schließe deine Augen und atme ein paar Mal ruhig ein und aus.
– Stell dir vor, dass du von deinem Scheitel-Chakra aus nach oben über einen kristallinen Strahl mit dem Göttlichen verbunden bist. Dies wird deine Hellfühligkeit auf ein höheres Level bringen.
– Nun lenke das kristalline Licht über deine Hände in den Körper der Person und stell dir vor, dass das Licht dir vor deinem inneren Auge aufzeigt beziehungsweise dich spüren lässt, an welchen Stellen des Körpers es Disharmonien gibt.

Lass dir Zeit mit dieser Übung, bis du den ganzen Körper durchströmt hast. Bitte achte auch hier darauf, wie du deine Empfindungen deinem Gegenüber mitteilst. Es muss unbedingt vermieden werden, Angst oder Unruhe in jemandem zu wecken. Sei dir auch immer bewusst, dass du noch übst und es nicht deine Aufgabe ist, andere zu diagnostizieren. Es kann – auch bei Erfahrenen – immer mal vorkommen, dass Dinge energetisch nicht korrekt wahrgenommen wurden. Und es ist ganz klar, dass diese Methoden immer wieder geübt werden müssen, bis sie sich in dir etabliert haben.

Chakra-Scan

Zwischen Aura und Körper gibt es ein Bindeglied, das für die Energie der Aura und auch des Körpers sehr wichtig ist. Es ist unser Chakra-System, über das wir bereits gesprochen hatten. Auch das Chakra-Scannen möchte ich hier kurz anbringen, auch wenn es uns in diesem Buch natürlich vor allem um die Aura geht. Nichtsdestotrotz wollen wir uns auch damit beschäftigen, wie man das Chakra-System abchecken kann und so vielleicht hilfreiche Hinweise erhält. Letztlich lesen wir ohnehin auch immer die Chakras mit, wenn wir die Aura lesen. Denn von den Chakras werden die verschiedenen Farben geliefert.

Wir wollen die Chakras nun dafür nutzen, uns aufzeigen zu lassen, wo die Energietransformation nicht funktioniert und welche Themen unterversorgt sind. Wenn wir die Chakras sehen beziehungsweise fühlen wollen, bringen uns unsere Techniken des Aura-Sehens und -Fühlens nicht sehr weit, da wir uns auf eine ganz andere Energiefrequenz einschwingen müssen. Die Chakras schwingen nämlich etwas niedriger als die Aura und die anderen energetischen Felder. Sie sind eine Art von Zwischenenergie, die weder ganz feinstofflich noch komplett grobstofflich ist.

Wie du siehst, ist das Thema Chakras nicht ganz einfach. Die Sache wird noch dazu immer komplexer, da sich die Chakras seit etwa drei Jahrzehnten extrem verändert haben. Wie bereits beschrieben sind Chakras miteinander verschmolzen oder haben eine komplett andere Form und Farbe angenommen als die, die meist genannt werden.

Um mit den Chakras konkret und möglichst genau arbeiten zu können, müssen wir es schaffen, sie zu erspüren, fast so als würden wir die Chakras in den eigenen Händen halten und fühlen können. Genau das werden wir beim Chakra-Scannen nun machen. Eigentlich wäre es empfehlenswert, dieses Chakra-Coaching vor dem Aura-Coaching zu machen, nur praktiziere ich das so nicht, da es das Gegenüber verunsichern könnte. Außerdem ist es wichtig, gleich in den ersten Momenten der Sitzung Beweise für das Funktionieren der Methoden zu liefern und so das Vertrauen zu gewinnen. Das ist mit dem Chakra-Scannen nur schwer möglich. Deswegen mache ich es erst etwas später. Wie ein Aura-Coaching idealerweise aufgebaut ist, werden wir anschließend behandeln. Für deine Übungspraxis ist so etwas zwar nicht entscheidend, aber es ist gut, wenn du über diese Zusammenhänge Bescheid weißt.

Chakra-Scan

– Beide Übungspartner sitzen einander gegenüber auf Stühlen. Beginne nun damit, dich auf der Sitzfläche und mit beiden Füßen auf der Erde zu positionieren. Atme ein paar Mal durch und bitte dein Gegenüber, für einen Moment ganz still und achtsam zu sein.

– Nun beginne, deine Intention auf das Wurzel-Chakra des anderen zu richten. Dabei kannst du deine Augen geschlossen halten oder auf einen Punkt fixieren. Vermeide es lieber, den anderen direkt anzublicken. Mit deiner Intention beginnst du, sein Wurzel-Chakra in deine Hände zu projizieren, während du sie vor deinen Bauchnabel hältst. Es ist so, als würdest du einen Ball zwischen deinen Händen halten.

– Nun geht es darum, dich in dieses Chakra hineinzuspüren. Wie fühlt es sich an? Welche Farbe kommt dir auf Anhieb in den Sinn? Gibt es innere Bilder, Symbole oder Eindrücke? Während du dir innerlich diese oder ähnliche Fragen stellst, bleibst du gleichzeitig auch mit deinem Körper verbunden. Denn auch er wird dir Signale schicken, vielleicht in Form eines angenehmen Gefühls oder eines unbeschreiblichen Unwohlseins. Was auch immer kommt, ist willkommen, es gehört nicht zu dir. Rufe dir dies immer wieder ins Gedächtnis.

– Lass am Ende mit einem tiefen Ausatmen das Chakra energetisch wieder los, bevor du zum nächsten gehst.

– Taste dich auf diese Weise Chakra für Chakra durch. Ich empfehle dir, deine Eindrücke und Empfindungen jeweils nach jedem Chakra mit deinem Gegenüber zu teilen und Feedback einzuholen. Eventuell werden dir auch Verbindungen aufgezeigt, die man zu bereits identifizierten Themen herstellen kann, sodass sich ein tieferer Einblick in den Zustand des anderen ergibt.

Teilweise werden die Chakras auch zu dir sprechen. Das können sie in der Tat, da sie dem Irdisch-Alltäglichen viel näher sind als Aura-Felder. Die Chakras sind fähig, Informationen in dein System einzuschleusen, die dir in Form von Worten, Lauten und Bildern bemerkbar werden können. Dies ist auch der Grund, warum wir für die Wahrnehmung der Chakras unser eigenes System, in diesem Falle unsere Hände, einsetzen. Sie verfügen über spezielle Energiezentren, die man wie hellfühlende Antennen einsetzen kann.

Ich finde die Arbeit mit den Chakras sehr spannend und aufschlussreich. Meist erhält man beim Chakra-Scan so genaue Informationen, dass man selbst darüber erstaunt ist. Jedoch ist es auch so, dass es manchen sensitiven Menschen nicht liegt, mit den Chakras zu arbeiten. Wenn du dies an dir selbst feststellen kannst, brauchst du dich damit nicht aufzuhalten. Vielen aber sagt diese Form der Arbeit sehr zu. Gehörst du zu ihnen, wirst du es mit der Zeit auch schaffen, ohne den Einsatz deiner Hände parallel zum Lesen der Aura die Chakras zu erspüren. So mache ich das heute in meiner Praxis, und die meisten meiner Klienten bekommen es gar nicht mit, dass ich mit ihren Chakras kommuniziere.

Das eigentliche Aura-Coaching

Nachdem du nun vielleicht schon in der Lage bist, die Aura wahrzunehmen und auch bestimmte Beschwerden herauszulesen, wollen wir nun das, was dort wahrgenommen wird, in heilsamer Weise zu beeinflussen lernen. Das ist das Neue am Aura-Coaching, bei dem es eben nicht nur darum geht, die energetische Abstrahlung zu bemerken, sondern sie gezielt zu verändern. Auch hierzu wirst du wieder viele praktische Anregungen erhalten.

Gleich vorab eine Bemerkung zu einem Bereich, der meine Arbeit als Aura-Coach stark beeinflusst und sicherlich auch dir begegnen wird. Es geht um die spirituelle Reife und Offenheit, die der Klient beziehungsweise ein Übungspartner mitbringt. Es ist so: Der Aura-Coach ist immer nur so gut in seiner Arbeit, wie der Klient es zulassen kann. Das Resonanzgesetz gibt vor, dass wir nur Informationen erlangen, für die wir schon eine gewisse innere Bereitschaft und ausreichend Verständnis mitbringen. Einem Aura-Coach werden somit über die energetische Abstrahlung nur diese Art von Informationen übertragen, die der Klient auch anzunehmen in der Lage ist. Dies solltest du beim Üben einfach wissen.

Ablauf eines Aura-Coaching

Ich möchte dir zunächst den Ablauf einer typischen Aura-Coaching-Sitzung beschreiben. Auch wenn du natürlich nicht – oder nicht gleich – professionell damit arbeitest, werden viele Details daraus auch für deine Praxis bedeutsam sein.

Wenn ich mit der Aura einer Person arbeite, dann nur, wenn ich diesen Menschen nicht kenne und vorab keinerlei Informationen von ihm erhalten habe. Das ist sehr wichtig, weil man den bewussten Verstand umgehen muss, der sich jedoch einschalten würde, wenn ich auch nur eine Kleinigkeit über die Person wüsste. Es ist eine besonders schwierige Angelegenheit, Freunde oder Familienangehörige auratechnisch zu lesen, da man einfach schon viel zu viel über diese Menschen weiß. Zudem steht man ihnen nicht neutral gegenüber, was die ganze Sache noch komplizierter macht. Es ist wichtig, dass man als Aura-Coach außerhalb der Geschichte eines Menschen steht und nicht mit Wunsch oder Willen involviert ist. Sobald man einem Menschen ganz innig und emotional helfen will, hat man schon verloren. Solche Wünsche gehen nämlich immer vom Ego aus, und das wiederum arbeitet eng mit dem Verstand zusammen. Diese beiden Komponenten in uns *wollen* zu sehr sehen und helfen und blockieren uns damit komplett. Das soll natürlich nicht heißen, dass mir meine Klienten egal sind, aber ich versuche immer, eine emotionale Distanz und Unberührtheit zu bewahren. Sonst könnte ich langfristig gesehen diesen Job gar nicht ausführen, da mich das Leiden und die Probleme der Menschen viel zu sehr beschäftigen würden.

Ich kann es dir nur ans Herz legen, dich mit Gleichgesinnten zusammenzutun, die auch an der Arbeit mit der Aura interessiert sind. Trefft euch regelmäßig zum Üben und Experimentieren, und wenn jeder dabei ein oder zwei Neue mitbringt, die den anderen unbekannt sind, aber auch energetisch gelesen werden wollen, werdet ihr sehr viel lernen können. Ich kann aus Erfahrung sagen, dass es wirklich unendlich viele Menschen gibt, die voller Neugier sind, was denn in ihrer Aura alles verborgen liegt. Also denke ich nicht, dass du Schwierigkeiten haben solltest, Testpersonen zu finden.

Jeder Einzelne, der für eine Sitzung mit mir erscheint, wird von mir gesegnet und vergessen, sobald er die Praxis verlassen hat. Es gibt wenige Fälle, bei denen ich noch an den mitgebrachten Themen hänge oder grüble. So halte ich meine Psyche rein und entlaste auch mein Herz von der Verantwortung und der Frage, ob ich helfen konnte oder nicht. Menschen finden nicht einfach zufällig zu mir, sondern werden immer von der Geistigen Welt geschickt. Ich vertraue darauf und erlaube es einfach, dass das göttliche Prinzip durch mich wirkt. Um diese innere Einstellung und die Verbindung zu den Geistführern vertiefen zu können, empfehle ich dir die Einstimmungsübung von Seite S. 115 f.

Damit beginne auch ich. Nachdem ich mich auf die Geistige Welt und den Klienten eingestimmt habe, checke ich im ersten Moment der Begegnung kurz seine Vitalhülle, um gleich einen ersten Endruck davon zu haben, wie es ihm insgesamt geht. Dann erfolgt die Begrüßung, und ich kläre den Klienten über ein paar Dinge auf: Ich beschreibe ganz kurz, wie das Coaching ablaufen wird, und sage wenn nötig auch, was die Aura ist. Natürlich ist es außerdem gut, wenn ich erfahre, ob die Person wegen einem oder wegen mehrerer Themen da ist. Ich will aber keinesfalls wissen, worum genau es geht. Unbedingt erwähne ich auch, dass mein Gegenüber mitarbeiten und mir immer wieder Feedback geben sollte, ob das Gesagte richtig oder falsch ist beziehungsweise Sinn macht oder nicht. Ich frage zu Beginn gern auch nach, ob derjenige für Kontakte zur Geistigen Welt offen wäre, also zu Geistführern oder Verstorbenen. Da ich auch medial arbeite, ist das sehr wichtig. Denn es kann passieren, dass mediale Botschaften durchkommen. Ich traf aber auch schon auf Menschen, die diesem Thema gegenüber eher ängstlich eingestimmt waren und darauf verzichteten. Dies muss ich vorab in Erfahrung bringen.

Nun kann es losgehen. In der ersten Phase der Sitzung geht es darum, dass ich so viele Fakten und Beweise wie nur möglich über die Aura und die energetische Abstrahlung des Klienten liefere. Dabei arbeite ich mich vom Groben ins Feine vor. Ich fange meist damit an, die Vitalhülle zu beschreiben und welche Stellen am Körper etwas weniger Energie abstrahlen. Danach kann es mit dem Aura-Typ, der Reichweite und den Bewegungen im Energiefeld weitergehen. Du weißt ja bereits, wie aufschlussreich diese Informationen sein können.

Sobald dies alles geklärt ist und ich vom Klienten positives Feedback erhalten habe, fahre ich mit den Aura-Feldern fort.

Beim Lesen der Aura beginne ich immer mit dem aktuellsten und akutesten Thema, das mich quasi gleich »anspringen« will. Sobald dieses aufgeklärt und analysiert ist, geht es weiter zum nächsten Feld, das Priorität hat. So arbeite ich mich Feld für Feld durch die Lebensbereiche, bis alle Informationen übermittelt sind, die mir in der Aura sichtbar wurden. Es kann hilfreich sein, sich beim Lesen Notizen zu machen, welche Themen in Erscheinung getreten sind, damit man diese dann in der zweiten Phase des Aura-Coachings gemeinsam besprechen und ausgleichen kann. Am Ende der ersten Phase kann man noch den Körper-Scan machen, wenn das erwünscht ist. Und wenn es sich anbietet, kläre ich jetzt auch noch, wie es um die Chakras steht.

Der zweite Teil des Aura-Coachings betrifft nun mehr den Coaching-Bereich, denn gelesen oder erfühlt wurde die Aura bereits. Die Probleme und Themen, die zum Vorschein gekommen sind, können nun aufgearbeitet werden. Hierbei wende ich je nach Thema verschiedenste Methoden an, die immer in Verbindung zur Geistigen Welt bestimmt werden. Es kann vorkommen, dass ich ein Trance Healing einsetze oder mit der Person verschiedene Techniken aus dem Yoga durchgehe. Und es kommt sehr häufig vor, dass mir Inspirationen zu Übungen oder Ritualen, die die Person für sich selbst durchführen soll, übertragen werden, die ich in dieser Form selbst gar nicht kenne. Das finde ich immer sehr spannend, und vor allem habe ich unzählige Male erfahren dürfen, dass sie sehr wirkungsvoll sind.

In den meisten Fällen trage ich den Klienten »Hausaufgaben« auf. Grundsätzlich macht eine zweite Session auch nur dann Sinn, wenn diese gemacht wurden. Viele glauben, dass ich ihnen ihre Themen und Leiden einfach wegnehmen kann, ohne dass sie irgendetwas dafür machen müssten. Das entspricht aber nicht der Realität. Und so muss ich jeden, der von mir energetisch gelesen werden möchte, darüber aufklären, dass er aus der Komfortzone herausgelockt werden muss.

Diese Hausaufgaben können eine Veränderung der Ernährung betreffen oder verschiedene Methoden, die ich zum Ausgleichen von Feldern im Folgenden noch beschreiben werde. Natürlich ist hier jeder Coach vollkommen frei, jegliche anderen Empfehlungen zu geben, die ihm wichtig erscheinen. Zum Teil werden dazu auch Impulse aus der Geistigen Welt empfangen.

Hier nochmals zur Verdeutlichung die einzelnen Schritte in einem Aura-Coaching:

- Einstimmung auf die Geistige Welt und die Energie der Aura
- Vitalhüllen-Check
- Begrüßung und Erläuterung des Sitzungsablaufs
- Wahrnehmen der Energiefelder
- Körper-Scan (optional)
- Chakra-Coaching (optional)
- Coaching und Besprechung von »Hausaufgaben«.

Ich werde von meinen Klienten sehr oft gefragt, wie oft sie in eine Session kommen sollten. Auf diese Frage antworte ich immer mit: »Am besten nie wieder.« Das heißt natürlich nicht, dass ich meine Klienten kein zweites Mal sehen möchte, sondern dass ich mir wünsche, dass mit einer Sitzung alle Themen gelöst sind und sich der Mensch im Weiteren selbst helfen kann. Vor allem mit den Tipps und Übungen, die ihm mitgegeben wurden. Es steht ganz außer Frage, dass es Fälle gibt, wo eine zweite Sitzung erforderlich ist. Dies ist meistens dann der Fall, wenn traumatische Erlebnisse im Spiel sind und sich das System erst regenerieren und aufbauen muss, bevor man energetisch weiterarbeiten kann. Immer aber sollte die Entscheidung beim Klienten liegen. Ich persönlich möchte keinesfalls die gleichen Leute Woche für Woche sehen. Jeder sollte sich energetisch selbst »verarzten« können, ohne mich als Aura-Doc zu benötigen. Im Folgenden wollen wir uns daher auch genau damit beschäftigen, wie man über das Aura-Training gezielt verschiedene Lebensbereiche beeinflussen kann.

Das Aura-Training

Wir befinden uns inmitten einer energetischen Transformation an einem bedeutenden Zeitpunkt der Erdgeschichte. Unsere Einstellung und unsere Energien entscheiden mit darüber, wie es mit uns Menschen und dem Planeten

Erde weitergeht. Geistige Wesen berichten von unzähligen Planeten, die aufgrund von inneren oder äußeren Einwirkungen zerstört wurden. Dies kann der Erde auch passieren, vor allem, weil wir Menschen so unachtsam mit uns selbst und ihr umgegangen sind und noch immer umgehen. Als wir geboren wurden, traten wir durch das Feld des Vergessens und vergaßen, dass wir dem Licht entspringen und dass unser Leben die Botschaft von Licht und Liebe übermitteln will. Das Aura-Training kann uns zu dieser Aufgabe zurückführen und uns helfen, sie machtvoll zu erfüllen.

Wenn man das Wort Training liest, denkt man womöglich spontan an ein körperliches Training, bei dem man Kondition und Muskelstärke entwickelt. In der Tat haben die Menschen über Jahrzehnte hinweg ihren Fokus allzu sehr auf den körperlichen Aspekt ihres Seins gelenkt. Dies soll nicht heißen, dass der Körper nicht wichtig wäre, aber dass auch die feinstoffliche Energie trainiert und aktiviert werden will. In meiner Praxis darf ich immer wieder erfahren, wie Menschen durch die Mobilisierung der Aura-Energie ihre Gesundheit wiedererlangen und ein harmonischeres Leben führen können. Dazu fällt mir spontan der Fall einer Klientin ein, die über Jahre hinweg unter verschiedenen Körperlähmungen litt. Die Ärzte konnten nicht weiterhelfen, das Aura-Coaching jedoch schon. Ich konnte feststellen, dass es Fremdenergien aus der Vergangenheit in ihrer Aura gab, die die gesamte Energie blockierten. Nachdem wir diese entfernt hatten, konnte die Energie nun wieder frei fließen und die Lähmungen gingen sofort zurück. Die Frage, wie so etwas

geschieht, kann ich nicht mit einer Standardmethode beantworten. Ich bitte immer die Geistige Welt darum, mir
und dem Klienten beizustehen und uns mit möglichen
Methoden zu inspirieren. Wenn es sich um hartnäckige
Fälle von Fremdenergien handelt, sollte man sich unbedingt professionelle Hilfe suchen.

Körper und Aura bedingen sich gegenseitig und eine Blockade im Aura-Feld kann sich auch auf der körperlichen
Ebene zeigen und manifestieren. Dies ist vor allem bei
Menschen der Fall, die sehr kopfgesteuert sind. Durch die
Kraft ihrer Gedanken senden sie ganz bestimmte Signale
in ihr energetisches Feld aus, das dann sowohl im Negativen als auch im Positiven in Erscheinung treten kann.
Für uns Menschen ist es sehr schwierig, diese feinstofflichen Prozesse zu verstehen, aber existieren tun sie dennoch, und dies in jeder einzelnen Sekunde unseres Lebens. Das, was du denkst, bist du und wirst du sein. Dies
ist nicht nur ein Ausspruch, der aus dem Munde Buddhas
stammt, sondern immer wieder von vielen spirituellen
Meistern gelehrt wird.

Auch in Bezug auf das Aura-Training spielen unsere
Gedanken also eine wichtige Rolle. Hinzu kommen aber
noch weitere Bereiche wie die Ernährung und die Bewegung. Man kann sich das vollkommene Wohlbefinden auf
jeglicher Ebene wie ein schönes Mosaik vorstellen. Fehlen ein paar Bausteine, ist das Bild nicht vollständig und
in seiner Form nicht harmonisch. Diese Erkenntnis, dass
wir innerhalb des Körpers und der Energiefelder ein in
sich verbundenes Ganzes sind, ist die wichtigste, wenn

wir innen und außen über unsere Energie etwas verändern wollen. Das heißt gleichzeitig, dass Meditation, Gedanken, eine ausgewogene Ernährung, spezielle Bewegungen und spirituelle Übungen ineinandergreifen müssen. Man sollte unbedingt vermeiden, einen einseitigen Weg zu verfolgen, egal ob extrem geistig-meditativ ausgerichtet oder zu sehr körperorientiert.

Du wirst vielleicht staunen, dass es ganz einfache Dinge sind, die ich empfehle. Aber sie sind wirkungsvoll – wenn man sie wirklich tut. Menschen, die mich aufsuchen, um neue Impulse für ihr Leben zu erhalten, verlassen daher meist mit einer Liste von Aufgaben meine Praxis. Meine Erfahrung hat gezeigt, dass das Wichtigste in einem Transformationsprozess der Wille der Person zur Veränderung und zum Handeln ist. Ich als Aura-Coach übernehme im Grunde nichts für die Person. Ich lasse lediglich die Aura zu mir sprechen und erkläre dann, welche energetischen Blockaden vorzufinden sind und wie diese neutralisiert werden können. Somit steht und fällt der Erfolg eines Aura-Coachings mit den Bestrebungen des Klienten, etwas zu verändern.

Was man als Aura-Coach unbedingt beachten muss, ist, dass es Kräfte geben kann, die jegliche Aktivität blockieren und unmöglich machen. Dies können zum einen karmische Verstrickungen, blockierende Energien aus dem Unterbewusstsein oder sogar der Seelenplan sein. Dies zu erkennen, ist auch Aufgabe des Aura-Coaches. Ich kann sehen, ob es Kräfte aus dem morphologischen Feld sind, die denjenigen im Fortschritt blockieren, oder hemmende Muster im Unterbewusstsein, die dafür sorgen, dass er erst gar nicht damit beginnt, etwas zu verändern. Die Aufdeckung von solchen entwicklungshemmenden Faktoren ist essenziell, um schließlich doch Fortschritte zu erzielen.

Ich bin der Überzeugung, dass wir im Grunde nichts ändern müssten, sondern dass wir in unserer Art und Einzigartigkeit vollkommene und erleuchtete Wesen sind. Nur leider dringen wir durch das Erdfeld des Vergessens, wenn wir inkarnieren, und werden von der Illusion der augenscheinlichen Welt in Besitz genommen. Manche von uns sind so sehr in den Klauen der materiellen Welt gefangen, dass sie weder ihren Körper oder ihr Herz noch andere Menschen spüren können. Ich begegne in meiner Praxis immer wieder solchen Menschen und jeder Einzelne von ihnen ist auf seine Art und Weise eine kleine Herausforderung für mich. Kommt dann noch eine Abneigung gegenüber allem Geistig-Spirituellen hinzu, müssen diese Grenzen erst mal aus dem Weg geschafft werden. Als jemand, der sich eher Helferin und weniger Heilerin nennt, betrachte ich es als das Schönste, wenn ich sehe, wie Menschen erwachen und in ihre Kraft eintreten.

Genau darum geht es mir nun auch in diesem Kapitel. Ich möchte dir einfache und für jeden umsetzbare Übungen, Techniken und Methoden aufzeigen, die dich in deine eigene energetische Verbundenheit und Ausgeglichenheit bringen. Diese Übungen sind alle von mir erprobt und wurden schon von etlichen meiner Klienten eingesetzt – und dies in den meisten Fällen mit erstaunlichen Ergebnissen. Manchmal kann es so einfach sein, wieder in den Fluss des Lebens zu kommen, wenn man die blockierende

Energie an sich erkannt hat. Das Aura-Coaching will die Menschen ja vor allem erkennen lassen, wie ihre eigene energetische Abstrahlung aussieht und funktioniert. Bei manchen genügt schon die Erkenntnis darüber, und sie können ihre Themen lösen.

Ich lade dich nun herzlich ein, dieses Kapitel für dich auch praktisch zu erproben, und dies unabhängig davon, ob du Themen in den genannten Feldern hast oder nicht. Ich würde mein Leben und mein Sein als sehr harmonisch und ausgeglichen bezeichnen, und dennoch wende ich viele dieser Techniken täglich an, um diesen Zustand stabil zu halten. Das ist ein ganz wichtiger Punkt. Wir Menschen tendieren dazu, aktiv zu werden, wenn wir Probleme oder sogar Schmerzen haben. Wenn alles rund läuft, bleiben wir aber passiv. Dies ist unbedingt zu vermeiden, weil sich kein Zustand für die Ewigkeit halten kann und wir unentwegt in einem Entwicklungsprozess sind. Das ist womöglich auch das Wunder und der Zauber eines Erdenmensch-Daseins. Es geht immer weiter und alles ist in einem kosmischen Tanz miteinander verbunden. Also lass uns jetzt tanzen!

Stärkung der Aura-Energie

Wir wollen uns in diesem Abschnitt nicht nur damit beschäftigen, wie wir unsere Aura-Energie stärken können, sondern auch, wie die Vitalhülle und das feinstoffliche System des Körpers auf der Nadi- und Chakra-Ebene vitalisiert werden können.

Heutzutage werden wir überhäuft mit den verschiedensten Übungen und Techniken, die uns versprechen, uns wieder in unsere Mitte und Kraft zu bringen. In den meisten Fällen scheitern wir jedoch bei vielen dieser Methoden, da unser Unterbewusstsein, das die stärkste Wirkung auf uns hat, mit den verschiedensten blockierenden Mustern und Gewohnheiten »infiziert« ist. In unserem Unterbewusstsein können sich verhärtete Strukturen und alte Muster befinden, die es uns unmöglich machen, ein erfülltes und ausgeglichenes Leben zu führen. Ganz oft finden sich dort auch von den Eltern sowie von der Familie und der Gesellschaft übernommene Überzeugungen, die ständig in das Aura-Feld abstrahlen und entsprechende Situationen im Leben hervorrufen. So wird ein Kind, das beispielsweise mit der Überzeugung der Eltern, dass Geld etwas Böses sei, aufwächst, auch im Erwachsenenalter ein gestörtes Verhältnis zu Geld haben. Doch solche Prägungen lassen sich auflösen.

Affirmationen für das Unterbewusstsein

Im ersten Abschnitt des Aura-Trainings geht es vor allem darum, belastende und blockierende Programmierungen aus dem Unterbewusstsein zu löschen. Dabei ist es gar nicht nötig, konkret zu wissen, welche Muster es sind, die ins Unterbewusstsein eingraviert wurden. Vielmehr wollen wir das Unterbewusstsein in einen ausgeglichenen Zustand bringen, ohne diese Themen wachzurufen und heraufzubeschwören. Meine Erfahrung hat gezeigt, dass das Fragenstellen nicht immer der hilfreichste Weg sein muss, um Blockaden aufzulösen. Zu wissen, woher ein Thema oder Problem stammt, muss nicht bedeuten, dass es dadurch aus dem Weg geschafft wird. Einige geistig-spirituelle Methoden sind so sehr mit der Aufbereitung und Konfrontation mit Themen beschäftigt, dass das Heilen der Seele vollkommen auf der Strecke bleibt.

Die folgenden Techniken sollen dir helfen, das Unterbewusstsein zu reinigen, damit der Weg für die Heilung frei wird. Wir haben über den Einsatz von Affirmationen bereits gesprochen und auch erwähnt, dass sie innere Programmierungen löschen und durch nützlichere Botschaften ersetzen können. Ich persönlich wende fast täglich Affirmationen an und habe bisher nur davon profitieren können. Ich erwische mich selbst auch immer wieder dabei, wie ich die Affirmationen zwischendurch auf der bewussten Ebene denke.

Ich empfehle dir, eine Liste mit den wichtigsten positiven Sätzen für deine aktuelle Lebensphase zu erstellen und damit zu arbeiten. Die Affirmationen sollten dabei am besten in verschiedene Kategorien wie Gesundheit, Partnerschaft/Beziehungen, berufliche/finanzielle Entwicklung und spirituelle Entfaltung unterteilt werden. Es ist außerdem wichtig, dass du mit den Affirmationen arbeitest, die dir am meisten zusagen und auch deiner Sprache entsprechen. Ich bin zweisprachig aufgewachsen, aber erachte heute Deutsch als meine Muttersprache. Ich denke auch auf Deutsch. Deswegen ist es für mich sinnvoll, die Affirmationen auf Deutsch zu formulieren. Du solltest immer die Sprache für die Formulierung der Affirmationen verwenden, in der du auch denkst. Sonst kann die Wirkung eingeschränkt werden und das Unterbewusstsein reagiert nicht oder nur minimal auf die positiven Sätze.

Um dir eine kleine Starthilfe zu geben, möchte ich dir nun ein paar Beispielsätze geben, die du gern so oder in veränderter Form übernehmen kannst. Du kannst sie aber auch komplett abwandeln oder neu formulieren, damit sie dich ansprechen.

Gesundheit

- Ich bin dankbar dafür, physisch und psychisch vollkommen gesund, fit und ausgeglichen zu sein.
- All meine Organe und Körperfunktionen unterstützen meine Gesundheit und arbeiten optimal zusammen.
- Ich fühle mich zu jedem Zeitpunkt meines Lebens voller Kraft, Energie und Frische.
- Ich erlaube es meinem gesamten System, in diesem Moment in einen harmonischen und einwandfrei funktionierenden Zustand einzutreten. Dieser Zustand ist stabil und hält an, egal in welcher Situation und an welchem Ort ich mich aufhalte.
- All meine Chakras und Nadis funktionieren einwandfrei und stellen zu 100 Prozent sicher, dass ich mit genügend kosmischer Energie versorgt werde.
- Ich bin dankbar für meine strahlende Gesundheit auf der körperlichen und geistigen Ebene.

Partnerschaft/Beziehungen

- Ich öffne mein Herz und erlaube es mir, dass wahre Liebe in mein Leben eintritt und einen festen Platz einnimmt.
- Ich ziehe ständig Menschen in mein Leben, die mir mit wahrer Liebe begegnen und denen auch ich mit wahrer Liebe begegnen kann.
- Ich bin dankbar für alle Menschen in meinem Leben, die ich liebe und die mich lieben, und auch für all die, die mich dabei unterstützen, mein Herz weicher und offener werden zu lassen.
- In meiner Partnerschaft kann ich mich entfalten und finde darin jeden Tag Erfüllung und Freude, und meinem Partner geht es ebenso.
- Ich bin dankbar dafür, emotionale und körperliche Nähe zulassen zu können, und genieße diesen Austausch in vollen Zügen.
- Mein Herz ist offen für die Liebe zu meiner Familie, in der sich alle geliebt und wertgeschätzt fühlen.

Finanzielle und berufliche Entwicklung

- Ich fühle mich in meinem Beruf erfüllt und kann meine Talente einsetzen und voll ausschöpfen.
- Mein Beruf ist wertvoll, mein Tun ist erwünscht, es zeigt mir jeden Tag auf, welch wundervolles Wesen ich bin und welch wichtigen Beitrag ich zur menschlichen Entwicklung leiste.
- Mein Beruf macht mir Spaß und ich finde darin meine Berufung.

- Geld ist das Natürlichste in meinem Leben und ich erlaube jetzt, dass die Energie von Geld in mein Leben eintritt.
- Ich finde in meiner Arbeit nicht nur Freude und Erfüllung, sondern auch Anerkennung und Wertschätzung von außen.
- In meinem Beruf kann ich meinen Seelenplan erfüllen.
- Es ist eine Selbstverständlichkeit für mich, durch meinen Beruf auch finanzielle Erfüllung zu finden.

Spirituelle Entfaltung

- Es ist für mich sicher und erlaubt, mich spirituell und geistig zu entfalten und mit geistigen Wesen in Kontakt zu sein.
- Ich öffne mein Herz für die Selbstliebe und erlaube in diesem Moment, dass die Energie von bedingungsloser Liebe in mein Leben strömt.
- Ich bin ein Lichtwesen mit der Aufgabe, Licht zu bringen. Dies erkenne ich jetzt in diesem Moment als meine Lebenswahrheit an.
- Ich bin offen und bereit für einen spirituellen Transformationsprozess und erlaube mir, meine Schwingung zu erhöhen.
- All meine Hellsinne sind offen und dienen dazu, dass ich mein wahres Ich erkenne und immer mehr und mehr lebe.
- Mein Leben ist in jedem Bereich ein Ausdruck meines Seelenplans, ich lebe mein Höheres Selbst auch auf der Erde.

Diese Affirmationen sollen dir die Richtung zeigen, wie solche Sätze idealerweise formuliert werden. Natürlich ist die Liste nicht vollständig, du kannst beliebig weitere Sätze dazunehmen. Sobald du deine Sätze aufgestellt hast, geht es dann darum, sie in dein Unterbewusstsein zu schleusen, am besten so, ohne dass sich dein Verstand einschaltet und die Wirkung neutralisiert. Dieser »innere Wächter« ist in der Lage, die Sätze infrage zu stellen. Wenn dies geschieht, kann das Unterbewusstsein nicht in der gewünschten Weise beeinflusst werden. Deswegen empfehle ich dir, die Affirmationen vor allem nachts beim Schlafen und auch bereits kurz vor dem Einschlafen anzuwenden, ohne dass du bewusst hinhörst. Am einfachsten ist es, sich eine CD vorzubereiten, auf welche man die Sätze spricht, wie wir dies bereits auf Seite 100 ff. beschrieben hatten.

Eine weitere Methode, mit Affirmationen auf eine hilfreiche Art und Weise zu arbeiten, sind kleine Affirmationskärtchen, die man zu Hause aufstellt und bewusst und auch unbewusst immer wieder liest. Dies ist meiner Meinung nach mindestens genauso hilfreich wie das Hören der Affirmationen. Vor allem Kinder reagieren sehr stark auf diese Signale. Auf diesen Kärtchen sollten idealerweise nur kurze Sätze stehen wie zum Beispiel »Ich bin gesund«, »Ich bin geliebt«, »Ich bin glücklich« etc. Diese Kärtchen kann man sich natürlich auch im Büro und in den Arbeitsräumen aufstellen. Mit der Anwendung von Affirmationen kann man sich so auf völlig einfache Weise schon sehr gut helfen.

Alltagspraktische Hinweise
zur Schwingungserhöhung

Übungen zur Schwingungserhöhung und zur Aktivierung beziehungsweise Reinigung des feinstofflichen Systems sind in unserer heutigen Zeit sehr wichtig, um die Aura zu stärken. Insbesondere die Erhöhung der eigenen Schwingung stellt sicher, dass der Metabolismus in der Aura angekurbelt wird und wir uns der erhöhten Schwingung der Erde und der Atmosphäre angleichen. Wenn diese Angleichung nicht vorangetrieben wird, kann es auf körperlicher, mentaler oder seelischer Ebene zu Krisen kommen. Es gibt viele verschiedene Möglichkeiten, die eigene Schwingung zu erhöhen:

- **Tanzen:** Tanzen belebt das gesamte System und schafft es, dass die eigene Schwingung innerhalb kürzester Zeit erhöht wird.
- **Lachen:** Wenn der Mensch lacht, ist dies fast wie eine Massage für die Aura und das feinstoffliche System.
- **Sex:** Menschen, die in Liebe miteinander verbunden sind, können im sexuellen Austausch die Schwingung des gesamten Aura-Systems steigern.
- **Ernährung:** Was wir in unseren Körper hineinlassen, erschafft all das, was wir sind und ausstrahlen. Natürlich wirkt die Ernährung daher auch auf die Schwingung ein. Eine ungünstige Ernährung kann insbesondere dazu führen, dass zu viel Energie bei der Umwandlung der Speisen verloren wird (mehr dazu im Kapitel zur Aura-Diät).

- **Bewegung:** Du solltest für dich herausfinden, welche Sportart oder Bewegungsform dir Energie gibt. Bewegungslosigkeit gehört zu den Schwingungskillern Nummer 1 und sollte in Zeiten der Transformation unbedingt vermieden werden. Es ist zugleich aber wichtig, dass jede Art von sportlicher Aktivität maßvoll ausgeführt wird, ansonsten bezwecken wir das Gegenteil einer Schwingungserhöhung, weil der Organismus erschöpft wird.

- **Schlaf:** Frage dich, wie viel Schlaf du wirklich benötigst und wie oft du nur im Bett liegst, weil du zu bequem bist aufzustehen, und nicht, weil Körper und Geist Erholung benötigen. Seit der Schwingungserhöhung auf der Erde benötigen wir alle viel weniger Schlaf. Durch zu viel Schlaf wird deine Schwingung drastisch gesenkt. Wer auffallend viel Schlaf braucht, könnte Ungleichgewichte im System haben, die der Körper im Schlaf auszugleichen versucht.

- **Meditation:** Viel zu viel Energie geht darin verloren, dass unser Geist mit tausend Dingen gleichzeitig beschäftigt ist, was ihn natürlich irgendwann komplett erschöpft. Auch dies kann dazu führen, dass sich die eigene Schwingung senkt. Mit Meditation kann man dem entgegenwirken.

Diese Punkte versammeln die wichtigsten Möglichkeiten, langfristig gesehen die eigene Schwingung zu erhöhen. In vielen meiner Seminare tanzen und lachen wir gemeinsam, und man kann dabei buchstäblich spüren, wie die harten Schichten der Ernsthaftigkeit von den Menschen abfallen. Diese Verbissenheit ist womöglich auch die Krankheit Nummer 1 in unserer Gesellschaft. Die meisten von uns sind viel zu ernsthaft und nehmen vor allem sich selbst viel zu ernst. Dabei können Entwicklung und Transformation nur in einem fried- und freudvollen Gemüt stattfinden. Wenn wir die festgefahrenen Strukturen von Härte und Strenge von uns abfallen lassen, beginnen wir, uns wie eine frisch erblühende Blüte zu öffnen.

Im Zusammenhang mit der Schwingungserhöhung möchte ich ein Thema nicht unerwähnt lassen: Energievampire. Vielleicht ist auch dir schon mal jemand begegnet, der dir alle Energie zu rauben schien, ohne dass du etwas dagegen tun konntest. In diese Kategorie fallen vor allem Menschen, die nicht in ihrer Mitte und Ausgeglichenheit sind und aufgrund der eigenen energetischen Defizite immer wieder Menschen suchen und anziehen, von denen sie zusätzliche Energie abzapfen können. Es ist sehr wichtig, dass du solche Leute identifizierst und sie mit diesem Thema konfrontierst. Vielleicht kannst du ihnen dann auch eine Hilfestellung geben, wie sie in die eigene Kraft eintreten können. Es wird aber mit Sicherheit auch Menschen geben, die all dies nicht verstehen und nicht hören wollen. Dann liegt es bei dir, ob und wie du ihnen weiter begegnen möchtest. Denke immer daran, dass dein Wohlbefinden und deine eigene Schwingung für dich Priorität haben sollten.

Sobald du es schaffst, deine Schwingung auf ein bestimmtes Level zu bringen, dort zu halten und sogar stetig weiter zu erhöhen, wirst du spüren, dass du immer weniger von den energetischen Veränderungen in deinem

Umfeld und im Universum betroffen bist. Du bist zunehmend in deiner Mitte und findest dort deinen eigenen inneren Kraftpool.

Aktivierung und Reinigung des feinstofflichen Systems

Mit einer erhöhten Schwingung ist auch das feinstoffliche System viel offener und empfänglicher und lässt sich daher leichter ausgleichen und stärken. Wenn es um die Aktivierung und Reinigung des feinstofflichen Systems geht, sprechen wir insbesondere auch von den Nadis beziehungsweise Meridianen und den Chakras. In diesen feinstofflichen Strukturen des Körpers bilden sich über die Jahre hinweg sogenannte Imprints, die daraus resultieren, dass man im Unterbewusstsein blockierende Muster abgespeichert hat. Ich habe etliche Klienten erlebt, die sogar körperliche Erscheinungen wegen dieser feinstofflichen Blockaden zeigten. Eine Frau beispielsweise wurde über Jahre hinweg von Knoten in der Schilddrüse geplagt, die ihren Grund im Unterbewusstsein hatten. Ihr wurde nämlich von klein auf nie erlaubt, ihre Meinung zu äußern oder Gefühle zu zeigen. Die daraus entstehenden Imprints haben sich dann noch verstärkt, als sie zu einem späteren Zeitpunkt Opfer eines körperlichen Missbrauchs wurde. In ihrem System war ganz genau zu erkennen, dass insbesondere das Hals- und das Herz-Chakra nicht ausgeglichen und die durchfließenden Nadis lahmgelegt waren.

Als Aura-Coach hat man die Aufgabe, feinstofflich zu erkennen, worin die Ursache für eine Blockade oder

Beschwerde liegt. Dabei sollte man nicht außer Acht lassen, dass es eine auch hellsichtig nicht erkennbare Komponente gibt, die sich Unterbewusstsein nennt. Wir können nur die Spuren am Körper und im feinstofflichen System erkennen, die das Unterbewusstsein hinterlässt. Einen direkten Einblick in diesen Bereich können wir uns jedoch kaum erschaffen. Wie wir bereits gehört haben, wirken das Unterbewusstsein und die Emotionen am stärksten auf das feinstoffliche System des Körpers. Somit sind die Aktivierung und Reinigung der Nadis und Chakras ein weiterer wichtiger Baustein des Aura-Trainings.

Auch das, was du im Folgenden vorfindest, gehört zu meinem täglichen Programm. Diese Methoden sind für alle Menschen, egal welchen Alters, absolut empfehlenswert, auch dann, wenn sie sich bereits fit und ausgeglichen fühlen. Wenn wir sicherstellen, dass unser feinstoffliches System einwandfrei funktioniert und unserer Transformation dienlich ist, verhindern wir es langfristig gesehen auch, dass sich auf körperlicher oder psychischer Ebene Beschwerden bilden können. Denn in fast allen Fällen beginnt eine Krankheit bereits auf feinstofflicher Ebene und kann auf der Ebene der Nadi und Chakras identifiziert, erspürt und frühzeitig ausgeglichen werden.

Wenn sich ein Thema bereits auf körperlicher Ebene manifestiert hat, bedeutet dies, dass das feinstoffliche System es nicht aufarbeiten konnte und es an den Körper übergeben wurde. Wenn Betroffene weder auf ihre Ernährung noch auf ausreichend Bewegung achten, wird es für den Körper schwierig, mit dem hochkommenden Thema fertig zu werden. Wenn sich seelisch-feinstoffliche

Themen auf der körperlichen Ebene zu stark manifestiert haben, wird es oft wichtig, mit medizinischen Mitteln einzugreifen. Ergänzend kann man dem feinstofflichen System Heilung zuführen, damit sich der Mensch schnell erholen kann. Noch besser ist es aber, es gar nicht so weit kommen zu lassen.

Die Klopftechnik

Als Erstes empfehle ich dir hier eine ganz einfache Methode, mit der man das gesamte Meridian-System mitsamt der Organe einfach und schnell harmonisieren kann. Man kennt sie auch als Klopftechnik. Ich möchte dir hier die Punkte zeigen, die ich selbst immer wieder anwende, seit ich sie im Rahmen meiner Omega-Healing-Ausbildung mit Roy Martina erlernen durfte. Ich wende die Klopftechnik nahezu jeden Tag an und kann sagen, dass ich mich rundum wohlfühle.

Ich möchte verschiedene Punkte mit dir durchgehen, die jeweils eine Zugehörigkeit zu einer Emotion und einem Meridian haben. Beim Klopfen dieser Punkte kannst du gern auch passende Affirmationen sprechen. Dies ist kein Muss, kann aber die Wirkung des Klopfens verstärken. Wie stark, in welchem Rhythmus, wie lange, ob mit einem, zwei oder mehreren Fingern du klopfst, ist ganz dir überlassen. Die Dauer von einer Minute pro Punkt hat sich als sehr hilfreich erwiesen. Wichtig ist, dass du dich dabei wohlfühlst und dein Atem ruhig und tief fließen kann. Bitte beachte, dass es Punkte geben kann, die mit leichtem

Schmerz reagieren. Manchmal wird auch die Haut an diesen Stellen etwas rot. Das ist ein eindeutiges Zeichen, dass diese Meridiane nicht im Fluss sind und du diesen Punkten etwas mehr Aufmerksamkeit und Zuneigung geben solltest. Mit der Zeit und der regelmäßigen Anwendung dieser Klopftechnik wirst du merken, dass deine Reaktionen immer geringer werden. Dennoch solltest du aber regelmäßig weiterklopfen, um deine emotional-feinstoffliche Balance aufrechtzuerhalten. Nun aber zu den Punkten.

Unsicherheit – Blasenmeridian: Der entsprechende Punkt befindet sich zwischen den Augenbrauen. Empfehlenswert ist es, mit Zeigefinger und Mittelfinger zu klopfen und die Augen dabei zu schließen. Meist ist nach kurzem Klopfen schon spürbar, wie sich die Stirn beginnt zu entspannen und sich ein wohliges Gefühl im Körper ausbreitet.

Frustration – Gallenblasenmeridian: Unter Frustration leiden sehr viele Menschen, manche chronisch und andere immer wieder mal. Diese Emotion kann unser System ziemlich durcheinanderbringen, und es ist wichtig, dem entgegenzuwirken. Den entsprechenden Punkt gibt es links und rechts direkt an den Schläfen. Er kann entweder mit einem oder mit mehreren Fingern beklopft werden.

Sorgen – Magenmeridian: Wenn sich ein Mensch Sorgen macht, schneidet er sich auch gleichzeitig vom kosmischen Lauf der Dinge ab. Er denkt, dass etwas schieflaufen könnte, und misstraut damit der Tatsache, dass alles im Leben, egal wie es kommt, gut und passend und eine Reaktion auf sein Denken und Handeln ist. Ignoriert man dies, entzieht man sich letztlich der Verantwortung für das eigene Sein und Tun und macht sich stattdessen Sorgen. Diese führen dazu, dass man den Zugang zum kosmischen Prinzip umso mehr verliert und insbesondere das feinstoffliche System des Körpers belastet wird. Der in solchen Fällen hilfreiche Punkt liegt in der Mitte unterhalb der Augen jeweils auf den Wangenknochen und wird am besten mit jeweils einem Finger beklopft. Störungen machen sich bei manchen Menschen in Form von Tränensäcken oder Augenringen bemerkbar, aber auch diese kann man wegklopfen.

Stress – Gouverneursgefäß: Dieser Punkt ist womöglich der wichtigste für unsere Zeit, denn wer von uns fühlt sich nicht manchmal von Schnelllebigkeit und Eile überrannt? Nur leider nehmen sich immer noch zu wenige Menschen Zeit, sich regelmäßig zurückzuziehen und zu regenerieren. Der hierbei hilfreiche Punkt liegt mittig über der Oberlippe, dort wo sich eine kleine Mulde befindet. Das Klopfen dieses Punktes kann einen großen Beitrag dafür leisten, aufgrund von Stress blockierte Energieflüsse zu lösen.

Unterdrückte Emotionen – Konzeptionsgefäß: Vielen von uns fällt es schwer, die eigenen Emotionen richtig zu kommunizieren und zu leben, sodass es zu einer emotionalen Unterdrückung kommt. Unterdrückte Emotionen aber können langfristig zu seelischen Ausbrüchen oder Depressionen führen und sollten deswegen unbedingt aufgearbeitet werden. Eine sehr schnelle Abhilfe verschafft dabei das Klopfen des Punktes in der Mitte unterhalb der Unterlippe.

Angst – Nierenmeridian: Das Wort »Angst« stammt von dem Wort für »Enge« aus dem Lateinischen und beschreibt, dass sich unser Energiesystem verengt und an Aktivität einbüßt. Wenn es dazu kommt, werden alle Energieflüsse im Körper gestört und ein allgemeines Unwohlsein ist die Folge. Ähnlich wie bei Sorgen werden wir auch im Falle von Angst vom kosmischen Prinzip abgeschnitten. Wir fühlen uns allein und ungeliebt. Die Angst-Punkte liegen am Brustbein, fünf bis zehn Zentimeter links und rechts von der Mittellinie, ungefähr fünf Fingerbreit unterhalb der Halsgrube. Meist reagieren diese Punkte sehr stark, da Angst im menschlichen System auch evolutionär sehr tief sitzt.

Wut – Lebermeridian: Dieser Klopfpunkt befindet sich ungefähr auf Höhe der Leber auf der rechten Seite des Körpers zwischen Beckenknochen und Rippen. Durch das Beklopfen dieser Stelle können jegliche negativen Auswirkungen von Wut und Ärger auf das System gelöscht werden. Darunter fallen auch alle anderen angestauten Energien, die im Zusammenhang damit stehen, dass man sich selbst oder jemand anderem nicht vergeben konnte.

Mangelndes Selbstwertgefühl – Milzmeridian: Viele Menschen leiden darunter, dass sie mit ihrem eigenen Selbst nicht verbunden sind und seine Bedürfnisse und Wünsche nicht kennen. Dies führt langfristig dazu, dass man das eigene Selbst missachtet und sich mit der Zeit nicht mehr bewusst darüber ist, wie viel man wert ist. Darunter leiden natürlich auch das Selbstvertrauen und die Zuversicht in die eigene Kraft. Durch Beklopfen des Milzpunktes werden alle Abdrücke, die aufgrund eines verminderten Selbstwertgefühles entstanden sind, neutralisiert. Wichtig dabei ist, dass man die Ursache mit dem Beklopfen nicht auflösen, aber die energetischen Wirkungen rückgängig machen kann. Der Milzpunkt liegt unterhalb der linken Achsel seitlich am Brustkorb. Oft kann man diesen Punkt auf Anhieb spüren, wenn er nämlich mit leichtem Schmerz reagiert.

Diese Zusammenstellung verschiedener Punkte mit den entsprechenden Themen, die beklopft werden, ist keineswegs vollständig, aber ich empfinde das Beklopfen genau dieser Punkte als sehr effektiv und hilfreich, wenn man das emotionale System im Ganzen stabilisieren möchte.

Yoga

Natürlich dürfen Übungen aus dem Yoga nicht unbeachtet bleiben, wenn wir über die Aktivierung des feinstofflichen Systems sprechen. Durch das Yoga werden vor allem die Chakras und Nadis aktiviert und es breitet sich ein wohliges Gefühl im ganzen Körper aus. Zwar haben im Westen insbesondere die Körperübungen an Popularität gewonnen, es gibt aber eine Vielzahl von yogischen Praktiken, die keine körperlichen Übungen beinhalten und mindestens ebenso wirksam sind. In diesem Zusammenhang sind insbesondere die Atemübungen nennenswert, die direkt das feinstoffliche System ansprechen.

Im Rahmen eines Channelings kam einst etwas sehr Spannendes zum Thema Yoga und Meditation durch, das wiederum die energetische Effektivität von beiden bezeugt. Mein Höheres Selbst Elohijm sprach davon, dass es kein Zufall war, dass ich schon sehr früh mein Interesse an Yoga und Meditation entdeckte, sondern vielmehr eine von der Geistigen Welt induzierte Art Training für mein energetisches System. Sie hatten dies in die Wege geleitet, damit ich meine Lebensaufgabe als Medium und Heilerin erfolgreich angehen konnte. Sie wollten insbesondere auch meinen Körper auf die höheren Schwingungen, denen ich beispielsweise während eines Channelings ausgesetzt bin, anpassen und mich daran gewöhnen. Rückblickend ist dies für mich vollkommen verständlich und nachvollziehbar. Dank meiner regelmäßigen Yoga-Praxis fühle ich mich in der Lage, meine Hellsinne nutzbringend einzusetzen und als wertvoller Kanal für die Geistige Welt zu dienen.

Ich sehe im Yoga eine wundervolle Methode, sich in die eigene Kraft und Mitte zu katapultieren und einfach ein Leben lang gesund und glücklich zu sein. Wir können uns heutzutage sehr glücklich schätzen, dass Yoga in Europa so weit verbreitet ist und es viele Lehrer gibt, die uns diesen Weg zeigen können. Im alten Indien war das Yoga meist nur wenigen Eingeweihten vorbehalten, vor allem auch deswegen, weil man im Yoga das große Potenzial erkannte, mit der eigenen Energie zu arbeiten. Dies wollte man nicht allen Menschen zugänglich machen. Heute ist dies anders.

Ich möchte dich an dieser Stelle ganz allgemein dazu anregen, Yoga zu praktizieren, egal ob dies die Körperübungen, die Meditationen oder die Atemübungen sind. Vielleicht kann ich dich mit der folgenden kleinen Atemübung, die wirklich für alle Menschen geeignet ist, anregen, dem Yoga in deiner täglichen Praxis einen Platz einzuräumen. Die Wechselatmung ist womöglich eine der populärsten Atemübungen. Sie zeichnet sich dadurch aus, dass das energetische System ausgeglichen wird, und dies schon nach wenigen Atemzügen. Dazu sollte man wissen, dass in unserem Köper zwei gegensätzliche Pole agieren: der männliche und der weibliche. Meistens ist einer der Pole überbelastet, während der andere zu wenig Energie erhält. Mit der Wechselatmung können wir es schaffen, dass sich diese Imbalancen auflösen, die ein Grund für körperliche oder seelische Beschwerden sein können.

Die Wechselatmung

– Wähle eine bequeme und aufrechte Sitzhaltung und achte darauf, dass du während der gesamten Atemübung problemlos in dieser Position verharren kannst. Du kannst dich auch gern auf einen Stuhl setzen, wenn das für dich bequemer ist, nur achte dabei darauf, dass deine Füße flach auf dem Boden stehen und du am vorderen Ende des Stuhles sitzt, ohne dich anzulehnen.

– Schließe deine Augen und erlaube dir, für einige Momente einfach nur den Atem zu beobachten, ohne ihn auf irgendeine Art und Weise beeinflussen zu wollen. Nimm wahr, wie die Luft über die Nase einströmt und wieder nach außen gelangt. Du spürst den Fluss des Lebens in deinem Körper, du fühlst, wie er sich geschmeidig und frei in deinem Körper bewegt.

– Nun versuche bei deiner nächsten Ausatmung vollständig auszuatmen, bis du das Gefühl hast, innerlich von der Atemenergie komplett frei zu sein.

– Lenke nun deine ganze Aufmerksamkeit auf dein linkes Nasenloch und stell dir vor, dass du die Luft nur über dieses linke Nasenloch in deinen Körper ziehst. Nachdem du vollständig über das linke Nasenloch eingeatmet hast, richtest du deine Aufmerksamkeit auf das rechte Nasenloch und atmest nur darüber aus. Die nächste Einatmung geschieht dann nur über das rechte Nasenloch, die Ausatmung danach aber über das linke. Nach jeder Einatmung wechselst du also das Nasenloch.

– Fahre so für fünf bis fünfzehn Minuten fort und atme abschließend ein paar Mal ganz normal ruhig ein und aus.

Vielleicht ist dir die Wechselatmung bereits bekannt, nur mit dem Unterschied, dass du die Finger einsetzt, um das jeweils passive Nasenloch zuzuhalten. Ich bevorzuge es, diese Übung ohne die Finger zu praktizieren und zu unterrichten und stattdessen die Kraft der Aufmerksamkeit zu schulen. Man erhält dabei ein ganz anderes Empfinden gegenüber der Atemenergie und wird feinfühliger dafür, was der Atem mit einem macht. Du wirst auch spüren, was für eine enorme Kraft dein Atem hat und wie allein deine Aufmerksamkeit in der Lage ist, Energie und Atem zu lenken.

Ob du für fünf oder für fünfzehn Minuten übst, ist dir überlassen. Am wichtigsten ist dabei, dass du fokussiert und mit deiner ganzen Aufmerksamkeit beim Atem bleibst. Treiben deine Gedanken weg, ist die Übung weniger effektiv. Führe sie also immer wieder neu zum Atem zurück.

Die Wechselatmung reinigt und belebt unser System vor allem auf der Ebene der Nadis. Da die Chakras wichtige energetische Punkte darstellen, an denen die Nadis zusammenlaufen, ist es wichtig, auch die Chakras immer wieder zu aktivieren und zu reinigen. Denn kann in den Chakras nicht genügend kosmische Energie aufgenommen und transformiert werden, bleibt die Energieversorgung des gesamten menschlichen Systems auf der Strecke.

Chakra-Meditation mit Engeln und Aufgestiegenen Meistern

Es gibt unzählige Chakra-Meditationen, die auf dem »alten« Chakra-System basieren und deshalb heute nicht mehr so effektiv sind, wie sie es vor einigen Jahren vielleicht waren.

Mit der folgenden Chakra-Meditation kannst du die drei »neuen« Chakras, die sich direkt im Aura-Feld befinden, aktivieren. Denn wenn diese aus irgendeinem Grund blockiert sind, leidet das gesamte feinstoffliche System darunter.

Vielleicht wunderst du dich, dass du dabei unter anderem Elohijm ansprechen sollst, die du vor allem als mein Höheres Selbst kennengelernt hast. Das ist sie aber nicht allein. Elohijms sind eine Gruppe von Engeln, die für alle Menschen zur Verfügung stehen. Eine Elohijm kann daher gleichzeitig das Höhere Selbst von vielen Menschen sein, nicht nur von mir.

Chakra-Meditation

– Für diese Meditation solltest du dich für etwa eine halbe Stunde vollkommen ungestört an einen Ort zurückziehen können, an dem du dich wohl und sicher fühlst. Leg dich flach auf den Boden, am besten auf einer Matte oder Decke, und deck dich zu. Leg deine Arme links und rechts abgespreizt vom Körper auf dem Boden ab und lass deine Handinnenflächen nach oben zeigen. Du kannst spüren, wie sich dein gesamtes Gewicht ganz automatisch und sanft der Erde überlässt.

– Nun wandere mit deiner Aufmerksamkeit durch den Körper hindurch und versuche, alle Körperempfindungen wahr- und anzunehmen. Spüre dabei auch, wie dein Körper sich sanft im Rhythmus deines Atems bewegt.

– Nun löse dich langsam geistig von deinem Körper und versuche, über die Körpergrenzen hinaus in deine Aura hin-

einzuspüren. Anfangs wirst du vielleicht nicht viel wahrnehmen, da diese Empfindungen im Gegensatz zu den körperlichen extrem subtil sind. Aber deine Feinfühligkeit wird sich
mit der Zeit entwickeln.

– Nun lenke deine ganze Aufmerksamkeit auf den Raum
über deinem Schambein und gleichzeitig hinten in den unteren Rückenbereich. In diesen Bereichen liegt das Sexual-
Chakra. Rufe nun Erzengel Raphael, den Engel der Heilung,
herbei und bitte ihn darum, dieses Chakra zu harmonisieren
und auszugleichen. Vielleicht beginnst du kurz darauf, Veränderungen wahrzunehmen, körperlich, geistig oder emotional. Alle Gefühle solltest du willkommen heißen. Öffne
dich immer mehr der Energie des Erzengels Raphael.

– Nach einer Weile wirst du spüren, dass die Empfindungen abflachen. Dies ist das Zeichen, dass du zum nächsten
neuen Chakra gehen kannst. Dieses, das Emotions-Chakra,
liegt ein paar Zentimeter unterhalb des Solarplexus und gleichermaßen auf Höhe der Mitte des Rückens. Hierfür rufst du
die Aufgestiegene Meisterin Ananda Moyi Ma herbei. Sie
beginnt, mit den Farben und Schwingungen von Rosa und
Violett das Emotions-Chakra zu reinigen und zu heilen. Du
erlaubst dir, dass diese heilvollen Energien in dich eintreten
und dein Chakra von allem befreien, was es auf irgendeine
Art und Weise blockiert. Du kannst vielleicht auch Empfindungen im Bauchraum wahrnehmen oder sogar einen warmen Strom von Licht durch deine Wirbelsäule fließen spüren. Lass es einfach geschehen, bis du bemerkst, dass die
Empfindungen langsam weniger und subtiler werden.

– Nun gehst du zum letzten neuen Chakra in der Aura. Es
ist das Mentale Chakra auf Stirnhöhe und gleichermaßen

am Hinterkopf. Hier läuft insbesondere die Verarbeitung von allen geistigen Informationen ab. Um den Geist in einen ausgeglichenen Zustand zu bringen, rufst du Elohijm herbei, die mit ihrem kristallklaren Licht den gesamten Kopfraum erleuchtet. Wieder kannst du einen angenehmen Fluss von Lichtenergie durch deine Wirbelsäule hindurch spüren und dir erlauben, dass du von außen und von innen gereinigt und ausgeglichen wirst.

– Lass dir unbedingt Zeit und bleib so lange liegen, bis du spürst, dass sich dein System beruhigt hat und sich dein Körper leicht und angenehm erholt anfühlt. Sprich in Gedanken einen Dank an Erzengel Raphael, Ananda Moyi Ma und Elohijm aus, bevor du langsam wieder ins Hier und Jetzt zurückkehrst.

Nun hast du einige Techniken erlernen können, mit denen du deine Aura-Energie stärken kannst. Ich wollte dein Augenmerk bis hierhin vor allem auf ein allgemeines Aura-Training legen, das für alle Menschen sehr hilfreich sein kann. Dabei geht es weniger darum, ob man Beschwerden oder Themen hat, die zu bearbeiten wären, sondern vielmehr darum, ob man bereit ist, mit der Transformation mitzugehen. Eigentlich bleibt uns Menschen keine andere Wahl, wenn wir unser Leben glücklich und erfüllt fortsetzen wollen. Unsere Welt verändert sich stetig und wir müssen uns diesen veränderten Umständen anpassen. Es gibt aber auch Kräfte, die versuchen, unsere Transformation zu verhindern, und mit diesen wollen wir uns nun beschäftigen.

Schutz vor Fremdenergien und Elementarwesen

Mit Elementarwesen und Fremdenergien wurde ich schon sehr früh als Kind konfrontiert, und ich begegne in meiner Praxis immer wieder Menschen, die von derartigen Energien befallen sind. Viele der Dinge, die ich in diesem Zusammenhang selbst erlebt und auch bei anderen gesehen habe, sind zum Teil so sehr »nicht von dieser Welt«, dass es dich vielleicht erschrecken wird. Das ist keineswegs meine Absicht, aber die Wahrheit ist, dass es Wesen gibt, die uns das Leben und Sterben sehr schwer machen können. Ich musste dies am eigenen Leib erfahren und auch Zeuge davon sein. Um dir einen genaueren Eindruck davon zu verschaffen, möchte ich dir von einem eigenen Erlebnis als Zehnjährige berichten.

Es begann völlig unerwartet, dass ich jede Nacht den gleichen Traum hatte, und dies über einen Zeitraum von etwa drei Monaten hinweg. Dieser Traum erschien mir wie eine echte Gegebenheit, da ich eher in einem halbbewussten Zustand war. In meinem Traum öffnete ich die Augen, lag in meinem Bett und blickte in Richtung Tür. Im Raum war es ganz dunkel, obwohl ich eigentlich immer mit Licht schlief. Die Tür begann sich langsam zu öffnen, und zeitgleich bemerkte ich, dass ich komplett gelähmt war. Ich konnte weder einen Laut von mir geben noch mich bewegen. Die Tür ging immer weiter auf und ich konnte nun eine ganz in Schwarz gekleidete Frau mit langen goldenen Locken erkennen. Sie trat in mein Zimmer und lief immer näher zu mir ans Bett. Gleichzeitig breitete sich in mir immer stärker ein Gefühl von Angst und Enge aus. Kurz vor meinem Bett machte die Frau dann Halt und sagte auf Türkisch, dass sie mich nun endlich gefasst habe.

Jetzt begann die richtige Tortur. Ich spürte, wie mein Körper aus dem Bett herausgeschleudert wurde. Doch kurz bevor er auf dem Boden aufprallte, machte er Halt. Ich schwebte kurz über dem Boden. Die Frau war nicht mehr zu sehen. Mein Körper begann nun, wie von unsichtbaren Kräften angetrieben zu rotieren, und dies mit einer so hohen Geschwindigkeit, dass ich um mich herum nichts mehr erkennen konnte. Stattdessen stiegen in mir Bilder von meinen früheren Kindheitsjahren hoch und ich sah mich selbst heranwachsen und altern. Alles hörte mit einem Schlag irgendwann wieder auf und ich erwachte mit Zittern und Herzrasen aus diesem Albtraum.

Dies wiederholte sich Nacht für Nacht, sodass ich panische Angst vor dem Einschlafen bekam und nicht mehr allein schlafen konnte. Hinzu kamen Herzrhythmusstörungen, die meine Eltern sehr beunruhigten. Ich konnte nicht mehr allein im Haus sein und hatte ständig das Gefühl, dass mich jemand beobachtet. Diese Zeit war wohl für mich und auch für meine Eltern eine der schwierigsten. Meine Mutter holte sich aus lauter Verzweiflung, da die Ärzte auch nicht weiterhelfen konnten, Rat von meiner Tante, die in der Türkei lebt. Sie kannte zu diesem Zeitpunkt eine hellsichtige Frau, die sich allein über das Foto und den Namen einer Person mit dieser verbinden und Unklarheiten lösen konnte. Auch wenn meine Mutter solchen Dingen gegenüber eher aufgeschlossen war, hatte sie nicht viel Hoffnung, dass dadurch meine Albträume weggehen würden. Erstaunlicherweise hat aber genau diese Frau womöglich mein Leben gerettet.

Als sie mein Foto erblickte, kamen ihr schlagartig Bilder und Informationen in den Kopf, und sie begann meiner Tante von mir zu erzählen, auch Dinge, die sie von mir nicht wissen konnte. Sie sagte, dass ich ein offenes Auge im Herzen trage und jenseits aller Dinge blicken kann, so wie sie es tut. Sie sagte, dass ich viele Kräfte in mir habe, die andere Menschen und die Welt heilen helfen können. Es gäbe aber auch Mächte, die diese Potenziale, die manche Menschen aufgrund ihres seelischen Ursprungs in sich tragen, an sich ziehen wollen. So war auch diese Frau nachts in meinem Zimmer eine Fremdenergie, die geschickt wurde, um mich zu manipulieren und mir meine Kräfte zu entziehen. Im Nachhinein erfuhr ich, dass auch meine Oma immer wieder Begegnungen damit gehabt hatte.

Nun ging es darum, mich vor diesen Fremdenergien zu schützen und zu verhindern, dass sie in mein System eindringen konnten. Auch in dieser Hinsicht konnte die Frau helfen, da sie den Koran studiert hatte und es darin Schutzgebete gab. Solch ein Schutzgebet schrieb sie für mich auf und verpackte es in einem kleinen Stück Stoff. Dies sollte meine Mutter ohne mein Wissen unter mein Kissen legen, was sie auch tat.

Ich wusste also nichts davon, was aber in der darauffolgenden Nacht geschah, werde ich nie wieder vergessen. Nachdem ich mich wie jede Nacht sehr lange dagegen gesträubt hatte einzuschlafen, schlief ich doch irgendwann ein und hatte den gleichen Traum wie immer – nur mit dem Unterschied, dass er dieses Mal unterbrochen wurde, als es kurz davor war, dass ich herumgeschleudert werden sollte. Stattdessen stand ich mit einem Mal direkt vor der Tür zum Schlafzimmer meiner Eltern. Am Boden direkt vor der Tür saß eine junge Frau mit einer Glatze, die solch ein Licht und eine Schönheit ausstrahlte, wie ich es zuvor noch nie gesehen hatte. Sie blickte mich an und sagte: »Nun ist es vorbei.« Auf einmal spürte ich, wie mich eine unsichtbare Kraft an den Hüften hielt und sanft über den Kopf der jungen Frau hinweg ins Schlafzimmer meiner Eltern trug. Alles fühlte sich leicht und lichtdurchflutet an, und ich wusste innerlich, dass ich einem Engel begegnet war.

Meine Mutter lüftete am nächsten Tag, als ich ihr von meinem veränderten Traum erzählt hatte, das Geheimnis, und ich trage seit diesem Tag meine Schutzgebete immer bei mir. Ich bin dieser Frau aus meinen Träumen nie wieder begegnet. Heute weiß ich, dass es eine Fremdenergie war, die von mir Besitz ergreifen wollte, als sie mich als Kind in einem ungeschützten Zustand vorfand. Nachdem meine Oma gestorben war, hatte ich niemanden mehr an meiner Seite, mit dem ich mich über die feinstoffliche Welt austauschen konnte und der mir Stabilität und Schutz gab.

Mittlerweile habe ich gelernt, wie ich mich auch ohne Schutzgebete schützen kann. Bevor ich darauf genauer eingehe, möchte ich dir aber noch erklären, was Elementarwesen und Fremdenergien eigentlich genau sind. Elementarwesen sind Wesenheiten, die ihren Ursprung auf der Erde haben und vom menschlichen Geist erschaffen werden. Sie können sich beispielsweise bilden, wenn ein Mensch den tiefen Wunsch hegt, einem anderen Schaden zuzufügen, oder ihm etwas zutiefst missgönnt. Auch kann man sich selbst mit einem Elementarwesen behängen, wenn man selbstzerstörerische Gedanken hegt. Wenn diese oft und intensiv genug gedacht werden, können sie sich in der Aura zeigen. Dieses »böse« Elementarwesen pflanzt sich dann sozusagen in der »verfluchten« Person ein und beginnt, es geistig, seelisch oder körperlich zu quälen und ihm ständig Energie abzuzapfen. Diese Elementarwesen, die rein gar nichts mit der Geistigen Welt zu tun haben, kann man auch als Dämonen, Dschins oder böse Geister bezeichnen.

Ich durfte schon viele Male solche Elementarwesen bei meinen Klienten beobachten und entfernen. Ihre Schwingungsfrequenz ist um einiges niedriger als die Geistiger Wesen, und von ihrer Gestalt her wirken sie eher furchteinflößend und unangenehm. Sie haben meist eine sehr dunkle Farbe in sich und zeigen sich sehr markant in der Aura des Betroffenen. Manche von diesen Wesen können uns über mehrere Jahre hinweg begleiten, sodass sie sich immer mehr mit uns vernetzen und wir das Gefühl bekommen, dass sie ein Teil von uns sind. Dabei sind sie das gar nicht, sondern Reflexionen eines böse gesinnten Geistes.

Der Begriff der Fremdenergie ist weitläufiger und umfasst auch die Elementarwesen. Als Fremdenergien bezeichnen wir alle Energieformen, die nicht der Aura zugehörig sind und von außen an sie herangetragen wurden. Fremdenergien müssen aber im Gegensatz zu den Elementarwesen nicht immer böswillig oder belastend sein. Diese Energien sind schlichtweg anders und unserem Energiesystem unbekannt. Der Mensch tendiert dazu, alles, was er nicht kennt und woran er nicht gewöhnt ist, als negativ oder schlecht zu interpretieren. Das müssen aber Fremdenergien nicht unbedingt sein.

Fremdenergien können aus anderen Galaxien oder von fremden Planeten stammen und wollen uns dann vielleicht neue Impulse für unseren Weg aufzeigen. Diese Energien können auch teilweise damit beauftragt sein, uns im Erden-Dasein zu begleiten und zu beschützen. Wichtig ist, dass wir dennoch eine klare Unterscheidung zu Geistführern und Engeln aufrechterhalten. Denn diese Wesen stammen aus der Geistigen Welt und existieren jenseits des Universums. Wenn man Geistführer in der Aura erblickt, wirken sie eher schleierhaft und sehr subtil. Bei den Fremdenergien verhält es sich ganz anders: Diese haben meist eine etwas grobstofflichere Form.

Bei der Entfernung von Fremdenergien ist es ganz wichtig, immer die professionelle Hilfe von einem hellsichtigen Berater hinzuzuziehen, da dieser besser mit dem Wesen kommunizieren kann. Denn genau über die Kommunikation können sich viele fast von allein lösen. Es geht auch darum, die Botschaft, die hinter der Fremdenergie steht, zu verstehen und zu integrieren. Dies kann eine sofortige Entfernung der Energie nach sich ziehen. In vielen Fällen ist es schon sehr wirksam, sich zu bedanken und dem Wesen Liebe und Zuneigung kundzutun und ihm mitzuteilen, dass man dankbar für die geleistete Hilfe ist, man nun aber allein den eigenen Weg weitergehen möchte.

Sobald die Fremdenergie entfernt ist, sollte der Betreffende für mindestens einen vollen Tag absolute Ruhe haben. Denn die Aura-Energie muss sich neu sortieren und ordnen und das kann einen gewissen Stress auslösen. Außerdem ist man für Energieschwankungen sehr viel anfälliger. Ich rate meinen Klienten, nach der Entfernung von Fremdenergien unbedingt eine gewisse Zeit des Alleinseins. Der Kontakt mit anderen und somit auch anderen Energiefeldern kann nämlich in diesem Zustand zusätzlichen Stress auslösen.

Erst neulich hatte ich eine Frau bei mir in der Praxis, die mit einem Elementarwesen behaftet war. Als ich mich mit dem Wesen verbunden hatte, wusste ich nach kürzester Zeit, woher es kam und warum es da war. Das Wesen befand sich bereits seit über zwanzig Jahren bei dieser Frau und war von einer anderen Frau aus Missgunst und Neid erschaffen und genährt worden. Diese Frau war anscheinend in den Ehemann meiner Klientin verliebt und schickte ihr immer wieder starke negative Gedanken. Nach ihrer Ansicht war meine Klientin für ihren Schwarm in keinster Weise geeignet und wisse ihn auch gar nicht zu schätzen. Das auf diese Weise entstandene Wesen wirkte so stark in ihrem Energiesystem, dass sogar körperliche Symptome wie hormonelle Schwankungen und Knoten in der Brust spürbar wurden. Dies war alles auf das Elementarwesen zurückzuführen. Spannend war es auch, dass meine Klientin, sobald ich von dieser Frau sprach, sofort wusste, um wen es sich dabei handeln musste. Es gab anscheinend tatsächlich eine Frau, die ihr immer sehr negativ vorgekommen war.

Eine der Aufgaben des Wesens war es wie nebenbei auch, dass es meine Klientin daran erinnern sollte, was für einen wundervollen Mann sie hat und dass sie diese Beziehung wertschätzen müsste. Denn in der Realität kam die Liebe etwas zu kurz in ihrem Leben, und das Wesen versuchte, sie auf leider sehr unschöne Weise daran zu erinnern, dass es im Leben vor allem um Liebe geht. Nachdem ich mit diesem Wesen gesprochen hatte und wir gemeinsam durch einen Lichtprozess der Vergebung gingen, so wie es mir von meinen Geistführern für diese Session aufgezeigt wurde, war es verschwunden, und meine Klientin war nach wenigen Tagen komplett geheilt. Für sie war es wie ein Wunder, für mich eine Befreiung einer weiteren Seele. Vielen Dank an meine geistigen Helfer!

Etwas, was mir sehr am Herzen liegt und was ich hier noch vertiefen möchte, ist, dass diese Energien, die wir als böse oder schlecht einstufen, nicht aus dem äußeren Universum oder aus der Geistigen Welt stammen. Diese Energien haben ihren Ursprung in uns Menschen und somit auf der Erde. Die Frage ist nur, ob wir diesen negativen Energien Leben verleihen oder nicht. Tun wir dies, können wir uns selbst und auch anderen Lebewesen den größten Schaden zuführen. Alle Besetzungen entstehen nach diesem Prinzip, wobei es zu einer Belagerung einer labilen Seele mit geballten negativen gedanklichen Energien kommt.

Wie kann man es aber verhindern, dass Fremdenergien in das eigene Energiefeld eindringen können? Das ist eigentlich sehr einfach. Das Wichtigste zum Schutz vor fremden Energien ist, in der eigenen Mitte und Kraft zu sein und eine hohe Schwingung zu pflegen. Wir haben ja bereits vom Metabolismus in der Aura gesprochen, der sich bei immer mehr Menschen einstellt. Genau dieser stellt auch sicher, dass wir keine Energien an uns haben können, die eigentlich nicht zu uns gehören. Diese werden immer wieder automatisch entfernt, wenn der Metabolismus funktioniert. Und dies ist vor allem dann der Fall, wenn die eigene Schwingung hochgehalten wird. Wie du das tun kannst, hast du bereits lesen und lernen können. Diese Übungen und Anregungen sind der sicherste und auch der zuverlässigste Schutz. Wenn es jedoch sein sollte, dass dein Energiesystem nicht ganz ausgeglichen ist und es vielleicht Blockaden gibt, wäre es gut, dich noch zusätzlich zu schützen.

Dabei geht es eigentlich nicht vordergründig um den Schutz, sondern eher darum, einen Ausgleichsmechanismus einzubauen, der sicherstellt, dass alle fremden Energien entfernt werden, sobald sie in dein System eindringen. Dabei können Visualisierungsübungen sehr gut helfen. Was wir denken und in uns sehen, das sind wir, und wir strahlen auch genau diese Information in unsere Aura aus. Ich möchte dir hier mein Lieblingsritual erklären, das ich persönlich auch sehr gern anwende, wenn ich merke, dass ich zusätzlichen Schutz benötige.

Ein kleines Schutzritual

– Für diese Übung musst du keine bestimmte Position einnehmen. Es spielt also keine Rolle, ob du stehst, sitzt oder liegst. Wichtig ist, dass du für einige Momente die Augen schließen und für dich sein kannst. Es ist auch nicht unbedingt erforderlich, dass du allein bist oder dass es um dich herum still ist. Du nimmst dir für dieses Ritual einfach ein paar Momente Zeit.

– Nun stell dir vor, dass du inmitten einer goldenen Pyramide stehst. Diese Pyramide hat ein starkes Fundament und ist von innen nach außen durchsichtig, von außen nach innen jedoch nicht. Die Pyramide schimmert in einem wundervollen Goldton und du bist von Licht umgeben. Die Spitze der Pyramide ist offen und von oben fließt göttliches Licht direkt in deinen Körper hinein. Du siehst, dass sich auch deine Geistführer und Engel in der Pyramide eingefunden haben. In diesem Schutzraum fühlst du dich geborgen und sicher und von der Geistigen Welt getragen.

Diese Visualisierung braucht nur wenige Momente zu dauern, es ist nicht nötig, dass du das Bild der Pyramide über Minuten hinweg aufrechterhältst. Vertraue auf den Schutz deiner Pyramide, die dich so lange schützt, bis du das nächste Mal einschläfst. Dann wird sich dein Schutz automatisch lösen und du solltest ihn am nächsten Tag erneuern. Nachts löst er sich auf, da viele von uns auf astralen Ebenen wandern gehen, und dies wäre mit dem Schutz nicht möglich. Besonders schön bei diesem Ritual ist, dass die Verbindung zum Göttlichen nicht unterbrochen wird, da die Pyramide oben offen ist.

Ich empfehle dir, dieses einfache innere Ritual täglich nach dem Aufwachen oder bevor du dein Zuhause verlässt zu machen. Vor allem Frauen, die ihre Periode haben, sollten unbedingt diesen Schutz um sich herum aufbauen. Denn als Frau ist man in dieser Phase des weiblichen Zyklus sehr verletzlich und auch energetisch durchlässiger. Im alten Indien und auch in anderen Kulturräumen lebten Frauen, die ihre Periode hatten, immer in einem speziell dafür eingerichteten Haus, wo sie bedient und umsorgt wurden. Als Frau befindet man sich nämlich in dieser Zeit in einer inneren Reinigung und Regeneration, und dies braucht Zeit und Kraft. Heute wird diesen ganz besonderen und wichtigen Tagen der Frau kaum Beachtung geschenkt, was immer mehr dazu führt, dass auf hormoneller Ebene extreme Schwankungen auftreten. Durch die Zuführung von »fremden« Hormonen wird dann das weibliche System noch zusätzlich belastet, was dazu führen kann, dass sich die Frau komplett von ihrer Weiblichkeit, Sexualität und Kraft entfernt.

Abgesehen vom eigenen System kann man natürlich auch das eigene Zuhause oder das Büro vor Fremdenergien schützen. Auch hierfür kann man das beschriebene Schutzritual einsetzen, indem man sich das Haus beziehungsweise das Büro in der goldenen Pyramide vorstellt. Zusätzlich sollte man natürlich auch das Innenleben der Räume angenehm und energetisch hochwertig gestalten. Das wird einen zusätzlichen automatischen Schutz aufbauen. Wie man Räumlichkeiten energetisch aufwertet, hast du ja schon bei der Vorbereitung für ein Aura-Coaching gelesen.

Nun hast du gelernt, wie du deine Schwingung erhöhen, das Unterbewusstsein reinigen und das feinstoffliche

System deines Körpers stärken kannst. Zu guter Letzt haben wir uns auch das Thema der Fremdenergien angeschaut. All diese Dinge sind für jeden, egal ob er gerade ein Thema zur Aufarbeitung hat oder nicht, interessant und wichtig. Viele der emotionalen, mentalen und körperlichen Beschwerden resultieren nämlich aus genau diesen Faktoren, die sich teilweise gegenseitig bedingen: Fremdenergien oder Elementarwesen, zu niedrige Schwingung aufgrund von falscher Ernährung oder mangelnder Bewegung, Überbelastung der Chakras oder Staus in den Meridianen beziehungsweise Nadis aufgrund unverdauter Emotionen. Natürlich gibt es auch ganz andere Gründe, weshalb Menschen Schwierigkeiten haben. Einiges davon möchte ich nun ansprechen und dir Methoden aufzeigen, wie man gezielt bestimmte Themen in der Aura ausbalanciert.

Aura-Felder gezielt ausgleichen: in Partnerschaft und Liebe

Wenn wir die Aura lesen, egal ob hellsichtig, hellfühlend oder hellwissend, werden sich uns bestimmte Themen in gewissen Feldern zeigen. Dabei kann es sein, dass dir innere Bilder oder Eindrücke kommen, die dir zeigen, dass manche Lebensbereiche nicht im Fluss oder sogar blockiert sind. Ich möchte dir in diesem Abschnitt die Themen – vor allem im Bereich der Beziehungen –

näher erläutern, die mir immer wieder in meinen Aura-Coachings begegnen. Vor allem geht es mir dabei darum, dass du Methoden und Techniken kennenlernst, mit denen du bei dir selbst oder bei anderen diese Imbalancen neutralisieren kannst. Es ist sehr wichtig, dass wir im Zuge der Transformation beginnen, unsere eigenen Themen zu sehen und aufzulösen. Denn je weniger »Gepäck« wir auf emotionaler, seelischer, körperlicher und mentaler Ebene mit uns schleppen, desto besser werden wir mit dem Aufstieg der Erde mithalten können.

Neben körperlichen Beschwerden ist die Liebe das Hauptthema vieler Menschen, die mich aufsuchen. Dabei scheinen sich immer wieder die gleichen Themen aufzutun, sodass ich denke, dass diese partnerschaftlichen Probleme global auftreten und alle auffordern, in der Liebe ehrlich zu sich selbst und insbesondere zum Partner zu sein. Dies sind die konkreten Themen, die wir hierbei besprechen wollen, insbesondere auch im Hinblick darauf, wie sie sich in der Aura zeigen:

- Unfreiwilliges Single-Dasein
- Mangelnde körperliche und emotionale Nähe
- Dritte im Beziehungsfeld
- Misstrauen und fehlende Herzöffnung.

Unfreiwilliges Single-Dasein

Im Türkischen gibt es ein Sprichwort, das besagt, dass Alleinsein nur etwas für Gott ist. In unserer Zeit aber leben immer mehr Menschen unfreiwillig ein Single-Dasein und haben große Mühe, den richtigen Partner zu finden. Viele sind, egal welchen Alters oder Geschlechts, nahezu ein Leben lang auf der Suche nach dem oder der Richtigen. Leider bleibt bei sehr vielen diese Suche ergebnislos, nicht zuletzt deshalb, weil es etliche energetische Ursachen geben kann, die der betroffenen Person in den meisten Fällen verborgen bleiben. Nicht nur deshalb ist es wichtig, professionelle Hilfe aufzusuchen, die die Aura energetisch abscannt. Einer der häufigsten Gründe, wieso Menschen nicht die Liebe des Lebens finden können, liegt darin, dass sie Hybridseelen sind.

Wir werden uns noch genauer damit befassen, welche Informationen ich über die Channelings hierzu erhielt. Jetzt nur so viel: Hybridseelen sind von der Geistigen Welt erschaffene Seelen, die aus zwei verschiedenen Seelenaspekten bestehen, einem menschlichen und einem geistig-spirituellen. Der geistig-spirituelle Seelenaspekt ist weder darauf ausgerichtet, ein Erden-Dasein zu führen, noch einen menschlichen Körper zu haben. Dieser Seelenanteil ist meist daran gewöhnt, als Licht mit Bewusstsein im Universum zu wandeln, ohne dabei eine körperliche Einschränkung zu haben. Hybridseelen sind daher ein bisschen wie zwei verschiedene Personen in ein und demselben Körper.

Bei Hybridseelen, die aus einer hundertprozentig geistig-spirituellen Seele bestehen, die einfach nur in einen menschlichen Körper eingeschleust wurde, spitzt sich das Ganze noch mehr zu. Diese Seele stammt aus anderen kosmischen Sphären oder von anderen Planeten und es wurde ihr sozusagen nur der menschliche Körper übergestülpt. Diese Seelen wurden ursprünglich nicht vom ewigen Licht Gottes abgespalten, um ein Erdenleben zu führen. Sie leben meistens nur einmal auf der Erde und werden dafür mit einer speziellen Mission beauftragt. Diese Menschen haben große Mühe, sich an das Erdenleben zu gewöhnen. Sie führen meist ein Leben, das nicht der Norm entspricht, und sind abgeneigt, Kinder zu haben oder eine Familie zu gründen. Dies ist einfach nicht in ihrem Seelenplan enthalten.

Auch diese Hybridseelen müssen das Feld des Vergessens passieren und vergessen, wer sie sind und wieso sie auf die Erde geschickt wurden. Es werden ihnen von ihren Freunden aus der Geistigen Welt immer wieder Botschaften übermittelt. Jedoch kann es sein, dass diese überhört werden. Natürlich tun sich diese Neulinge auch in der Liebe sehr schwer. Meist träumen sie von einer idealen Partnerschaft, können diese jedoch nie erlangen, da sie dafür einfach nicht erschaffen sind.

Ich bin Jeffrey zu einem Zeitpunkt in meinem Leben begegnet oder besser gesagt: Wir haben uns angezogen, als ich meinen Lebensweg wirklich erkannte und ihn auch selbstbewusst und mutig zu gehen begann. Wenn man Ja sagt zur eigenen Bestimmung, beginnt eine harmonische Anordnung der Energien zu wirken, im Innen und auch im Außen. Allein die Erkenntnis darüber, dass man eine Hybridseele auf der Erde ist, kann sehr viele innere Blockaden lösen und einen Prozess auslösen, der alle Imbalancen, auch im partnerschaftlichen Bereich, ausgleicht. Bei mir war das der Fall.

Es kann helfen zu wissen, dass sich Hybridseelen in den meisten Fällen in ihrem Körper nicht zu Hause fühlen und es auch nicht kennen, einen Partner zu haben und Liebe mit diesem zu teilen. Diese Menschen sind mehr darauf programmiert, jenseits der zwischengeschlechtlichen Ebene alle Menschen zu lieben. Mit diesen Voraussetzungen wird es natürlich sehr schwierig, den richtigen Partner anzuziehen und sich überhaupt der Liebe in dieser Form zu öffnen. In den Beziehungsfeldern der Aura vieler Hybridseelen beziehungsweise irdischer Neulinge kann man kaum klare Farben oder Formen erkennen, was auch wiederum darauf hindeutet, dass diese Form des zwischenmenschlichen Austauschs nicht in ihrem feinstofflichen System verankert ist.

Auf der bewussten Ebene sehnen sich diese Menschen aber sehr nach einer partnerschaftlichen Beziehung, scheitern jedoch immer wieder daran, sich jemandem anzunähern oder Nähe zuzulassen. Viele haben auch einen Fluchtreflex, der sie dazu bringt, vor einem passenden Partner zu fliehen, wenn es »ernst« wird. Diese Menschen tendieren auch oft dazu, ihre Ansprüche an den Partner so hoch anzusetzen, dass es eigentlich gar nicht möglich ist, einen Menschen zu finden, der diesen Anforderungen gerecht werden könnte.

Wenn diese Menschen jedoch viel Glück haben und es in ihrem Inkarnationsplan vorgesehen ist, einen Menschen zu finden, der auch eine Hybrideseele ist, steht dem irdischen Liebesglück nichts im Wege. Ich habe auch sehr lange gesucht und bin an sehr vielen Beziehungen gescheitert, da meine Ansprüche als Hybridseele immer sehr hoch waren. Mein Glück war es jedoch, Jeffrey zu treffen, der selbst eine Hybridseele ist. Zusammen lässt sich der Weg viel schöner, freudvoller und einfacher gehen.

Damit eine Hybridseele ihren Partner finden kann, wenn denn einer vorgesehen ist, ist es wichtig, zuerst den eigenen Seelenweg zu erkennen. Wenn die Hybridseele nicht erwacht, lebt sie nicht im Einklang mit ihrem Inkarnationsplan und Erfüllung wie beispielsweise in der Liebe kann nur sehr schwer gefunden werden. Zudem ist es sehr wichtig, dass die Hybridseele den eigenen Körper zu lieben, zu schätzen und zu nutzen beginnt. Viele leben nämlich ein Dasein komplett neben dem Körper, ohne sich wirklich in ihm wohl und aufgefangen zu fühlen. Dies kann zu großen inneren Krisen führen wie beispielsweise Magersucht.

Wenn es die Hybridseele schafft, zu erkennen, dass sie zwei Seelenaspekte in sich trägt, kann sich vieles in ihrem Leben verändern. Sie erkennt ihre inneren Potenziale, die Verbindung zur Geistigen Welt wird gestärkt und es kann mehr Lebensfreude ins Leben fließen. Sie beginnt sozusagen, den eigenen Seelenplan zu leben, und kann zudem die eigenen Energien auch besser steuern, sodass sie den richtigen Partner anzieht.

Somit ist der Hybridseele und auch anderen irdischen Neulingen unbedingt zu empfehlen, sich mit dem Körper auf heilvolle und liebevolle Weise auseinanderzusetzen. Dies kann man in Form von Eigenmassage, Meditationen, erdender Ernährung und bewussten Körperübungen wie Yoga oder Tai-Chi angehen. Natürlich helfen in diesem Falle auch Affirmationen, die dem Unterbewusstsein bezeugen, dass der Körper willkommen und gewollt ist und dass zwischenmenschliche Liebe ersehnt wird und gelebt werden will.

In meinen Aura-Coachings machen sich Themen in der Partnerschaft und Liebe wie beschrieben meist auf der linken Aura-Seite (vom Klienten ausgehend) bemerkbar. Die linke Aura-Seite ist die gefühlsbetonte Seite, bei der es vor allem um emotionale Themen geht. Im Beziehungsfeld werden in den meisten Fällen die Farben Rosa und Rot auftauchen, wobei das Rosa mehr im Vordergrund steht, wenn die Beziehung harmonisch verläuft. Verschiedene Farbaspekte von Rot tauchen – bei mir, aber auch bei vielen anderen Hellsichtigen – immer dann auf, wenn es auf der Beziehungsebene etwas zu bearbeiten gibt. Hierzu gehören Themen wie mangelnde Selbstliebe, Selbstsabotage und -kritik, fehlendes Vertrauen und ungenügende Herzöffnung gegenüber anderen oder dem Partner.

Wenn es um Erfüllung in der Liebe geht, gehört es zum Wichtigsten, dass man in der Lage ist, sich selbst zu lieben. Selbstliebe erweckt den Funken von Liebe in unserem Inneren und macht es überhaupt erst möglich, für Liebe empfänglich zu werden. Mangelnde Selbstliebe kann sich in der Aura als sehr blasses Rosa oder dunkles

Rot zeigen. Wenn sich diese Information von mangelnder Selbstliebe in der Aura festsetzt, wirkt sich das auf die gesamte energetische Abstrahlung aus. Der Mensch sendet über seine Energiefelder ständig die entsprechende Information aus. Ich möchte dies in diesem Kontext den Resonanzkörper nennen, denn je nach ausgesandter Information zieht man die entsprechenden Dinge und Menschen im Leben an. Wenn in der Aura die Information von mangelnder Selbstliebe enthalten ist, wird man natürlich entweder keinen Partner anziehen oder einen, mit dem die Beziehung nicht wirklich auf Liebe basiert.

Vielleicht erkennst du dieses Thema an dir selbst oder auch bei Menschen, mit denen du energetisch arbeitest. Dann ist es wichtig, es mit verschiedenen Methoden und Übungen aufzuarbeiten. Selbstliebe kann nur dann gedeihen, wenn man vorher die Selbstvergebung durchlebt hat. Viele Menschen können sich über Jahre hinweg selbst nicht vergeben, für Dinge, die sie sich selbst oder anderen Menschen angetan haben. Ohne Selbstvergebung ist es jedoch nicht möglich, das Herz für die Liebe zu öffnen.

Es ist eine Sache der Unmöglichkeit, einen Menschen ins Leben zu ziehen, der einen lieben soll, wenn man es selbst nicht tut. Diese Form mangelnder Selbstliebe ist meist auch mit starker Selbstkritik und Eigensabotage verbunden, was sich in der Aura in einem kräftigen Dunkelrot zeigen kann, das in seiner Erscheinung eher löchrig wirkt. Zum Teil werde ich von der Leuchtkraft dieses Rots geblendet, und dies zeigt, dass dieses Gebiet in der Aura sehr aktiv ist und insbesondere mit der Energie von Vorwürfen, Selbstmitleid und Selbstbestrafung verbunden ist. Betroffenen empfehle ich die Mitgefühlsmeditation, die in einer verwandten Form aus dem Buddhismus stammt und in der Lage ist, das eigene Herz zu öffnen.

Mitgefühlsmeditation

– Nimm eine bequeme und stabile Sitzhaltung ein. Spüre, wie geerdet und in dir ruhend du bist, und nimm wahr, dass die Erde dich liebevoll stützt. Atme in dieser vollkommenen Position bewusst ein und aus, ohne den Atem auf irgendeine Art und Weise beeinflussen zu wollen.

– Nun richte deine Atmung auf dein Herz und spüre, wie von diesem Ort aus ein warmes Licht nach außen strahlt und du dich in diesem Licht angenehm behütet und geliebt fühlst.

– Rufe dir jetzt einen Menschen ins Gedächtnis, den du liebst, mit dem du vollkommen im Reinen bist und der auch dich liebt. Es kann jemand aus dem Freundeskreis oder der Familie sein. Sieh diese Person vor dir und beginne, sie in das Licht deines Herzens einzuhüllen. Erlaube dir, dass dein Herz noch offener und weicher wird, und sende dein ganzes Mitgefühl zu diesem Menschen. Konkret musst du dir dabei nichts vorstellen, und es geht auch nicht darum, was du denkst, sondern um das, was du fühlst. Rufe dir ins Gedächtnis, was für Schwierigkeiten und Leiden diese Person schon zu durchleben hatte und wie du für all diese Dinge ein tiefes Mitgefühl in dir trägst.

– Und nun sprich innerlich folgende Sätze zu der Person, der du dein Mitgefühl geben möchtest: »Möge dein Herz voller Güte und Liebe sein und mögen alle Schwierigkeiten der Vergangenheit von deinem Herzen abfallen. Mögest du getragen sein von den sicheren Flügeln deines Herzens. Mögest du immer glücklich und gesund sein und die Buddhanatur in dir selbst erwecken.«

– Nun kannst du sehen, wie die Person lächelt und strahlt und sich ihr Herz nun auch für dich öffnet. Direkt aus dem Herzen des anderen kommt ein Licht auf dich zu und bringt dich zum Leuchten. Du blickst tief in die Augen dieses Menschen und kannst sehen, wie sie leuchten und dich mit tiefer und inniger Liebe anblicken. Du spürst das Mitgefühl, das dieser Mensch für dich spürt, und die Liebe, die er für dich empfindet. In ihr beginnt sich jetzt die Liebe zu reflektieren, die du für dich selbst empfindest.

– In diesem Moment erkennst du, wie liebenswert, voller Mitgefühl zu dir selbst und wertvoll du doch bist. Du öffnest dein Herz immer mehr für die Selbstliebe und erlaubst dir, alle Schwierigkeiten und Probleme der Vergangenheit loszulassen. Dein Herz beginnt sich zu heilen und für dich selbst zu öffnen. Gleichzeitig breitet sich in dir nun ein Gefühl von tiefer Dankbarkeit aus, für alles, was du bist.

– Du siehst und hörst, wie die geliebte Person nun Worte des Mitgefühls zu dir spricht: »Möge sich dein Herz in diesem Moment erweichen und mögest du den Ozean der Liebe in dir spüren. Das Hier und Jetzt ist frei von allen vergangenen Schmerzen und Leiden und du lässt zu, dass dein Herz aufblüht.«

– Während der andere zu dir spricht, ist es fast so, als wärest du derjenige, der zu dir spricht. Und tatsächlich beginnt sich der andere Mensch nun in dich zu verwandeln, und du siehst, wie du direkt vor dir selbst stehst und dich selbst anlächelst. In wenigen Momenten verwandelst du dich nun in deine kindliche Form. Du nimmst dich als Kind in deine Arme und schenkst dein tiefstes Mitgefühl diesem Erdenkind, das du bist.

– Genieße das Getragensein und die Selbstliebe. Wenn du dich so weit fühlst, komm langsam aus der Meditation zurück und lass die erweckte Energie des Mitgefühls in dir nachschwingen.

Jeder Einzelne ist heute aufgefordert, sein Herz zu öffnen, um eine Gegenkraft zum Leiden der Erde abzustrahlen. Dies können wir am besten mit der Mitgefühlsmeditation erreichen, vor allem auch dann, wenn wir unser Mitgefühl auf die gesamte Welt ausdehnen. Am einfachsten und effektivsten ist es, wenn du die Meditation in den für dich passenden Worten ruhig und langsam mit deiner eigenen Stimme auf eine CD aufzeichnest. So kannst du sie abspielen und musst die verschiedenen Stufen nicht im Buch nachlesen. Aber du kannst sie auch verinnerlichen und dann frei üben. Halte dich bei dieser Meditation nicht daran fest, ob du etwas sehen oder dir vorstellen kannst. Darum geht es nicht so sehr, sondern um das Gefühl, das in dir ausgelöst wird. Meist setzen die Effekte erst nach einigen Malen des Übens ein, da es ja auch ein Heilprozess deines Herzens ist.

Zum Schluss dieses Abschnitts möchte ich noch kurz auf das Thema Gelübde eingehen. Ich kann es immer wieder in Sitzungen wahrnehmen, dass Menschen noch in alten Gelübden verstrickt sind und somit in der jetzigen Inkarnation ihre Erfüllung in der Liebe nicht finden können. Eine meiner Klientinnen erlebte beispielsweise immer wieder, dass sie verlassen wurde, sobald eine Beziehung ernst zu werden begann. Als ich in ihr Beziehungsfeld blickte, kamen Bilder aus einer früheren Inkarnation von einem ihrer Seelenaspekte in mir hoch und machten mir deutlich, dass sie sich einem Mann versprochen hatte, und dies bis in alle Ewigkeit. Die Ewigkeit kann aber ganz schön lange dauern, und in diesem Fall wurde ihre gegenwärtige Inkarnation von dem Gelübde noch immer sehr stark beeinflusst. Ich ließ die Frau ein paar kraftvolle Sätze sprechen, um das alte Gelübde loszulassen, und trug ihr auf, dass sie in den kommenden Nächten ein rotes Tuch um ihre Hüften tragen solle und den Engel Seraphina rufen solle. Dies war die Botschaft, die ich von der Geistigen Welt empfing. Sie tat dies und hatte am dritten Abend einen wunderschönen Traum, in dem sie einem Mann begegnete, mit dem sie sich sehr stark verbunden fühlte. Sie sah sich selbst, wie sie sich von ihm verabschiedete. Es brauchte nur wenige Monate, bis sie den Mann ihres Lebens fand und mit ihm glücklich wurde. Wie du sehen kannst, können alte Gelübde, die man geleistet hat, das Beziehungsfeld blockieren. Sie können aber mit der richtigen Methodik sehr schnell auch gelöst werden.

Mangelnde körperliche und emotionale Nähe

Nun haben wir uns damit befasst, was heute häufige Gründe für ein Single-Dasein sind und wie man damit umgehen kann. Natürlich gibt es aber auch Menschen, die in einer Beziehung sind, sich aber gleichzeitig aufgrund mangelnder körperlicher und emotionaler Nähe allein und verlassen fühlen.

Zeit ist in unserer Gesellschaft zur Mangelware geworden und alle möglichen Dinge laufen meist nicht schnell genug für uns. Hinzu kommt die Tatsache, dass es auch vermehrt Zeitlöcher gibt, die uns die Zeit regelrecht wegschlucken, sodass die effektive Zeit viel kürzer erscheint als die vermeintliche. Das ist eine Problematik, die auch viel Leiden auf der partnerschaftlichen Ebene auslösen kann. Einer der häufigsten Gründe dafür, dass sich Menschen in Beziehungen voneinander entfernen, ist tatsächlich, dass man schlichtweg keine Zeit zur Pflege der Partnerschaft aufbringt. Es gibt keine Zeit für einen emotionalen, geistigen oder körperlichen Austausch. In der Aura findet sich dies meist symbolisch dargestellt, indem man die zwei Partner intuitiv wahrnimmt und sieht, dass zwischen ihnen eine Kluft besteht. Verschwommene Farben von Rosa und Grün weisen dann meist auf ein gestörtes emotionales Verhältnis hin. Zumindest nehme ich es so wahr.

Mangelnde körperliche Nähe zwischen den Partnern treffe ich bei fast allen Menschen an, die auch ein Beziehungsthema haben. Meistens hängt dies damit zusammen, dass sich die Menschen von ihrem eigenen Körper entfremdet haben, sich mit sich selbst körperlich nicht auseinandersetzen und dies auch nicht wollen. Auch das trifft sehr oft auf Hybridseelen zu. Um mit einem anderen Menschen auf sexuell-körperlicher Ebene Freuden austauschen zu können, muss man es auch allein mit sich selbst können. Das läuft fast nach dem gleichen Prinzip wie bei der Selbstliebe. Bist du nicht imstande, dich selbst zu lieben, wird es auch kein anderer sein. Das gilt genauso für den Sex. Erschwerend kommt hierbei hinzu, dass es von den Eltern übernommene Muster und Tabu-Themen geben kann, die das sexuelle Feld komplett blockieren. Dies sieht man meist über eine feinstoffliche Verbindungslinie zum morphologischen Feld.

Solch eine Verbindung konnte ich einst bei einer Klientin feststellen. Sie wirkte sich so stark in ihrem Unterleib aus, dass die Frau nicht schwanger werden konnte. Es war in ihr ein von der Mutter übernommenes Programm installiert, das sie unbewusst denken machte, dass Sex etwas Schmutziges sei. Dies blockierte meine Klientin so sehr, dass die Unterleibsorgane nicht zusammenarbeiteten, um neues Leben zu erschaffen. Nachdem wir mit einem Trance Healing und dem Einsatz von Affirmationen gearbeitet hatten, dauerte es keine zwei Wochen, bis sie schwanger wurde.

Um die Themen der mangelnden emotionalen wie auch sexuellen Nähe aufzulösen, sollte man an verschiedenen Punkten ansetzen:

- Selbstliebe fördern
- Liebevolle und aufmerksame Auseinandersetzung mit dem eigenen Körper

- Auflösen von karmischen und unbewussten Mustern der Eltern, falls eine Verbindung zum morphologischen Feld in dieser Hinsicht vorhanden ist (siehe unten),
- Sich Zeit nehmen für den anderen.

Ich bin immer sehr vorsichtig damit, Menschen dazu zu raten, den Partner zu verlassen, wenn es auf der emotionalen und/oder körperlichen Ebene nicht (mehr) funktioniert. Denn ich bin der Überzeugung, dass der Partner an unserer Seite immer »der Richtige« ist. Die Frage ist nur: Wofür ist er der Richtige? Vielleicht ist dieser Mensch in unser Leben getreten, damit wir neue Lernfelder erleben und so in unserer persönlichen Entwicklung vorankommen. Viele Menschen sind ständig auf der Suche und verpassen es dabei, zu erkennen, dass der Mensch in ihrer nächsten Nähe der Beste für sie in diesem Moment ist.

Natürlich gibt es auch Beziehungen, die ihren Dienst an beiden geleistet haben. Dann ist es am besten, sich zu trennen und wieder eigene Wege zu gehen. Diese Erkenntnis kann aber vom Aura-Coach nur leicht angedeutet werden. Die Schritte muss der Mensch dann selbst entscheiden und gehen. Oft werde ich in solchen Fällen gefragt, ob um die Beziehung gekämpft werden sollte oder ob man den anderen nicht aufgibt. Ich rate hier ungern. Der beste Weg ist immer der, der dir von deinem Herzen aufgezeigt wird. Die Zukunft steht nirgends geschrieben. Ich kann zwar in der Aura Trends ablesen, in welche Richtung sich etwas entwickeln kann, diese Trends können sich aber schlagartig ändern, wenn man umdenkt und die eigene Energie in andere Bahnen leitet.

Einmal beispielsweise hatte ich ein Paar in meiner Praxis, das sehr stark unter partnerschaftlichen Krisen litt, und es war auch vermehrt zu Betrug gekommen. Ich konnte in der Aura des Mannes ganz genau ablesen, dass er in einem Schattenprozess war. Das bedeutet, er war in einer Phase seiner Entwicklung, in der es darum geht, alle eigenen inneren Seiten zu sehen und aufzuarbeiten, die er über Jahre hinweg nicht sehen und auch nicht akzeptieren wollte. Sein negatives Potenzial war an die Oberfläche gelangt, was zum Teil auch immer wieder zu Wutausbrüchen führte. Diese Erklärung machte für ihn absolut Sinn. Er brauchte einfach Zeit, um seinen Schattenprozess zu vollenden, und in dieser Zeit war es ihm nicht möglich, die Liebe zu pflegen. Eher verletzte er immerzu seine Partnerin. Ich gab beiden den Ratschlag, sich etwas Zeit zu gönnen, um sich dann neu wieder finden zu können. Nachdem sich das Paar eine gewisse Zeit Abstand gegeben hatte, waren sie in der Lage, ihre Liebe in neuer Fülle zu erleben.

Dritte im Beziehungsfeld

Natürlich ist eine Beziehung, die nicht auf emotionaler Tiefe gegründet ist, viel anfälliger auf Eingriffe von außen. Viele der nicht funktionierenden Beziehungen sind Fremdenergien jeglicher Form ausgesetzt. Das kann der Neid auf andere oder von anderen sein oder auch Affären, die man neben der hauptsächlichen Beziehung führt.

Wenn es um Neid geht, kann ich eigentlich nur jedem raten, davon abzulassen. Neid ist etwas, was in erster Linie dem Schaden zufügt, der diese Emotion empfindet. Als Energieform kann sich Neid in der Aura in den Farben Gelb und Orange zeigen, zumindest nehme ich es so wahr. Er hat eine extrem chaotische Wirkung auf das ganze System. Was man dem anderen nicht gönnt, wird nämlich auch einem selbst nie zuteilwerden. Das ist ein Punkt, den man begreifen muss, viele scheitern aber daran, diese Wahrheit zu verinnerlichen. Neid ist auch immer ein Zeichen von fehlendem Mitgefühl sich selbst und natürlich auch anderen gegenüber. Auf der einen Seite kann Neid also das eigene Energiefeld stören, aber auch das des anderen, auf den der Neid projiziert wird. Im orientalischen Kulturraum gibt es gegen Neid das Symbol des blauen Auges, mit dem du bereits geübt hast, energetische Abstrahlungen wahrzunehmen. Dieser blaue Stein in Form eines Auges dient dazu, den »bösen Blick« abzulenken. Dieses Auge trägt man nicht nur am Körper, sondern hängt es auch gern zu Hause auf, um Neider abzuschrecken.

Neid kann natürlich auch die Beziehung zwischen zwei Menschen stören, wenn jemand Drittes sie ihnen missgönnt. Die Beziehung leidet umso stärker darunter, wenn diese dritte oder sogar noch weitere Menschen mit unschönen Absichten in das Beziehungsfeld eintreten. Von einer Affäre oder Ähnlichem muss der Partner nicht einmal etwas wissen. Energetisch wird es aber wahrgenommen, egal ob man hellfühlig ist oder nicht. Vielleicht schleichen sich Gefühle des »Nicht-verstanden-Seins« und der emotionalen Distanz ein, die daraus resultieren, dass der/die andere nicht ehrlich ist. Diesen Fall kann man in der Aura meist sehr schnell und einfach sehen. Meist zeigt er sich in einer Art von Dreieck, das symbolisiert, dass noch eine dritte Person im Beziehungsfeld steht und die Energie dort diffundiert.

Auch in einem solchen Fall sollte man – zumal als beginnender Aura-Coach – sehr vorsichtig sein, bis die eigene Intuition und Hellfühligkeit geschult und sehr klar sind. Ich rate meinen Schülern immer, sich dabei vom Groben ins Detaillierte vorzuarbeiten. Das heißt, die Information, die man aus der Aura erhalten hat, sollte nicht sofort offenbart, sondern in »kleinen Häppchen« serviert werden. Dafür braucht es anfangs meist noch etwas Übung.

Es gibt verschiedene Rituale, die man einsetzen kann, um das Beziehungsfeld vor fremden Einflüssen zu schützen. Auch hierfür kann ich die Visualisierung mit der goldenen Pyramide empfehlen. Man stellt einfach sich selbst und den Partner dort hinein und baut so einen Schutz vor Fremdenergien auf. Unabhängig davon aber ist natürlich ein ehrlicher und offener Austausch auf der körperlichen und gefühlsmäßigen Ebene essenziell dafür, dass man in der Beziehung harmonisch und glücklich leben kann. Im Folgenden möchte ich eine kleine Partnerübung erläutern, die auch dazu dient, Fremdenergien aus dem Beziehungsfeld zu verbannen.

Verbannung von Fremdenergien aus der Beziehung

– Setz dich deinem Partner gegenüber, fasst euch an den Händen und beginnt, euch für einige Momente in die Augen zu blicken. Dabei richtet die Frau den Blick in das linke Auge des Mannes und der Mann schaut in das rechte Auge der Frau. Nehmt gemeinsam ein paar tiefe Atemzüge und schließt dann eure Augen.

– Stellt euch nun vor, dass ihr in der Mitte der Brust, dort wo das Herz-Chakra liegt, einen funkelnden Stern habt. Er beginnt immer weiter und heller zu strahlen, bis der gesamte eigene Körper und der des Partners in Licht eingehüllt ist.

– Dieses Licht fühlt sich warm und durchdringend zugleich an.

– Während ihr nun beide beginnt, dieses Licht ein- und auszuatmen, spürt ihr, wie auf der Herzensebene eine Lichtstraße zwischen euch aufgebaut wird. Ihr habt gleichzeitig das Gefühl, in dem anderen »drin« zu sein und euch vollkommen fühlen und berühren zu können.

– Nun ruft ihr gemeinsam, während ihr immer noch im Licht des Herzens eingehüllt seid, Erzengel Michael herbei und bittet ihn, jegliche Fremdenergien aus eurem Beziehungsfeld zu entfernen. Dabei werdet ihr vielleicht einer blauen, etwas kühleren Energie gewahr, die euch umgibt. Diese Farbe gehört zu Michael, und er sorgt dafür, dass die Aura von euch beiden gereinigt und alle anderen Energien, die nicht zu euch gehören, beseitigt werden.

– Bleibt so lange in der Position und Übung, bis ihr das Gefühl habt, dass die Energien um euch herum abflachen. Das

- kann schon nach wenigen Momenten der Fall sein, wenn ihr kaum mit Fremdenergien belastet seid.
- – Wenn ihr beide wieder ganz im Hier und Jetzt seid, ist es wichtig, dass ihr euch über das Erlebte austauscht.

Eventuell ist der männliche Part in der Beziehung gegenüber solchen Ritualen eher skeptisch eingestellt und die Frau stößt auf Widerstände. Auch dafür gibt es eine Lösung. Die Frau übt dann allein und stellt sich einfach vor, wie der Mann ihr gegenübersitzt. Energetisch ist dies fast genauso effektiv. Wenn der Mann allerdings eine Affäre hat, die er nicht loslassen möchte und die die Frau belastet, wird diese Übung allein nicht hilfreich sein. Dann müssen sich beide auch auf anderen Ebenen mit diesem Thema auseinandersetzen.

Wenn man jegliche Fremdenergien aus dem Beziehungsfeld entfernt, aber noch immer nicht die Erfüllung in der Partnerschaft gefunden hat, sollten beide beginnen, ein Auge auf das eigene Innenleben zu werfen. Vor allem sind dabei Muster, die man von der Beziehung der Eltern zueinander übernommen hat, sehr wichtig. Überprüfe für dich, ob es dort Dinge gibt, die sich in deiner Beziehung spiegeln. Wenn ja, solltest du unbedingt dieses Karma löschen. Wie das geht, wird die nächste Übung zeigen.

Spannenderweise erlebte ich einmal während eines Aura-Coachings, dass eine dritte Person im Beziehungsfeld nicht unbedingt ein Störfaktor sein muss. Meine Klientin führte eine Doppelbeziehung, das heißt, sie hatte eine Beziehung zu zwei Männern, die auch voneinander wussten. Dies konnte ich auf Anhieb in ihrer Aura wahrnehmen, und mir war nicht ganz klar, was diese dritte Person im Beziehungsfeld zu suchen hatte. Diese Doppelbeziehung jedoch pflegte die Frau schon sehr lange, sie war aber auch ständig von Gewissensbissen geplagt und fühlte sich stets gedrängt, sich zwischen den beiden Männern entscheiden zu müssen. Für mich war es in der Aura sehr deutlich abzulesen, dass sie wirklich pure Liebe zu beiden empfand und beide einen echten Platz in ihrem Herzen hatten. Sie taten ihr einfach gut, und im Gegenzug dazu lehrte sie beide Männer, dass man eine Frau nicht besitzen könne. Dies schien für beide Männer ein heikles Thema zu sein und durch meine Klientin durften sie darüber hinauswachsen. Im Aura-Coaching wurde ihr all dies klar, all die Zweifel konnten sich lösen. Sie beschrieb es so, dass eine große Last von ihr abgefallen war. Sie genießt seitdem die Liebe zu beiden Männern in vollen Zügen.

Misstrauen und fehlende Herzöffnung

Zuvor wollen wir uns mit inneren Themen beschäftigen, die wir nicht übernommen haben, wie zum Beispiel Misstrauen und die Angst davor, das Herz zu öffnen. Bei einer unserer Channeling-Sitzungen erhielten wir einmal die Botschaft, dass die Evolution der Herzen der Menschen nicht mithalten könne mit der technologischen Entwicklung unserer Zeit. Unsere Herzen seien noch sehr unterentwickelt. Das trifft natürlich nicht auf alle Menschen zu, aber immerhin auf sehr viele. Im privaten und im beruflichen Leben gehen wir häufig sehr unachtsam mit unserem eigenen Herzen und mit denen unserer Mitmenschen um. Das hat insbesondere damit zu tun, wie wir als Erdenmenschen auf der emotionalen Ebene miteinander kommunizieren und unsere Gefühle austauschen. Oft hieß es zudem aus der Geistigen Welt, dass wir es auf der Erde besonders schwer hätten, weil wir nicht über die telepathische Ebene, sondern sprachlich kommunizieren. Dies verfälscht ständig das, was wir wirklich fühlen und sagen wollen und macht es uns zudem noch möglich zu lügen. Würden Gefühle und Gedanken über die energetische Ebene hinweg ausgetauscht werden, wären Lügen und Betrug schlichtweg nicht möglich. Dies ist auf der Erde leider nicht so, und der Mensch sollte daher achtsam damit umgehen, was und wie er kommuniziert.

Natürlich beeinflusst dies auch unsere Beziehungen und insbesondere das Liebesleben. Viele öffnen ihr Herz nicht, weil sie Angst davor haben, verletzt zu werden. Auch scheint emotionale Nähe zum Teil gefürchtet zu werden, weil man sich in den Gefühlen am verletzlichsten fühlt. Da der Mensch immer von sich selbst ausgeht, sollte man die eigenen Absichten prüfen. Du könntest dich fragen: Würdest du die Gefühle deines Partners ausnutzen oder verletzen wollen?

Klar ist: Unsere spirituellen Anteile, die unser wahres Ich ausmachen, können gar nicht verletzt werden. Nur das Ego ist anfällig für Verletzungen emotionaler Natur.

Das heißt, je mehr man aus dem Ego heraus lebt und »liebt«, desto wahrscheinlicher ist es, dass man verletzt wird. Die Liebe des Ego ist noch dazu nur eine Scheinliebe, denn sie basiert immer auf Gegenseitigkeit: Wenn du mich liebst, liebe ich dich auch und umgekehrt. Das hat natürlich nichts mit Herzöffnung zu tun, sondern eher damit, dass man in den Mustern von Geben und Nehmen steckt.

Wahre Herzöffnung und erfüllende Liebe sind immer nur dann möglich, wenn wir auch auf die Gefahr hin, dass unser Ego verletzt werden könnte, lieben. Wenn man mit Bewusstsein an das Ego herangeht, erkennt man auch das Ego im Gegenüber. In den meisten Fällen ist es nämlich der Part, der ungeschickt handelt. Aber das Ego ist nicht die Essenz und das wahre Ich des anderen, und letztlich es ist es daher egal, was es tut. Diese Wahrheit ist mit unserem bewussten Verstand schwer begreiflich, denn auch darin ist unser Ego stark involviert. Wenn man jedoch das eigene Denken auf die eigentliche Größe erweitert, kann diese Wahrheit ins System integriert werden. Denn unser »Denken« findet nicht einfach nur im Gehirn statt, sondern auch in unseren Energiefeldern und Chakras. Dazu passt auch folgender Exkurs.

Karma und Gedanken

Vielleicht fragst du dich, was denn das Karma mit der Aura-Arbeit zu tun hat und wie beides im Zusammenhang miteinander stehen könnte. Ich habe auch lange überlegt, ob ich dieses Thema überhaupt ansprechen soll. Dann erschien es mir, vor allem aufgrund des spirituellen Erwachens auf der Erde, als sehr wichtig, meine Erfahrungen dazu mit dir zu teilen.

Karma ist weitaus mehr als das, was wir aus früheren Leben als Resultate unseres Seins und Handeln in das jetzige mitbringen. Es weist viele Zusammenhänge zu unserem Denken und den Chakras auf und beeinflusst alles, was wir waren, sind und sein werden.

Zum einen entsteht Karma vor allem dann, wenn negative beziehungsweise unharmonische Gedanken in unserem System auftauchen. Je nachdem zu welchem Chakra diese Gedanken thematisch gehören, werden diese negativ geladenen Informationen auf der Chakra-Ebene im System abgespeichert. Es sei denn, wir lösen die Negativität auf. Wenn nicht, verankern wir sehr viel Karma in unserem Energiesystem, und dies lagert dort eben nicht nur aus dem jetzigen Leben. Über die verschiedenen Seelenaspekte und natürlich auch über unsere Energiefelder nehmen wir das angehäufte Karma von einem Leben zum anderen immer wieder mit. Kurz gesagt: Mit jedem negativen Gedanken erschaffst du Karma, das sich in deinem Chakra-System unwiderruflich festsetzt und sich darauf auswirkt, welche gedanklichen Energien du aussendest.

Ein weiterer wichtiger Punkt im Zusammenhang mit Karma ist unser eigenes Denkvermögen. Es wäre fatal zu denken, dass du nur über dein organisch eingegrenztes Gehirn denkst. Dein Denkbewusstsein liegt außerhalb deines Gehirns und umfasst dein gesamtes energetisches System und darüber hinaus alle existierenden Energiefelder auf der Erde und im Kosmos. Das bedeutet wiederum, dass du dich über ein erweitertes Denken mit der Schöpferkraft und allen energetischen Wesen verbinden könntest. Leider funktioniert das nur sehr eingeschränkt, wenn die Chakras karmisch belastet sind und ihre Aufgabe nicht zu 100 Prozent erfüllen können.

Dies wirkt sich am stärksten auf unsere Hellsinne aus und überschattet das Licht unseres eigenen Könnens und Wissens. Auf einer für uns über das normale Bewusstsein nicht erreichbaren Ebene können wir jedoch alle Informationen in unser System runterladen und auch Informationen aussenden, um bestimmte Dinge auf der Erde zu materialisieren. Je weniger karmische Belastung unsere Chakras aufweisen, desto klarer und im Einklang mit dem ewigen Schöpfertum können wir mit den Hellsinnen auch an der Aura arbeiten. Dadurch wird die eigene Entwicklung stark vorangetrieben. Wir verlassen mit unserem Denken die irdisch eingeschränkte Ebene.

Vor allem geht es bei der Aussendung von Gedanken darum, dass wir die Dichte der gedanklichen Energie so verstärken, dass die Information bis zum Nirwana-Feld durchdringen kann. Über dieses Feld sind wir mit der schöpferischen Kraft verbunden und können alles in unserem Leben kreieren, so wie wir das wollen. Um die

Dichte eines Gedankens zu verstärken, kann man magische Rituale oder heilige Geometrie anwenden. Wenn dann zusätzlich auch die Frequenz der Gedanken gesteigert wird (man den Gedanken also häufig denkt), steht der Materialisation eines Wunsches nichts entgegen – bis auf die karmische Belastung auf der Chakra-Ebene.

Nun frage dich einmal: Wie viele von deinen Gedanken hast du täglich immer wieder in deinem Bewusstsein, und wie viele davon sind negativ oder destruktiv? Je öfter ein Gedanke gedacht wird, desto stärker wird er mit der Zeit und zieht wiederum Umstände an, die dich dazu zwingen, den Gedanken weiterzudenken. Das ist ein ganz typischer Teufelskreis, in dem viele Menschen stecken. Die einzige Methode auszusteigen, ist die, einen positiven Gedanken zu erschaffen und den Negativen damit zu überschatten. Dein Fokus sollte immer darauf gerichtet sein, was du willst, und nicht auf das, was du nicht willst. So vermeidest du, dass neues Karma entsteht und altes Karma verstärkt wird. Deswegen funktionieren auch Affirmationen, wenn sie richtig angewendet werden.

Es gibt wichtige Stufen, mit denen wir uns beschäftigen sollten, wenn wir Karma nicht nur zukünftig vermeiden, sondern auch altes verbrennen wollen. Als Beispiel kann das Thema Angst dienen, das bei den meisten Menschen da ist. Angst entstammt dem Wurzel-Chakra, und es geht dabei vor allem um mangelnde Liebe und Existenzängste. Wenn man nun die Angst auf der Chakra-Ebene identifizieren kann, ist man der Auflösung dieses Gefühls schon viel näher. Man kann dann eine Gegenkraft erzeugen, die die Angst neutralisiert – Dankbarkeit, Vertrauen, Liebe. Das ist ein Weg der Selbstvervollkommnung: Man entzieht dem Karma die Macht. Du bist immer stärker als dein Karma, wenn du dich dafür entscheidest, Karma und negativen Gedanken keine Energie mehr zu geben. Je weniger Karma wir an uns haben, desto höher schwingen wir und desto mehr positive Energie wird von unserem System aus erschaffen. So kann auch viel schneller eine Verbindung zum göttlichen Prinzip hergestellt werden, was nicht zuletzt auch das Hellwissen verstärkt.

Das ist eine sehr einfache Methode, Negativität und Karma aus dem Leben zu verbannen. Letztlich heißt das: Achtsamkeit in Bezug auf die eigenen Gedanken. Ich gebe zu, dass das zu Beginn etwas Übung braucht, bis man sich wirklich immer bewusst ist, was man denkt. Aber du kannst jeden negativen Gedanken neutralisieren, sobald du ihn wahrgenommen hast.

Negative Gedanken neutralisieren

– Nehmen wir an, du ertappst dich selbst bei Gedanken, die Unsicherheit und ein vermindertes Selbstwertgefühl ausdrücken. Denke darüber nach, wie die Gegenkraft zu diesem Gefühl aussehen könnte. In diesem Fall wären es Selbstliebe und Selbstbewusstsein.

– Lass für einen kurzen Moment diese positiven Gedanken in dir hochkommen und visualisiere vor deinem Gesicht eine kleine goldene Pyramide. Stell dir vor, dass du Selbstliebe und Selbstwertgefühl komprimierst und in diese Pyramide packst.

- Nimm einen tiefen Atemzug und schicke deine Pyramide mit der Ausatmung ins Universum. Augenblicklich wird diese negative Energie umgewandelt und kann sich in deinem System nicht als Karma festsetzen.

Es gibt natürlich auch viele praktische Wege, um Karma aufzulösen und zu neutralisieren. Wir können insbesondere negative Energien umwandeln, indem wir gute Taten vollbringen, wie auch immer diese aussehen mögen. Wenn wir anderen Menschen helfen, wird augenblicklich negatives Karma vor allem auf der Herzebene aufgelöst. Auch immer dann, wenn wir für uns selbst etwas Gutes tun, wenn wir beispielsweise Bewegung, Yoga, Meditation, ausgewogene Ernährung oder einfach freie Zeit genießen, heilen wir unser Sakral-Chakra auf der karmischen Ebene, und es können dadurch Selbstliebe und sexuelle Erfüllung gedeihen.

Natürlich gibt es auch viele verschiedene Meditationstechniken, die Karma verbrennen, und in diesem Zusammenhang ist vor allem der Aufgestiegene Meister Saint Germain sehr unterstützend. Er gilt als der Meister der Transformation und ist in der Lage, mit seinem ultravioletten Licht jegliches Karma aufzulösen. Wir wenden in der folgenden Meditation ganz bewusst wieder die heilige Geometrie an, um hochfrequente Schwingungen schneller zu uns zu ziehen.

Karma auflösen mit Saint Germain

– Zieh dich für etwa 20 Minuten an einen ruhigen und geschützten Ort zurück und schließe deine Augen. Achte darauf, dass dein Körper in einer ruhigen und aufrechten Position verweilt.

– Nimm ein paar bewusste Atemzüge und stell dir vor, dass du inmitten einer goldenen Pyramide sitzt.

– Nun rufe in Gedanken den Aufgestiegenen Meister Saint Germain an und bitte ihn darum, dich bei der Löschung von Karma auf allen Ebenen deines Seins zu unterstützen. Du wirst nun vielleicht verschiedene Phänomene wahrnehmen können wie zum Beispiel eine Veränderung in der Temperatur, innere Hitze oder ein Gefühl von schwerem Atem. Es könnte sich so anfühlen, als wäre die Luft um dich herum plötzlich viel dicker und kompakter. Das ist sehr typisch für die Präsenz von Saint Germain. Nimm diese Dinge für einen Moment wahr und lass sie dann gedanklich los.

– Nun versuche dir vorzustellen, dass du von einer violetten Flamme umgeben bist, die weder heiß noch kalt ist. Das Feuer lodert um dich herum. Du siehst dieses Bild vor deinem inneren Auge oder baust diesen Gedanken von der violetten Flamme für ein paar Momente auf und lässt ihn dann wieder komplett los.

– Nun geht es darum, dass du einfach nichts tust. Es werden verschiedene Bilder, Symbole und Körperempfindungen hochkommen, die mit der Löschung von Karma zu tun haben. Vielleicht tauchen sogar Szenen von vergangenen Erlebnissen auf, bei denen du Karma angehäuft hast. Es kann aber auch sein, dass nichts Merkliches passiert und du auch

nichts siehst. Das kann darauf hinweisen, dass deine Psyche
dich vor den inneren Bildern schützt. Es heißt jedoch nicht,
dass kein Karma gelöscht wird.

– Du solltest die Meditation so lange aufrechterhalten, bis
du merkst, dass keine Bilder oder Empfindungen mehr auf-
kommen beziehungsweise dass du innerlich unruhig wirst.
Dann bedanke dich bei Saint Germain und komm zurück
ins Hier und Jetzt

Zu Beginn kann es vorkommen, dass sehr viele innere
Bilder auftauchen. Mit der täglichen Praxis lassen diese
meist nach drei oder vier Wochen nach. Das ist dann das
Zeichen, dass der Großteil des alten und starren Karmas
gelöscht wurde. Du solltest aber auch dann die Meditation in regelmäßigen Abständen üben, um auch neu er-
worbenes Karma sofort wieder zu neutralisieren.

Aura-Felder gezielt ausgleichen: im Beruflichen

Ein anderes wichtiges Thema, wegen dem mich Menschen für ein Aura-Coaching aufsuchen, ist der berufliche
Bereich. Die Zahl der Menschen, die in ihrem Beruf nicht
glücklich sind und darin nicht die Berufung finden konnten, steigt mit jedem Tag auf der erwachten Erde. Die Zeiten sind definitiv vorbei, in denen wir aus reiner Bequem-
lichkeit und Existenzängsten eine Arbeit verfolgen sollten,

die uns Energie raubt und uns weder Inspiration noch Freude schenkt. Aber genau in diesen Mustern hängen noch viel zu viele Menschen.

Auch das berufliche Leiden beginnt damit, dass man seinen eigenen Lebensweg und die Verbindung zur Seelenheimat verloren hat. Man irrt im Leben auf der Suche nach Sicherheit herum, ohne zu wissen, dass es auf diesem Planeten etwas wie Sicherheit oder Stabilität nicht geben kann. Das Gesetz des Wandels wirkt auf der Erde. Sträubt man sich gegen diesen Wandel, vor allem in den heutigen Zeiten, wird es zu Krisen kommen, die alle Lebensbereiche betreffen, in denen man an Altem und Verbrauchtem festhalten möchte.

Heutzutage suchen viele Menschen in ihrem Beruf einen Weg der persönlichen und auch spirituellen Erfüllung. In der Realität sieht es aber so aus, dass die meisten arbeiten, um sich ihren Lebensunterhalt zu verdienen, weniger um Erfüllung zu finden. Diese Aspekte können in der Aura vor allem auf der rechten Seite des Klienten gesichtet werden. Dort spüre ich sehr oft die Energien von Frustration und Verzweiflung. Viele wollen einen sicheren Arbeitsplatz, der ihnen ein gesichertes Einkommen verspricht, zugleich aber auch viele Freiheiten und Spielräume für die persönliche Entfaltung. Zusammen klappt das selten. Ich höre sehr oft von meinen Klienten, die sich in solch einer Situation befinden, dass sie ja nicht wissen, was sie anderes tun könnten. Für sie geht es darum, dass sie sich als Erstes geistig für eine neue Arbeit öffnen, dass sie sie ernsthaft in Erwägung ziehen und sich mal fragen, was ihnen beruflich wirklich Spaß machen würde.

Der nächste Schritt ist, sich selbst in dieser neuen Arbeitswirklichkeit zu sehen, als wäre sie bereits existent. Das führt nämlich dazu, dass das Berufsfeld in der Aura aktiv wird und beginnt, die neue Information auszusenden, die der Neuorientierung und der Öffnung für neue Wege. Wenn Wille und Fokus stark genug sind, dürfte es nicht lange dauern, bis konkrete Hilfen und Zeichen von außen kommen, die den Weg in eine neue Arbeitswirklichkeit aufzeigen. Es braucht einfach den Mut, über das bereits Bekannte und Gewohnte hinauszudenken und sich Neuem zu öffnen.

Ich möchte im Rahmen dieses Buches das Berufliche nur ganz kurz streifen, da ich der Überzeugung bin, dass unsere Arbeit immer ein Spiegelbild der gelebten Liebe und Spiritualität in unserem Leben ist. Das heißt: Wenn man das Herz für sich selbst und die Mitmenschen öffnet und einen spirituellen Weg des Herzens geht, kann es gar nicht anders möglich sein, als dass man auch im beruflichen Feld die Erfüllung findet. Somit ist auch materieller Erfolg einfach nur eine Konsequenz der Öffnung unserer Herzen. Viele der bereits geschilderten Anregungen und Übungen helfen auch dabei.

Die Aura-Diät

Auch unsere Ernährung und unsere Beziehung zum Essen wirken sich auf unsere Aura, unsere energetische Ausstrahlung und das Wohlbefinden aus. In diesem Kapitel soll es daher vor allem darum gehen, zu erkennen, wie man die eigene Schwingung mit der richtigen Ernährung positiv beeinflussen kann.

Nahezu jeder Zweite, der mich für ein Coaching aufsucht, hat leichte bis gravierende Probleme mit der Verdauung und der Verträglichkeit von Lebensmitteln. Die meisten dieser Menschen haben bereits verschiedenste Ernährungspläne und Diäten ausprobiert, ohne jedoch einen merklichen positiven Effekt. Wir werden ja heutzutage mit unzähligen Ernährungsempfehlungen überhäuft und die Verwirrung darüber wächst immer mehr. Dabei vergessen die meisten Experten einen der wichtigsten Punkte beim Thema Ernährung: die Individualität eines jeden Menschen, die es unmöglich macht, eine Methode bei allen anzuwenden. Insbesondere beim Essen muss sich daher jeder Mensch selbst dazu ermächtigen, sein eigener Experte zu werden und zu spüren und zu erforschen, was ihm guttut und was nicht.

Typische Probleme mit dem Essen

Somit sind wir schon beim wichtigsten Punkt, wenn es um die richtige Ernährung geht, und das ist die Verbindung zum Körper und zu den Körperempfindungen. Ohne mit dem Körper verbunden zu sein und ihn spüren zu können, ist es nicht möglich zu wissen, welche Nahrungsmittel uns Energie geben und welche uns Energie rauben. Sehr oft kommt es vor, dass wir über die eigene Sättigungsgrenze hinaus Speisen zu uns nehmen und uns dann wundern, wieso Magen oder Darm rebellieren. Es ist ganz simpel: Der Mensch isst meist entweder zu viel oder zu wenig und/oder das Falsche. Die Ursache dafür liegt jedoch unter dieser offensichtlichen Schicht im energetisch-seelischen Aspekt.

Individuelle Gründe

Unterschiedliche Eigenheiten in der Aura können sich vielfältig auf das Essverhalten einer Person auswirken. Und natürlich wirkt sich auch das Essverhalten wiederum auf die Aura aus. Wie du mittlerweile weißt, sind physischer und Energiekörper eng miteinander verwoben. Einer der wichtigsten energetischen Punkte bei der Ernährung ist die Erdung. Ich treffe immer wieder Menschen an, die eine Störung im Essverhalten aufweisen, weil sie nicht geerdet sind. Auf der einen Seite gibt es die, die durch schwere Kost (viel Zucker, viele Kohlenhydrate, viel Fleisch) auf unbewusster Ebene versuchen, ihr Erdungsproblem zu beseitigen. Zusätzliche Pfunde liefern dann sozusagen eine Schein-Erdung und haben natürlich mit der energetischen Erdung nicht viel zu tun. Meistens kommt es sogar dazu, dass diese Menschen aufgrund der erhöhten Zufuhr von Zucker immer nervöser und unfokussierter werden, was wiederum die Energie umso stärker in den Kopf steigen lässt. Die Erdung vermindert sich dadurch weiter und der Mensch versucht dies mit übermäßigem und/oder falschem Essen auszugleichen. Sehr viele Menschen, die sich nahezu bei jeder Mahlzeit überessen, haben zum einen keinen Kontakt zur Erde und zum anderen hören sie nicht auf die Signale ihres Körpers.

Auf der anderen Seite gibt es den Fall, dass Menschen Essen verweigern und Probleme haben, überhaupt Nahrung aufzunehmen und zu verdauen. Das ist sehr oft ein Zeichen dafür, dass sie unbewusst eine Erdung und eine zu starke Verbindung zur Erde vermeiden wollen. Magersucht und/oder Bulimie sind dann oft vorprogrammiert. Der Mensch will sich gewissermaßen in ein rein feinstoffliches Wesen verwandeln. Das ist natürlich absurd. Wir sind als Menschen mit einem Körper inkarniert worden, da wir eine Aufgabe im kosmischen Plan zu erfüllen haben. Dafür benötigen wir unsere grobstoffliche Form. Außerdem ist eine ausgewogene und gute Ernährung Voraussetzung dafür, dass wir uns auf der menschlichen Ebene miteinander verbinden können, ohne abzuheben. Hybridseelen, zu denen wir im letzten Kapitel noch ausführlich kommen werden, leiden überdurchschnittlich stark darunter, Essen nicht richtig aufnehmen und verdauen zu können. Viele dieser Seelen sind es einfach nicht gewohnt, sich von grobstofflicher Materie zu ernähren.

Fakt ist aber, ob man eine Hybridseele ist oder nicht, dass sich die Schwingungsfrequenz der meisten Menschen im Zuge der globalen Transformation verändert hat und wir alle insgesamt höher schwingen. Gleichzeitig ist es so, dass die Schwingung der üblichen Nahrungsmittel immer mehr sinkt. Dies liegt zum einen daran, dass wir die Erde ausbeuten und ihre Gaben mit Chemie manipulieren und vergiften. Zum anderen befindet sich Mutter Erde in einer energetischen Krise und einer Reinigungsphase. Diese beiden Faktoren senken natürlich die Qualität unseres Essens sehr. Das hat zur Folge, dass wir immer weniger Nahrungsmittel vertragen und verdauen können, da wir uns mit unseren eigenen Schwingungsfrequenzen immer mehr von denen der Nahrungsmittel entfernen.

Vor allem dann, wenn sich jemand mit spirituellen Themen beschäftigt und sich der Transformation öffnet, kann es sein, dass er von allein seine Ernährung umstellt – hin zu einer gesünderen und ausgewogeneren Kost. Ich darf bei meinen Schülern immer wieder beobachten, wie sich ihr sich erweiterndes Bewusstsein auch auf das Essverhalten positiv auswirkt. Ich rate daher weniger dazu, radikal die Ernährung umzustellen, als vielmehr dazu, spirituelle Techniken anzuwenden und die Ernährung begleitend und langsam umzustellen.

Zum Teil benutzen sehr viele Menschen das Essen dazu, ihre Sinne zu betäuben oder sich von ihren Lebensthemen abzulenken. Es gibt sehr viele Menschen mit starker übersinnlicher Kraft, die auf unbewusster Ebene versuchen, ihre eigenen Hellsinne zu betäuben. Sie tun dies entweder, weil sie vor ihrer eigenen Kraft Angst haben, oder weil sie nicht wissen, wie sie mit ihren übersinnlichen Talenten umgehen können. Der andere Fall ist, dass das Essen zur Lahmlegung der überbordenden gedanklichen Aktivität dient und eine Art Ablenkung darstellt von den Dingen, die im Alltag passieren und belasten. Die Betreffenden essen so viel, bis alle Energien im Körper nur noch damit beschäftigt sind, die Mahlzeit zu verdauen. Dadurch sind sie eine Zeit lang nicht mehr so stark geistig aktiv und nicht mehr mit den eigenen Problemen beschäftigt.

Du siehst, wie viel das Essverhalten über den Einzelnen verraten kann und welch große und wichtige Bedeutung es für unser gesamtes Energiefeld hat. Um das zu verdeutlichen, möchte ich dir ein Beispiel geben. Katharina fand den Weg zu mir, da sie an spirituellen Themen sehr interessiert war und ihre geistig-übersinnlichen Talente ausbauen und trainieren wollte. Es kam eine Zeit, in der sie zu stagnieren schien, während auch berufliche Themen dazukamen, die sie sehr belasteten. So beschlossen wir, in einem Channeling Botschaften einzuholen, wie wir ihre Entwicklung vorantreiben könnten. Es hieß von dem Lichtwesen Elohijm, dass sie für einen Zeitraum von 21 Tagen nichts essen und nur Wasser zu sich nehmen solle. Mit solch einer klaren Botschaft hatten wir nicht gerechnet. Es hieß aber, dass ihr Organismus vergiftet sei und ihr System vollkommen damit belastet, mit den Toxinen und Schlacken klarzukommen. Dies raube ihr schlussendlich auch alle spirituelle Energie und blockiere sie vor allem in ihrer feinstofflichen Entwicklung. Ich konnte aus eigener Erfahrung ganz klar bestätigen, dass eine toxische Belastung im Körper einen gravierenden Einfluss auf das energetische System hat. Dennoch hatte ich Bedenken, ob Katharina dieser Empfehlung nachgehen wollte beziehungsweise könnte.

Sie hat es durchgezogen, drei Wochen lang nur zu trinken. Sie ist seitdem sowohl im Innen als auch im Außen ein komplett veränderter Mensch. Sie hat ihr Strahlen zurückbekommen und wirkt in ihrer Aura viel ausgeglichener. Auch haben sich, wie schon von Elohijm prophezeit, viele Themen im beruflichen Bereich wie von allein gelöst und entspannt. Auch weiterhin ernährt sie sich sehr bewusst und weiß ihren Körper zu schätzen und gut zu pflegen.

Ein weiteres Beispiel ist Elisabeth, die mich während einer sehr schweren Zeit der Depression aufgesucht hatte. Sie litt unter starken Stimmungsschwankungen und hatte stets das Gefühl, dass fremde Energien an ihr zerrten und sie aufwühlten. Dies war so stark, dass sie sich zeitweise das Leben nehmen wollte und keinen Sinn mehr in ihrem Dasein sah. Auch litt sie sehr stark unter den Beschwerden einer Autoimmunkrankheit, die von den Ärzten als unheilbar eingestuft worden war. Als sie für das Aura-Coaching erschien, fielen mir zum einen die starke Präsenz von Elementarwesen auf, zum anderen aber auch, dass sie viel zu viel Gewicht mit sich rumschleppte, was ihr ganzes System anfälliger machte. So empfahl ich ihr eine ganz spezielle Ernährungsweise, die ich während des Coachings von meinen Geistführer erhielt. Sie war genau darauf abgestimmt, dass Elisabeth sich ganz schnell wieder fit fühlte. Natürlich mussten in dieser Session auch die Fremdenergien entfernt werden. Ich verabschiedete mich von Elisabeth und bat sie darum, in zwei Wochen erneut zu erscheinen. Als sie kam, konnte ich erfreut feststellen, dass sie sich in diesen zwei Wochen zu 100 Prozent an die Ernährungstipps gehalten hatte und kaum wiederzuerkennen war, optisch und energetisch. Sie fühlte sich leicht, gelassen und fröhlich. Zudem waren jegliche Schmerzen und Beschwerden auf der physischen Ebene komplett verschwunden. Dies konnte sie selbst kaum fassen, sie war überwältigt. Mittlerweile gehört sie zu meinen engsten Schülerinnen und ist auf dem besten Weg, auch anderen Menschen zu helfen.

Ein weiteres Beispiel beschreibt eine Frau, der die Erdung fehlte. Sie hatte jahrelang unter dem Missbrauch durch ihren Vater zu leiden und war als junge Erwachsene komplett abgemagert, was auf einer unbewussten Ebene bedeutet, dass der Lebenswille schwand. Als sie bei mir in der Praxis erschien, war sie nicht nur extrem dünn, sondern litt auch unter großer Trockenheit im Körper und unter wandernden unerklärlichen Schmerzen. Alles sehr typische Anzeichen für ein Ungeerdet-Sein. Die Geistige Welt trug ihr durch mich auf, sich nur noch von warmen Gerichten zu ernähren und auf alles Trockene und Kalte zu verzichten. Mit diesen Hinweisen in Verbindung mit einem Trance Healing und Yoga-Übungen schaffte sie es, sich schließlich grundlegend zu erden. Außerdem übt sie sich jetzt jeden Tag in der Selbstliebe.

Fleisch – ja oder nein?

Gern möchte ich an dieser Stelle auch über meine eigenen Erfahrungen sprechen, die ich in Bezug auf die Ernährung gesammelt habe. Ich wurde nicht vegetarisch erzogen, spürte aber schon immer eine innere Abwehr gegenüber Fleisch. Erst als ich begann, regelmäßig zu meditieren und Yoga zu machen, verlor ich meinen Appetit auf Fleisch, Fisch und Eier vollständig. Dies geschah vollkommen automatisch und selbstständig, ohne dass ich mich dazu gezwungen hätte. Je weiter ich mich auf der spirituellen Ebene entwickelte, desto mehr konnte ich feststellen, welche Lebensmittel mir Energie raubten und welche mir Energie schenkten.

Es gibt nicht ein Rezept für alle. Ich bin der Überzeugung, dass es Menschen gibt, die Fleisch benötigen, vor allem wenn sie zu wenig geerdet sind. Ich trage dies meinen Klienten häufig auf, wenn sie ein Erdungsproblem haben. Es steht für mich dabei ganz außer Frage, dass Tiere in der Industrie zum großen Teil ausgebeutet und zutiefst verletzt werden, und ich fühle mich davon sehr betroffen. Dies ist ein Effekt der stagnierenden Evolution der Herzen von vielen Menschen. Dadurch leiden nicht nur Tiere, sondern auch die Menschen selbst und die gesamte Natur. Das ist Fakt und davor können wir die Augen nicht verschließen. Wir müssen es dennoch schaffen, dass wir gesund und in unserer Mitte bleiben. Und wenn es für die eigene Kraft erforderlich ist, dass man Fleisch isst, dann sollte man dies auch tun. Zum einen kann man sich fragen, aus welcher Haltung man es bezieht. Da gibt es heute sehr viele Möglichkeiten, die auch ohne übermäßiges Leid auskommen. Ich empfehle außerdem folgendes kleines Ritual, bevor man Fleisch zu sich nimmt. Es ist nämlich ganz wichtig, bestimmte Informationen, die im Fleisch enthalten sind, zu reprogrammieren, damit sie nicht ins eigene System eindringen können.

Kleines Ritual vor dem Fleischkonsum

Bevor du das Fleisch zu dir nimmst, führe voller Aufmerksamkeit und Liebe dieses kleine Ritual durch. Am besten, bevor das Fleisch zubereitet wird:

– Bring beide Handflächen über das Fleisch, sodass ein paar Zentimeter zwischen deinen Händen und dem Fleisch bleiben. Schließe die Augen und atme ein paar Mal bewusst ein und aus.

– Stell dir vor, dass von deiner Hand smaragdgrünes Licht in das Fleisch fließt.

– Sprich innerlich oder laut folgende oder ähnliche Sätze: »Ich verneige mich vor der Göttlichkeit und vor der Seele des Tieres und vor dessen Sein. Ich bedanke mich für die Gaben, die mir tagein, tagaus zuteilwerden, und auch für diese, die vor mir liegt. Ich lösche die Information von Tod und Angst aus diesem Teil des Tieres zu 100 Prozent, sodass nur noch die Informationen im Fleisch enthalten bleiben, die meiner Erdung, Gesundheit und meinem Wohlbefinden dienlich sind. Mein Körper nimmt dieses Fleisch dankend an und kann es zu 100 Prozent verwerten und verdauen. Danke.«

Mit diesem kleinen, aber äußerst kraftvollen Ritual wird das energetische Abbild des Fleisches komplett verwandelt. Man kann dies in der Tat im Geschmack und in der Verdaulichkeit spüren. Probier es einfach mal aus.

Ganz oft werde ich auch darauf angesprochen, welche Art von Fleisch man zu sich nehmen sollte und welche eher nicht. Dies liegt ganz im Ermessen des Einzelnen. Eines sollte man sich immer ins Gedächtnis rufen: Man isst, wenn man das Fleisch zu sich nimmt, die Energie des Tieres mit. Darin sind auch alle tierischen Instinkte und aggressiven Potenziale enthalten. Natürlich stufe ich beispielsweise ein Rind nicht als »schlechtes« Tier ein, aber ich rate grundsätzlich von rotem Fleisch ab. Es gilt auch nach dem Ayurveda, der Wissenschaft des gesunden Lebens aus dem alten Indien, als mit »roter Energie« aufgeladen, und Rot beinhaltet die Information von Aggression und Feuer. Das hat nichts mit dem Tier an sich zu tun, denn das Tier ist in seiner Form ein göttliches und wundervolles Wesen. Doch die Energie eines Fisches, einer Pute oder eines Hähnchens ist für uns Menschen passender als die von Schwein oder Rind.

Übrigens kann der Konsum von Fleischprodukten einen erstaunlichen Beitrag leisten, wenn es um die sexuelle Aktivität und Lust geht. Ich habe sehr oft bei vegetarisch lebenden Klienten erlebt, dass sie unter sexueller Unlust litten, und dies natürlich auch die Partnerschaft beeinflusste. Wurde mir aus der Geistigen Welt aufgetragen, ihnen den Konsum von Fleisch zu empfehlen, konnten alle, die meiner Empfehlung nachgegangen sind, faszinierende Erlebnisse in der Sexualität wachrufen. Natürlich geht es bei der Sexualität auch um ganz andere Gesichtspunkte, aber oft spielt der Ernährungsstile dabei eine große Rolle.

Das Wesentliche beim Essen ist immer, dass du eine Verbindung zum Körper herstellst und dich mit ihm versöhnst. Denn nur dein Körper ist in der Lage, dir in Form von Appetit und Empfindungen zu zeigen, was du essen solltest und was lieber nicht. Es ist eine Sache der Unmöglichkeit, sich an standardisierte Ernährungsregeln zu halten, da wir alle so individuell sind. Schlussendlich führen strenge Diäten nur dazu, dass sowohl im Körper als auch im Gemüt Druck aufgebaut wird, der sich dann in Frustration ausdrücken kann. Frustration ist eines der häufigsten Gefühle, die ich bei Menschen erspüren kann, wenn es um das Thema Essen geht.

Formen des unheilsamen Essens

Frage dich einmal in Ruhe, was du in deinem Essen siehst und wie deine Beziehung zum Essen aussieht. Folgende mögliche Varianten im persönlichen Verhältnis zum Essen können dir dabei eine Anregung sein.

Essen als bloße Notwendigkeit

Essen stellt sich dir einfach als zwingend notwendige Nahrungsaufnahme dar und es geht dir dabei kaum um Genuss oder Freude? Vielleicht bist du auch nicht experimentierfreudig, was die Vielfalt deiner Gerichte anbelangt, oder siehst Kochen und Essen sogar als Zeitverschwendung an? Wenn dies so ist, ist das ein Zeichen dafür, dass du deine Verbindung insbesondere zum Sakral-Chakra verloren hast und es in dir Themen geben kann wie mangelnde Selbstliebe, wenig Freude an sexuellen Aktivitäten und zu wenig Spaß im Leben allgemein. Dies kann sich insbesondere bei Menschen einschleichen, die viel arbeiten und in ihrer Arbeit den Sinn ihres Seins sehen. Das ist ein äußerst gefährlicher Trend, der oft von einem Burn-out begleitet wird. Der Mensch hört weniger und weniger auf die Signale des Körpers, und dies kann zu verschiedenen Beschwerden führen.

Indem solch ein Mensch beginnt, die Mahlzeiten genussvoll zu zelebrieren und sich bewusst Zeit für das Essen nimmt, können viele innere Prozesse angestoßen und die Beziehung zum Essen geheilt werden. Ich sehe es immer wieder bei meinen Klienten, die ein ähnliches Muster beim Essen aufzeigen, dass ihr Körper ganz klare warnende Signale aussendet. Diese Signale können sich in körperlicher Schlappheit, aber auch in Gewichtsverlust (obwohl man viel isst) zeigen. Die Intention beim Essen ist der wichtigste Faktor dafür, wie gut die Nahrung verdaut und vom Körper aufgenommen wird. Je positiver und genussvoller man der Mahlzeit gegenüber eingestellt ist, desto mehr Nutzen kann der Körper aus der Nahrung ziehen. Mit bewussten und auch unbewussten Gedanken strömen verschiedene energetische Signale zur Nahrung. Bewusstes und fokussiertes Essen ist daher die Regel Nummer 1, wenn wir unser Essverhalten heilen wollen.

Die Herausforderung für Menschen, die dies erst lernen müssen, liegt darin, sich selbst wieder so viel Wert zu geben und sich zu lieben, dass sie sich bewusst Zeit für sich selbst nehmen. Genau das wird sich auch positiv auf das Essverhalten auswirken. Empfehlenswert sind außerdem Segnungen, die sie vor dem Essen aussprechen, um sich dadurch ganz bewusst auf das Essen einzustimmen. Dafür benötigt man nur wenige Momente, in denen man sich bewusst mit dem eigenen Körper verbindet und innerlich seinen Dank ausspricht für die Gaben, die einem in Form der Nahrung zuteilwerden.

Vielleicht erscheint dir dies als unmöglich in der Schnelligkeit und Hektik des Arbeitsalltags. Aber auch dies ist nur ein Konstrukt innerhalb der Illusion dieser Welt. Du hast immer nur so viel beziehungsweise so wenig Zeit, wie du dir zugestehst. Es ist ganz klar, dass viele von uns geregelte Arbeitszeiten haben, an die sie sich halten müssen. Wie bewusst oder unbewusst und damit auch wie intensiv oder nebenbei du diese Zeiten erlebst, ist ganz dir überlassen. Ermächtige dich selbst, das Essen als eine Grundlage für die Lebendigkeit deines Körpers zu genießen und dir ausreichend Zeit dafür zu geben.

Wenn du dich zu dieser Gruppe von Menschen zugehörig fühlst, könntest du auch mal in dich hineinhören, worin die Gründe dafür liegen könnten, dass du dir selbst und insbesondere deinem Körper nicht die gebührende Aufmerksamkeit schenkst. Versuche mit Yoga und Atemübungen den Kontakt zu deinem Körper zu verstärken und dich mit ihm zu versöhnen. Du wirst dann mit der Zeit nicht nur bewusster essen, sondern auch erfüllter leben.

Essen zur Verdrängung und Betäubung

Viele Menschen sind stark davon betroffen, das Essen als einen Kompensator für diverse belastende Themen im eigenen Leben zu missbrauchen. Hierzu können familiäre Schwierigkeiten, Stress bei der Arbeit, emotionale Imbalancen, Unzufriedenheit mit dem Körper und dem Leben und auch Hypersensitivität zählen. Wenn man sich dem Essen im Übermaß hingibt, wird das gesamte System lahmgelegt. Alle Energie fließt in den Verdauungstrakt, alle Sinne und Hellsinne werden außer Kraft gesetzt, und nun ist natürlich auch weniger Energie verfügbar, um sich mit den eigenen Problemen auseinanderzusetzen. Gleichzeitig verspricht man sich mit dem Konsum von Süßem kurzweilige Glücksmomente, die aber sofort verschwinden, sobald man die Auswirkungen von zu viel Kohlenhydraten auf den Körper wahrgenommen hat. Übergewicht, zu viel Fett und toxische Ablagerungen darin, die sehr schwer zu lösen sind, sind vorprogrammiert. Man fühlt sich immer weniger wohl, leidet vielleicht zunehmend unter einem verminderten Selbstwertgefühl und flüchtet sich erneut in übermäßiges und unbedachtes Essen.

Solche Fälle hatte ich schon unzählige Male in meiner Praxis, und meistens kam erschwerend hinzu, dass diese Menschen extrem sensitiv waren. Sie versuchten sozusagen aus Angst vor den eigenen inneren Talenten und aus Unwissenheit, ihre Hellsinne zu unterdrücken und sich mit überflüssigen Pfunden davor zu schützen. Oftmals konnte ich diesen Menschen allein schon durch die Aufklärung ihres Ernährungsproblems weiterhelfen und sie ermutigen, sich ihren sensitiven Kräften zu öffnen. Diese Menschen konnten dabei einsehen, dass die Probleme mit übermäßigem Essen ja nicht verschwinden. Ganz im Gegenteil. Sie kehren nach einer Fressattacke mit größerer Wucht zurück.

Ich rate Betroffenen dringend zu einer kohlenhydratreduzierten Ernährungsweise, und dies so lange, bis sie sich im eigenen Körper wohlfühlen und sich selbst wieder lieben können. Den Frauen rate ich zudem von Kuhmilch-Produkten ab, da diese den Östrogenspiegel erhöhen können, und dieser ist meist schon überhöht. Natürlich ist es hier auch wieder enorm wichtig, den Menschen nicht in eine einseitige Ernährungsrichtung zu drängen, aber gleichzeitig klarzumachen, dass es sich um eine Umstellung von einer spezifischen Gewohnheit handelt und dass dies seine Zeit und auch Energie benötigt. Sehr wichtig ist es, dass kein innerer Druck aufgebaut wird und man den Fokus von den Dingen, auf die man verzichten will, weglenkt hin zu den Dingen, die man durch die Umstellung erhalten wird wie zum Beispiel bessere Fitness und mehr Wohlbefinden. Ganz oft stellen sich mit dem Verlust von Kilos und dem Abbau von

Toxinen Hellsichtigkeit und Hellfühligkeit ein, ganz ohne Mühe, und dann können die Betreffenden auch gut damit umgehen.

Nichtessen als Flucht

Das ist wohl eines der schwierigsten Themen in Bezug auf das Essen, mit denen unsere Gesellschaft zu kämpfen hat. Immer mehr Menschen leiden unter Essstörungen wie Bulimie und Magersucht, und es ist ihnen nur mit sehr viel Aufwand und Mühe zu helfen. Meistens handelt es sich bei den Betroffenen um Menschen, die auf Biegen und Brechen nicht geerdet sein und am liebsten in ihre feinstoffliche Form übergehen wollen. Zum einen wollen sie durchaus als Menschen existieren, zum anderen können sie sich aber keineswegs mit dem Gedanken anfreunden, grobstofflich beziehungsweise schwer zu sein. Ganz oft sind diese Menschen auch Hybridseelen, also Seelen, die aus zwei verschiedenen und komplett gegensätzlichen Seelenkomponenten bestehen. Ein Teil ist menschlicher Natur und dazu kreiert, in einem menschlichen Körper inkarniert zu sein. Der andere hingegen stammt aus einer anderen Dimension beziehungsweise von einem anderen Planeten und wird mit der menschlichen Seele gekoppelt, um eine bestimmte Aufgabe bei der Unterstützung der Erde zu übernehmen. Auf dieses Thema werde ich im Kapitel der Hybridseelen noch genauer eingehen.

Diese Menschen können sich am besten selbst helfen, indem sie versuchen, sich daran zu erinnern, warum sie auf der Erde sind. Es geht vor allem um die erforderliche Anpassung an die Erdenergie, die ihnen ganz besonders schwerfällt. Essen und die Aufnahme von grobstofflicher Energie ist für sie etwas, das sie an die Erde bindet, und diese Bindung fürchten sie sehr. Ich versuche nun, diesen Menschen klarzumachen, dass essen wichtig ist, damit sie ihre Aufgabe auf der Erde erfüllen können, und rufe ihnen ins Gedächtnis, dass es ihr freier Wille war, auf die Erde zu kommen und ein Menschen-Dasein zu führen. Es gibt niemanden, der ihnen das auferlegt hat.

Oft hilft es den Menschen auch, wenn man sie mit ihrem Höheren Selbst verbindet. Das Höhere Selbst ist das Abbild der Seele in der Geistigen Welt und verfügt über jegliches Wissen, das die Person betrifft. Es kann Aufschluss darüber geben, woher sie kommt, ob sie tatsächlich eine Hybridseele ist und wie der Seelenplan für die gegenwärtige Inkarnation aussieht. Ich durfte schon viele Male beobachten, wie Menschen in solch einer Situation wertvolle und heilsame Botschaften empfingen und neue Impulse für ihr Leben erhielten. Bei einer jungen Frau beispielsweise war der Zustand so kritisch, dass man davon ausging, dass sie aufgrund des zu niedrigen Gewichts nicht lange leben würde. Ich versetzte sie in einen Trancezustand und ließ das Höhere Selbst sprechen. Es vermittelte uns die Botschaft, dass sie aus Angst nicht esse. Sie fürchte es so sehr, nicht mehr von der Erde wegkommen zu können, dass sie sich zwang, kein Essen zu sich zu nehmen. Ich betonte, dass sie ja wissen sollte, dass sie, auch wenn sie essen würde, irgendwann zurückkehren könne. Das Höhere Selbst sprach von der Schönheit und

Freiheit des Ortes, von dem die Seele stammte, und dass es für sie auf der Erde schwer und kompliziert sei. Natürlich hatte sie sich freiwillig für diese Inkarnation entschieden, aber nicht damit gerechnet, dass es auf der Erde so anders sein würde.

Ich bat das Höhere Selbst, die junge Frau zu heilen und ihre Glaubensmuster bezüglich des Essens zu löschen. Zugleich bat das Höhere Selbst, dass sie doch endlich beginnen solle, auch die Schönheiten auf der Erde zu sehen und allmählich anzufangen, sich selbst und anderen Menschen zu helfen. Sie sei deswegen hier geboren worden, hätte diese Aufgabe aber bis heute kaum erfüllt. Ich forderte noch konkrete Empfehlungen ein, wie sie denn ihren Auftrag am besten erfüllen könne, und verabschiedete mich dann vom Höheren Selbst. Die junge Frau war wie verwandelt, nachdem sie die Heilung und die Botschaft des Höheren Selbst erhalten hatte. Sie machte sich sofort daran, ihre Aufgaben zu erfüllen, und ist seitdem nicht mehr die, die sie einmal war. Sie blüht körperlich und geistig von Tag zu Tag mehr auf. Ich bin dankbar, bei dieser Heilung die Vermittlerin gewesen zu sein. Diese junge Frau hat sich selbst geheilt und sich selbst ermächtigt, ihr Leben in eine heilvolle Richtung zu lenken.

Was tut mir gut?

Nun haben wir gesehen, welche möglichen Beziehungsmuster Menschen beim Thema Essen aufweisen können. Diese drei Varianten, die ich sehr oft antreffe, sind natürlich nicht die einzigen. Vielleicht findest du dich in gewissen Aspekten wieder oder kannst feststellen, wie sich mehrere Essensmuster in dir mischen. Es kann sein, dass du dich im Stress vollkommen vernachlässigst und auf bewusste Ernährung keinen Wert legst. Wenn du aber freie Zeit hast, versuchst du dies wieder auszugleichen und schlägst über die Stränge.

Wie du sehen konntest, ist das, was Menschen zwischen sich und dem Essen aufbauen sollten, eine wirkliche Beziehung. Leider wird diese Beziehung nicht direkt im Aura-Feld sichtbar. Zum Teil kann man gewisse toxische Belastungen in einem etwas trüben Gelb wahrnehmen, aber der Körper-Scan gibt über die Ernährung einen deutlicheren Aufschluss. Ganz oft sind der Verdauungstrakt und weitere Organe gestresst, wenn die Ernährung unbedacht ist. Es kann auch sein, dass man beim Lesen der Energie eines Menschen Hellwissen über seine Ernährung erlangt.

Meine Erfahrung hat gezeigt, dass Menschen teilweise sehr stark reagieren können, wenn man sie auf ihr Essverhalten anspricht. Die meisten meinen, sie wüssten selbst, was für sie besser wäre, haben aber weder die Kraft noch die Geduld oder die Zeit für bewusstes Essen. Ich bin daher immer ganz vorsichtig, wenn ich mich dem Feld des

Essens nähere. Ich lasse möglichst nicht zu, dass Druck und Widerstände aufgebaut werden, bevor ich überhaupt Empfehlungen geben kann. Bei diesen ist es wiederum wichtig, dass ich nicht denke, sondern fühle, was dieses Individuum essen sollte und was nicht. Es steht ganz außer Frage, dass wir alle eine Menge von Ernährungstipps im Kopf abgespeichert haben. Aber als Aura-Coach sollte man niemals Standardmethoden empfehlen.

Wie kannst du nun aber für dich selbst konkret herausfinden, welche Nahrungsmittel dir guttun und welche nicht, wie oft du essen solltest und so weiter? Dafür möchte ich dir eine kleine Übung anbieten. Lass uns dabei als Erstes an die Auswahl der Nahrungsmittel herangehen. Du kannst die Methode dann auf andere Fragen ausdehnen. Jeder von uns hat ja seine Lieblingsspeisen und tendiert mehr oder weniger stark dazu, immer das Gleiche zu essen. Natürlich spielen da auch Prägungen aus der Kindheit mit hinein und vieles mehr. Bei dieser Übung geht es nun um zwei Dinge. Das Erste ist, deine Verbindung zu deinem Körper und dein Hellfühlen beziehungsweise deine Intuition zu stärken. Das Zweite ist herauszufinden, welche Nahrungsmittel welche Wirkungen auf deinen Körper und auf deinen Geist haben.

Übrigens kannst du diese Übung auch als Mutter für deine Kinder durchführen. Mutter und Kind sind durch sehr starke energetische Bande miteinander verbunden. Es ist dabei nur wichtig, vorab innerlich oder laut auch auszusprechen, dass du diesen Test nicht für dich, sondern für dein Kind durchführst, und dich energetisch mit ihm zu verbinden.

Wie wirken die einzelnen Nahrungsmittel auf mich?

- Wirf als Erstes einen Blick in deinen Kühlschrank und die Küchenschränke. Notiere dir jeweils auf einzelne Zettel, welche Nahrungsmittel sich da befinden. Egal ob dies der Joghurt im Kühlschrank oder die Nudeln sind. Jedes Lebensmittel und auch die Dinge, die du üblicherweise außerhalb deiner Wohnung isst, kommen auf ein Stück Papier. Dann faltest du all diese Zettel einzeln zusammen.
- Nimm nun eine bequeme Sitzhaltung ein, schließe die Augen und atme ein paar Mal bewusst ein und aus. Rufe in Gedanken Erzengel Raphael zur Unterstützung herbei und bitte ihn, dir aufzuzeigen, welche Nahrungsmittel mit deinem System harmonieren und welche nicht.
- Nun nimm einen gefalteten Zettel in deine Hände und führe sie ungefähr auf Höhe deines Bauchnabels. Atme tief ein und aus und verbinde dich mithilfe deiner Aufmerksamkeit mit der Energie der Information auf dem Zettel. Spüre, wie von dort aus die Energie in deinen Bauch und über den Bauch in den Rest deines Körpers abstrahlt. Frage dich, wie sich das anfühlt: kalt oder warm, angenehm oder eher unangenehm, weich oder hart? Mach dir zu deinen Empfindungen ein paar Notizen, bis du das Gefühl hast, alles körperlich erfühlt zu haben, was diese Information in dir auslöst.
- Hebe deine Hände mitsamt dem Zettel jetzt auf Stirnhöhe an und fühle, wie sich die Information auf deinen Geist auswirkt. Was passiert durch dieses Nahrungsmittel mit deinen Gedanken und deiner Stimmung? Mach dir möglichst auch dazu Notizen.

- Geh so mit all den Zetteln vor und lege sie abschließend am besten auf die Notizen, um nichts durcheinanderzubringen.
- Am Schluss ist es Zeit für die Auflösung. Entfalte die Zettel – und du wirst erstaunt sein über die Resultate. Die Ergebnisse dieser Übung werden dich deinem Ziel einer ausgewogenen Ernährung ein großes Stück näherbringen.

Beachte allerdings, dass die Resultate anfangs noch ungenau sein können, wenn du noch keine wirkliche Verbindung zu deinem Körper aufbauen kannst. In diesem Fall rate ich dir, eine Meditation zu üben, bei der du dich einfach nur auf körperlicher und auf geistiger Ebene beobachtest.

Auch der persönliche Zustand kann die Ergebnisse beeinflussen. Das heißt, es kann sein, dass ein Lebensmittel dir an einem Tag guttut und an einem anderen nicht. Dies mag eher ein Ausnahmefall sein. Wenn du dir aber bezüglich eines Nahrungsmittels nicht sicher bist, nimm dir erneut die Zeit und mach den Test. Besser ist es, auch dann wieder die Zettel zu benutzen und die Erfahrungen aufzuschreiben. Sonst besteht die Gefahr, dass sich dein Kopf einschaltet und deine Körperempfindungen manipuliert.

Konkrete Tipps für unsere Zeit

Zum Abschluss dieses Kapitels möchte ich nicht darauf verzichten, dir ein paar Tipps in Bezug auf die Ernährung zu geben, die wirklich für jeden anwendbar und insbesondere darauf ausgerichtet sind, die Beziehung zum Essen heilsam zu gestalten. Diese Beziehung ist und bleibt das Essenziellste, wenn es darum geht, einen hundertprozentigen Nutzen aus dem Essen zu ziehen, ohne dass die eigene Schwingung gesenkt wird.

Manche Menschen denken unbewusst, dass sie sich von der Transformation auf der Erde fernhalten können, indem sie schweres Essen zu sich nehmen. Das kann schlussendlich aber nur dazu führen, dass die körpereigene Schwingung und die Erdschwingung so stark auseinandergehen, dass es zu gesundheitlichen Krisen kommt. Wenn wir die Transformation auf der Erde gut überstehen und überdies auch gemeinsam vorantreiben wollen, ist es enorm wichtig, die Ernährung in den Wandlungsprozess zu integrieren. Dieser Prozess ist wie ein schönes Mosaik, in dem die Ernährung einen Baustein darstellt, ohne den das Bild nicht vollständig wäre.

Nun also konkret zu meinen persönlichen Empfehlungen, die ich zum Teil aus meiner Praxiserfahrung, aber auch aus Channelings erhalten habe.

Liebe dein Essen

Das mag vielleicht im ersten Moment etwas komisch klingen, ist aber eine wichtige Regel, wenn man die Nahrung verdauen und aus ihr Nutzen für Körper und Geist ziehen möchte. Segne und liebe dein Essen, bevor du es zu dir nimmst. Du kannst es in Gedanken auch in Licht einhüllen oder deine Geistführer und Engel bitten, es zu segnen. Dein Essen hat zwar keine Aura, aber besteht ganz aus Energie. Und Energie kann durch Gedankenkraft und geistige Energie sehr einfach beeinflusst werden.

Nimm dir bewusst Zeit für das Essen

Essen sehen sehr viele Menschen als eine notwendige Angelegenheit an, die möglichst sehr wenig Zeit in Anspruch nehmen sollte. Das aber ist genau der falsche Ansatz. Wir müssten nicht essen, um zu existieren. Ich kann das nach einem hunderttägigen Fasten bezeugen, ebenso wie die zahlreichen Menschen, die sich nur von Licht ernähren. Grundsätzlich sind Nahrungsmittel grobstoffliche Mittler, die die Information von Licht in sich tragen. Jedes Nahrungsmittel tut dies auf seine ganz individuelle Art und Weise. Das heißt, wir nehmen durch die Nahrung immer Licht auf, das uns mit der Energie des Kosmos verbindet. Würden wir unseren Körper umgewöhnen, das Licht direkt aus der Atmosphäre und nicht aus dem Essen zu ziehen, bräuchten wir nicht mehr zu essen.

Da wir aber fast alle essen, ist es wichtig, sich dafür bewusst Zeit zu nehmen. Das heißt nicht unbedingt, dass wir beginnen sollten, doppelt so viel Zeit für das Mittagessen einzukalkulieren, sondern einfach, die Mahlzeit bewusst zu erleben. Wir sollten mit voller Aufmerksamkeit beim Essen sein und uns ganz diesen Momenten hingeben. Wenn man dies tut, kann sich der Körper auch viel besser auf die Nahrungsaufnahme einstellen, die Verdauung wird dadurch erleichtert.

In unserer Gesellschaft gelten gemeinsame Mahlzeiten insbesondere als Gelegenheiten, um sich auszutauschen und zu plaudern. Das ist aber eigentlich eher ein schlechter Zeitpunkt dafür. Vielleicht kann man dies einfach mal in der Familie oder im Kreise der Kollegen und Freunde ausprobieren: Alle konzentrieren sich still auf ihr Essen, genießen es, sind mit dem Körper und der Nahrung in Verbindung.

Jeder wird die positiven Effekte wahrnehmen können. Bewusstes Essen führt unter anderem auch dazu, dass man weniger isst, da man die Sättigungssignale des Körpers rechtzeitig wahrnimmt.

Essen für Erdung und Schwingungserhöhung

Man kann das Essen bewusst dazu einsetzen, um die eigene Erdung zu verstärken oder die eigene Schwingung zu erhöhen. Grundsätzlich ist es so, dass warme Gerichte die Erdung verstärken und gleichzeitig die eigene Schwingung erhöhen. Die Qualität warm wirkt erdend auf den ganzen Organismus und bei gekochter Nahrung benötigt der Verdauungstrakt weniger Energie für die Zersetzung. Je weniger Energie für die Verdauung benötigt wird, desto mehr kann von der eigenen Schwingung im Energiefeld aufrechterhalten werden. Ich bin mir dessen bewusst, dass Rohkost eine sich immer weiter verbreitende Ernährungsphilosophie ist, und natürlich darf auch hier jeder seine Meinung haben. Aus meinen Praxiserfahrungen kann ich allerdings nicht viel Positives darüber berichten. Viele meiner Klienten, die sich jahrelang von Rohkost ernährten, wurden von verschiedenen körperlichen und geistigen Beschwerden geplagt. Zum einen hatten sie eine extreme Trockenheit und Kälte im Körper, zum anderen oft eine deutliche Immunschwäche und diverse Leiden des Verdauungstraktes. Dies soll nicht heißen, dass es nicht auch Menschen gibt, die mit Rohkost gut leben. Ich aber konnte bis jetzt keine solche Beobachtung machen.

Viele Nahrungsmittel unterstützen die Erdung ganz konkret. Dazu zählen alle Gemüsesorten, die in der Erde wachsen. Sie tragen die Erdenergie am stärksten in sich. Kartoffeln sind das beste Beispiel dafür. Nur sollte man achtgeben, dass durch die starke Erdung nicht die eigene Schwingung gesenkt wird. Das könnte beispielsweise passieren, wenn man im Übermaß Kartoffeln isst und/oder sie falsch zubereitet. Am besten werden Kartoffeln gekocht und danach eventuell noch in wärmenden Gewürzen gedünstet. Dafür gibt die ayurvedische Küche zahlreiche Beispiele. Pommes oder Kartoffelsalat wirken natürlich auch erdend, führen aber gleichzeitig zu Stress in den Verdauungsorganen. Aus diesem Grund sollte man lieber darauf verzichten, um die eigene Schwingung zu erhalten.

Alles, was wir zu uns nehmen und nicht richtig verdauen können, führt zu Stress in unserem System und raubt uns Energie. Das senkt unsere gesamte Schwingung und ist somit nicht vorteilhaft. Aber wie kann man herausfinden, was man wirklich verdauen kann und was nicht? Einen guten Richtwert gibt dir der Test, den ich bereits beschrieben habe. Weitere Indikatoren dafür, ob das Essen dir guttut oder nicht, können folgende Faktoren sein:

- Wie fühlst du dich nach dem Essen? Solltest du dich nach dem Essen komplett schlapp und müde fühlen, kannst du davon ausgehen, dass dir diese Nahrungsmittel oder Zubereitungsarten nicht guttun.
- Wie fühlt sich der Bauch während und nach dem Essen an? Fühlst du dich nach dem Essen überfüllt, hast du vielleicht sogar ein Stechen, einen Druck oder Brennen im Magen? Wenn ja, dann hast du wohl das Falsche gegessen.
- Wie arbeitet deine Verdauung? Frage dich hierbei insbesondere, wie viele Stunden du brauchst, um eine Mahlzeit komplett zu verdauen. Wie lange also dauert es, bis du wieder ein Hungergefühl wahrnehmen kannst? Wenn das erst nach fünf Stunden oder mehr passiert, kann man davon ausgehen, dass deine Verdauungskraft sehr gering ist. Überprüfe auch, wie deine Ausscheidungsprozesse ablaufen und in welcher Re-

gelmäßigkeit. Welchen Geruch haben deine Körperflüssigkeiten? Wenn diese eher säuerlich und unangenehm sind, kannst du davon ausgehen, dass es in
deinem System unverdaute Stoffe gibt, die den gesamten Organismus belasten können.

Auch beim Thema Essen geht es mir vor allem darum,
dich zu ermutigen, dir deine Selbstermächtigung zurück-
zugeben. Wir werden in keinem anderen Lebensbereich
mehr mit Dos und Don'ts überhäuft. Jeder scheint besser
als wir selbst zu wissen, was für uns gut ist und was nicht.
Es gibt aber nur eine einzige Person in deinem Leben, die
behaupten kann, zu wissen, was dir guttut und was nicht:
Das bist du selbst. Je mehr du dich mit der feinstofflichen
Welt auseinandersetzt, desto tiefer wirst du auch mit deinen inneren Prozessen und deinen verschiedenen Energiefeldern in Kontakt treten. Diese Verbindung wird all
deine Beziehungen heilen, die zu dir selbst und auch die
zu deinem Essen.

Hybridseelen: die neuen Seelen auf der Erde

Ich denke, in diesem abschließenden Kapitel kann ich es wagen, dich etwas weiter an Informationen heranzuführen, die mir und einigen anderen in Channelings übergeben wurden. Du weißt ja schon, dass ich mich für einen der skeptischsten Menschen halte, die sich mit spirituellen Themen beschäftigen. Mag sein, dass das mit der Tatsache zu tun hat, dass ich nach dem Besuch eines humanistischen Gymnasiums mein Diplom in Betriebswirtschaftslehre erlangte. Also ist mir die Welt von Fakten, Zahlen und Wissenschaftlichem nicht unbekannt und ich habe mich dort teilweise auch sehr wohl gefühlt. Ich will nicht sagen »zu Hause«, aber ich konnte in dieser Zeit des Lernens viel über meine menschlichen Aspekte und über mein Ego lernen. Ich merke auch, dass mich meine Vorprägungen in dieser Hinsicht immer wieder erden und es mir leichter machen, auch an spirituelle Themen eher nüchtern heranzugehen. Ich bin überzeugt, dass ich vor meiner Inkarnation diesen Weg so ausgewählt habe, da ich dadurch auch Menschen erreichen kann, die gegenüber spirituellen Themen skeptisch eingestellt sind und eher der verstandesorientierten Wissenschaft glauben. In meiner Praxis finden sich sehr oft Geschäftsleute, Manager und auch Menschen, die an Übersinnliches eigentlich nicht glauben, und das freut mich sehr.

Nun aber zu dem Punkt, wieso ich das anspreche. Vieles von den Dingen, die ich hier offenbaren möchte, hätte ich in dieser Form vor ein paar Jahren selbst nicht geglaubt und für ziemlich abgehoben gehalten. Heute aber kann ich jeden einzelnen Satz, den ich hier schreibe, mit voller Überzeugung bestätigen, insbesondere da all diese Informationen durch zahlreiche Channelings durch mich selbst und andere aufkamen beziehungsweise bestätigt wurden. Auch wenn die Menschen, die ich das prüfen ließ, von diesen Botschaften zuvor überhaupt nichts wussten, konnten sie mir genau die gleichen Informationen liefern, immer und immer wieder. Somit bitte ich dich, insbesondere dieses letzte große Kapitel des Buches mit einem offenen Herzen und einem mutigen Geist zu lesen.

Was sind Hybridseelen?

Wir haben sie oft angesprochen, jetzt wollen wir uns ihnen intensiver widmen. Laut dem Duden steht die Bezeichnung »hybrid« für etwas, das aus Verschiedenartigem zusammengesetzt ist, das von zweierlei Herkunft stammt. Diese Bedeutung trifft exakt auch auf das, was unter dem Begriff der Hybridseele verstanden wird, zu. Eine Hybridseele besteht nämlich in der Tat aus zwei verschiedenen Seelenformen, die eine komplett unterschiedliche Herkunft aufweisen. Was aber macht eine solche Seele genau aus?

Zunächst sollten wir festhalten, dass beispielsweise Engelwesen nicht dafür geschaffen sind, ein Erdenleben zu führen, und dass eine menschliche Seelenfamilie nicht dafür ausgerichtet ist, in Form von Lichtwesen auf einem anderen Planeten als der Erde zu leben. In gewisser Weise trifft diese Strenge aber auf Hybridseelen nicht zu. Denn es ist mit der Form einer Hybridseele sehr wohl möglich, als ein Engel auf der Erde inkarniert zu sein oder als ein Mensch eine parallele Existenz als Lichtwesen irgendwo in der Geistigen Welt zu führen. Bevor du aber nun komplett verwirrt wirst, möchte ich etwas weiter ausholen und aus der Sicht der Channel-Botschaften erzählen, wie es denn überhaupt zur Entstehung der Hybridseelen kam.

Es war laut unserer Zeitrechnung etwa um 1920, als der Rat der Weisen – ein Gremium hoch entwickelter Wesen, die für die Entwicklungen im Kosmos Sorge tragen – beschloss, ins Erdengeschehen einzugreifen. Weder erleuchtete Meister noch Propheten hatten die Menschen bis dahin nämlich langfristig dazu bringen können, ihre Herzen zu öffnen und miteinander und im Umgang mit der Erde sorgsamer zu sein. Mit der Zeit nahmen die Kriege sogar noch zu und es breiteten sich immer weiter Krankheiten und Armut auf der Erde aus. Es musste nun wirklich etwas geschehen, bevor die Menschen das

Leben auf der Erde komplett zerstörten und jede Existenz auf ihr unmöglich machten.

Dies war die Geburtsstunde der Hybridseelen, von denen es seither sehr viele auf der Erde gibt. Der Rat der Weisen startete gewissermaßen einen Aufruf im Kosmos und in der Geistigen Welt und forderte alle Wesenheiten auf, egal ob von einem anderen Planeten oder von einer geistigen Dimension, unserer Erde zu helfen. Viele traten an und erklärten sich für dieses Experiment, auf der Erde zu wirken, bereit. Es war klar, dass es kein einfacher Weg sein würde und dass sie gezwungen wären, durch das Feld des Vergessens zu treten, bevor sie inkarnieren. Dieses Feld würde sie denken machen, dass sie einfach »normale« Menschen seien, was sie aber niemals sein könnten. Ihnen wurde natürlich zugesichert, dass man sie überwachen werde, aber dass sie sich auch erinnern müssten, damit sie eingreifen könnten, wenn es Probleme gibt. Denn auf der Erde hat jedes Lebewesen einen freien Willen.

Ein weiterer Punkt war, dass alle auch menschliche Anteile mit sich auf die Erde bringen müssten, um gleichzeitig die Gelegenheit zu haben, schweres und hartnäckiges Karma von menschlichen Seelenfamilien aufzulösen und überdies einen besseren Zugang zu den Menschen auf der Erde zu haben. Wenn sie zu 100 Prozent mit einer anders gearteten Seele inkarnieren würden, wäre das Risiko zu groß, dass sie von der menschlichen Gesellschaft komplett abgestoßen würden.

Im Universum und in allen Galaxien gibt es so viele verschiedene Formen von Wesen. Die einen sind sehr fröhlich und gelassen, wieder andere eher streng und zurückhaltend. Alle versuchen auf ihre ganz eigene Art und Weise, ihre Energien zum Ausdruck zu bringen. So fügte man verschiedenen Wesen von anderen Dimensionen, Planeten, Galaxien etc. menschliche Seelenaspekte hinzu, insbesondere auch solche, die schweres Karma trugen. Aus diesem Grund haben sehr viele der Hybridseelen auf der Erde mit schweren Beschwerden und Krankheiten zu kämpfen. Man spricht in den Channelings auch oft davon, dass sich manche Hybridseelen ganz bewusst menschliche Anteile suchen, die in ihrer Art »krank« sind, um an ihnen den Menschen aufzuzeigen, wie sie sich wieder stabilisieren können.

Die meisten Hybridseelen verfügen nicht über einen eigenen Geist, sondern greifen auf einen kollektiven Geist zurück. Genauso verhält es sich auch mit ihrer Seele. Viele Hybridseelen haben keine individuelle Seele, sondern eine Gruppenseele. Aus dieser Gruppenseele können gleichzeitig verschiedene Existenzen entspringen, das heißt Parallelexistenzen, die zum Teil auch auf anderen Planeten leben mögen. In einem Channeling durfte ich schon mal von einem meiner Klienten, der sich in Trance befand, erfahren, dass er im Moment drei Existenzen gleichzeitig führe, sein menschlicher Verstand aber nicht in der Lage sei, alle zu erfassen. Die zwei weiteren Seinsformen erlebe er auf anderen Planeten. Viele Hybridseelen bezeichnen ihr Dasein als ein Leben in verschiedenen Lebensformen. Für sie gibt es kein Ende, nur eine Veränderung ihrer Form.

Ich denke, nicht mal für den Rat der Weisen war es absehbar, welch schwierigen Herausforderungen die Hybridseelen in ihrer menschlichen Inkarnation ausgesetzt sind. Auf der einen Seite sollen sie Menschen sein und bleiben, um den Zugang zu ihnen zu finden. Auf der anderen Seite sollen sie alles in ihrer Macht Stehende tun, um sich daran zu erinnern, weshalb sie auf die Erde gekommen sind. Dieses Experiment war und ist also ein sehr gewagtes Unterfangen.

Solch ein Zusammenspiel von Naturelementen und eine menschliche Rasse, wie sie auf der Erde vorgefunden werden kann, ist einzigartig im Universum. So sind natürlich auch die meisten Hybridseelen nicht von Haus aus auf das Erdenleben vorbereitet. Geistige Wesen berichten aus diesem Grund sehr oft davon, dass sie, bevor sie sich mit den menschlichen Aspekten verbinden, in die Akasha-Chronik eingeladen werden, um sich Wissen über das Mensch-Sein anzueignen. Sie lesen sich dort sozusagen in das menschliche Leben ein. Zudem geschieht eine Art seelische Imprägnierung. Wir sollten uns ein wenig mit dem Thema der Reinkarnation beschäftigen, um dies verständlich werden zu lassen.

Viele von uns haben nämlich eine komplett falsche Vorstellung darüber, was Reinkarnation ist und wie sie dazu beiträgt, dass wir Menschen uns weiterentwickeln können. Letztlich ist es so: Eine individuelle Seele geht nach dem Tod des Körpers in die Geistige Welt oder besser gesagt in den Abschnitt der Geistigen Welt, in dem sich die menschlichen Seelen befinden. Dann aber wird sie nicht einfach in der gleichen Seelenform erneut auf der Erde inkarnieren, sondern sie geht mit all ihren Erfahrungen und Erinnerungen in ihre Seelenfamilie ein. Die individuelle Seele löst sich in tausend verschiedene Seelenaspekte auf und vereinigt sich mit ihrer Seelenfamilie. Es werden aus dieser Seelenfamilie so lange Seelen geformt, bis sich die Seelenfamilie so weit entwickelt hat, dass sie die Erde transzendiert und andere höher entwickelte Seelen formen kann. So gibt es eigentlich nie die Wiedergeburt einer individuellen Seele, sondern immer nur eine Wiedergeburt von verschiedenen Seelenaspekten, die durch ihre Zusammensetzung jedes einzelne Mal eine neue und vorher noch nie da gewesene Seele formen.

Das hört sich alles sehr komplex an und zugleich haben wir noch lange nicht alle Informationen zu diesem Thema erhalten. In den Channelings erhalten wir sehr oft den Hinweis, dass noch nicht alles Wissen gelüftet werden kann, da Angst und Unwissenheit unter den Menschen noch zu weit verbreitet sind.

Nun aber zurück zum Thema der seelischen Imprägnierung von Hybridseelen. Man kann davon ausgehen, dass man mit der Methode der Reinkarnationstherapie eine Hybridseele in ein früheres Erdenleben führen kann. Die Hybridseele wird in der Lage sein, von vielen vergangenen Leben zu erzählen und diese Lebensabschnitte auch wirklich zu erleben. Das würde aber doch dem widersprechen, dass Hybridseelen bisher kein Leben auf der Erde geführt haben, oder? Einerseits ja. Aber Hybridseelen werden über eine seelische Imprägnierung menschliche Seelenaspekte aus menschlichen Seelenfamilien hinzugefügt. Diese Imprägnierungen sind so stark ins System der Hybridseelen eingeprägt, als hätten sie diese Leben wirklich durchlebt.

Alle Seelenaspekte werden ja in der Akasha-Chronik abgespeichert, und von dort aus werden die verschiedenen nicht menschlichen Wesen mit menschlichen Seelenaspekten versorgt. Das aber heißt, dass wir aufgrund dieser Information unser Denken stark verändern sollten. Man muss ein Leben nicht durchlebt haben, um es als sein eigenes empfinden zu können. Dies gilt sowohl für Hybridseelen als auch für alle anderen menschlichen Seelen. Wenn es für die Lebensaufgabe einer Seele wichtig ist, bestimmte Seelenaspekte in sich zu tragen, dann werden dieser Seele diese Seelenaspekte hinzugefügt. Mit dieser Form der seelischen Imprägnierung wird es einer Seele also möglich gemacht, schon Tausende Inkarnationen als Erfahrung in sich zu tragen, ohne jemals ein Leben auf der Erde geführt zu haben.

Eine Hybridseele wäre ohne die Imprägnierung von menschlichen Seelenaspekten auf der Erde komplett verloren, da ihr die Bräuche, Traditionen und all die unendlich vielen Feinheiten der Lebensart der menschlichen Rasse komplett fremd wären. Auch sind Emotionen wie Angst und Wut etwas Einmaliges im Universum und nur auf der Erde anzutreffen. Die geistigen Wesen wären ohne Vorbereitung auf diese Gefühle komplett traumatisiert, wenn sie damit konfrontiert würden. Somit kann man auch ganz klar sagen, dass sogar ein Baby, wenn es geboren wird, diese Gefühle in sich trägt, da dies alles bereits in der Seeleninformation enthalten ist.

Seit etwa zwanzig Jahren werden übrigens vermehrt männliche Hybridseelen inkarniert, um den Prozess der Schwingungserhöhung auf der Erde zu unterstützen. Da Frauen der Spiritualität gegenüber offener sind, ist ein Ungleichgewicht diesbezüglich entstanden, das man versucht auszugleichen.

Hybridseelen und ihre Familien

Nachdem sie nun diese Vorbereitungen durchlaufen haben, geht es um die Auswahl der Familie, in die sie inkarniert werden. Meistens werden hierfür Familien ausgesucht, die mit Problemen und Schwierigkeiten innerhalb ihres Verbandes, aber auch im Umfeld zu kämpfen haben. Die Hybridseelen sollen genau diesen Familien helfen, diese Themen zu bewältigen und sich zu entwickeln. Dies ist auch schon ein erstes Anzeichen dafür, ob ein Mensch eine Hybridseele ist oder nicht. Es kann also sein, dass die Familie der Hybridseele unter bestimmten schwierigen Umständen leidet.

Ich treffe genau dieses familiäre Thema bei sehr vielen Hybridseelen an, wobei es aber auch Ausnahmen gab. Die meisten Familien, die eine oder mehrere Hybridseelen beherbergen, leiden entweder unter karmischen Themen oder werden von der Gesellschaft nicht akzeptiert. Diesen Fall konnte auch ich, wenn auch nur in einer eher abgeschwächten Form, in meiner eigenen Familie erleben. Meine Eltern sind vor etwa vierzig Jahren aus Istanbul nach Deutschland gekommen und haben beschlossen, hier zu bleiben, um den Kindern ein besseres Leben zu ermöglichen. Auch wenn sie nie direkt von der Gesellschaft verurteilt wurden, war es für sie und auch für uns Kinder zu spüren, dass wir nicht gerade die erwünschtesten Mitglieder der deutschen Gesellschaft waren. Mich persönlich hat das wenig beschäftigt, und ich denke, auch wenn ich deutscher Herkunft gewesen wäre, wäre mein Anders-Sein dennoch aufgefallen.

Nachdem sich die nicht menschlichen Wesenheiten bereiterklärt haben, auf unserer Erde zu inkarnieren, in der Akasha-Chronik gelernt, menschliche Seelenaspekte übernommen und eine Familie ausgesucht haben, geht es darum, den Übergang auf die Erde zu schaffen. Das ist ein Punkt, den man nicht geringschätzen sollte, da für die meisten Wesenheiten, die nicht von der Erde stammen, die grobstoffliche Form und die Schwingung der Erde ein krasses Gegenteil zu dem sind, was sie von ihren Heimatorten kennen. Das heißt konkret, dass die meisten Hybridseelen es eigentlich nicht schaffen, in einen menschlichen Leib einzutreten, ohne Schäden davonzutragen. Viele Tode von Kleinkindern sind genau auf dieses Phänomen zurückzuführen, genauso wie Kinder, die sehr früh sterben. Sie sind oft Hybridseelen, die einfach den Übergang auf die Erdebene nicht schaffen. Sie können zum einen mit der niedrigen Schwingungsfrequenz nicht umgehen, zum anderen aber löst das Eingesperrt-Sein in einem physisch begrenzten Körper in ihnen extremen Stress aus. So werden diese Seelen wieder nach Hause geschickt.

Es gibt natürlich auch etliche Hybridseelen, denen der Übergang in die menschliche Sphäre bestens gelingt und die sich sehr gut und schnell an die menschliche Lebensweise adaptieren. Sehr oft ist es so, dass diese Wesenheiten vor ihrer Inkarnation eine den Menschen ähnliche physische Präsenz hatten und daher besser damit umgehen können.

Natürlich sind den Hybridseelen wie auch allen menschlichen Seelen geistige Wesen wie Engel und Geistführer an die Seite gestellt, die sie behüten. Bei Hybridseelen ist ihr Bestreben, sie zu schützen, noch stärker, da ihr Überleben und ihre Existenz für den gesamten Planeten wichtig ist. Wird den Hybridseelen geholfen, wird auch allen anderen Menschen geholfen. Wie erfolgreich sich der Übergang einer Hybridseele auf die Erde vollzieht und wie gut die Hybridseele auf der Erde klarkommt, hängt auch sehr stark damit zusammen, wie viele seelische Imprägnierungen von menschlichen Seelenaspekten stattgefunden haben. Es gibt nämlich Hybridseelen, deren Seele nur mit einem sehr geringen Anteil menschlicher Seelenessenz informiert wurde. Andere haben hingegen sehr viele menschliche Aspekte mitbekommen. Dies hat insbesondere mit der Aufgabe der Hybridseele auf der Erde zu tun. Beispielsweise benötigt eine Hybridseele, die als Manager einer großen Firma Licht und Liebe dort hineinbringen will, viele menschliche Seelenaspekte, um auch die menschliche Kompetenz zu haben, Menschen und ein Unternehmen zu führen. Diese Hybridseele ist dann mehr darauf ausgerichtet, unter Menschen zu funktionieren. Auf der anderen Seite gibt es Hybridseelen, die sehr viele

anders geartete Seelanteile haben und meist in eine Berufung involviert sind, um als Medium, Heiler oder Licht-
arbeiter tätig zu sein. Wir hoch die menschlichen beziehungsweise nicht menschlichen Anteile sind, kann ich in
den meisten Fällen hellwissend feststellen. Natürlich gibt
es auch in der Aura viele Anzeichen dafür, wie wir bereits
gehört haben.

Die Anzeichen für eine Hybridseele

Nun möchte ich noch auf ein paar auffällige Charakteristika von Hybridseelen eingehen, die es dir vor allen Dingen möglich machen sollen, dich selbst, aber auch andere
Menschen in deinem Umfeld einzuschätzen. Wenn man
erkennt, zu diesen Seelen zu gehören, kann das vieles
klarmachen und das Leben enorm erleichtern.

Hybridseelen leiden meist in sehr jungen Jahren schon
unter diversen körperlichen oder seelischen Themen. Das
ist wiederum auch darauf zurückzuführen, dass sie sich
an das Menschen-Dasein erst anpassen müssen. Zudem
kann es bis zum zwölften Lebensjahr dauern, bis der
Mensch in seiner seelischen Form komplett ist. Dies ist
nicht nur bei Hybridseelen so, sondern auch bei anderen
menschlichen Seelen. In sehr häufigen Fällen kommen
erst im Laufe der ersten zwölf Lebensjahre alle Seelenanteile einer Person zusammen. Welche Seelenanteile dann
schlussendlich der Person beigefügt werden, hängt sehr

stark davon ob, wie sich das Kind entwickelt. Ich hatte bereits den Fall, dass ein kleines Mädchen von sechs Jahren den Eltern und auch den Lehrern das Leben extrem schwer machte, weil es als Hybridseele so etwas wie Autorität nicht kannte. In der Welt, aus der das Mädchen kam, gab es vollkommene Gleichstellung und keiner herrschte über den anderen. Das Höhere Selbst, also die Seelenessenz des Mädchens, sagte uns, dass es ihr nicht möglich sei, zu gehorchen, weil sie das nicht verstehen könne, wieso man jemand anderem, beispielsweise der Mutter, gehorchen müsse.

Nachdem wir dem Höheren Selbst klargemacht hatten, dass es eben auf unserem Planeten anders läuft und sie sich selbst damit Schaden zufügt, wenn sie nicht in einigen Fällen gehorcht, veränderte sich die komplette Situation. Somit konnten wir innerhalb einer Sitzung das ganze Problem lösen, während es in zahlreichen Sitzungen mit Psychologen nicht gelöst werden konnte. Hinzu kam noch, dass die Eltern nun ihrem Kind gegenüber auch mehr Verständnis zeigten. Es hieß vonseiten des Höheren Selbst, dass das Thema des Mädchens komplett aufgelöst sein werde, wenn sich alle Seelenaspekte in ihr eingefunden haben. Dies könne bis zum zwölften Lebensjahr dauern und wir könnten in dieser Hinsicht keinen weiteren Einfluss auf die Entwicklung des Kindes nehmen.

Dies ist nur ein Fall von vielen anderen, den wir nur mithilfe des Höheren Selbst verständlich machen und lösen konnten. Für unseren menschlichen Geist ist es kaum vorstellbar, welche Gelübde, Verpflichtungen und

Versprechungen eine Seele eingegangen sein kann, bevor sie auf unserem Planeten inkarniert.

Vielleicht gehst du davon aus, dass eine Hybridseele von Haus aus auch übersinnlich veranlagt ist. Das ist aber keineswegs so. Es gibt natürlich viele, die feinfühlig oder sogar medial veranlagt sind, aber wenn diese Dinge für ihre Aufgabe hier nicht erforderlich sind, muss das nicht der Fall sein. Somit kann auch ein Mensch, der im Übersinnlichen weder talentiert noch daran interessiert ist, eine Hybridseele sein. Sehr oft treffe ich aber den Fall an, dass Hybridseelen in speziellen Gebieten außerordentliche Talente aufweisen, die über dem Durchschnitt liegen. Diese Talente können darin liegen, dass sie Menschen zu bewegen, Herzen zu berühren oder sogar ein globales Umdenken zu initiieren imstande sind. Ich persönlich sehe meine Aufgabe als Hybridseele darin, so viele Menschen wie nur möglich dazu zu bringen, sich zu erinnern: an das Höhere Selbst, die eigene Aufgabe oder den Seelenplan. Denn wenn ein Mensch, egal ob Hybridseele oder nicht, seine Herkunft und seine Aufgabe auf der Erde verdrängt und nicht mehr sehen will, beginnen sich Blockaden auf verschiedenen Ebenen zu zeigen. Wenn wir vergessen, dann schneiden wir uns automatisch von der Versorgungsquelle unserer Seele ab. Erinnern wir uns dann wieder, sind wir angebunden an die Energie unserer seelischen Heimat und letztendlich auch an Gott.

Für eine Hybridseele scheint es das Wichtigste zu sein, die eigene Aufgabe auf der Erde zu erfüllen. Deswegen inkarniert sie ja auch. Nur leider tendieren viele dazu, ihre Mission komplett zu vergessen. Viele der Hybridseelen sind so sehr in das Erdenleben involviert und mit dem Mensch-Sein beschäftigt, dass sie gar nicht mehr wissen, warum sie überhaupt da sind. Oft passiert es sogar, dass sie sich in karmische Themen verstricken – was sie ja nicht müssten. Dass sie seelische Menschenaspekte, die karmisch belastet sind, auf die Erde mitbringen, um sie zu lösen, ist richtig, nur identifizieren sich die meisten viel zu stark mit diesem Karma. Es ist im Grunde nie das Karma der Hybridseele. Die Hybridseele ist komplett frei von Karma und nicht in der Lage, Karma anzuhäufen, es sei denn, sie identifiziert sich mit den menschlichen Seelenaspekten. Wenn dies geschieht, dann löscht sie das mitgebrachte menschliche Karma nicht, sondern fügt diesem sogar noch neues hinzu.

Du siehst, es ist ein hochkomplexes und mit vielen Aspekten verschachteltes Thema. Ich empfehle dir, darüber zu meditieren. Wenn wir davon ausgehen, dass du als Hybridseele nie Karma erschaffen hast und auch nie in der Lage sein wirst, welches anzuhäufen: Wer ist es dann, der mit Karma kämpft? Du kannst es nicht sein, es sind nur Aspekte deines egogesteuerten Ichs. Sich dies wirklich zu vergegenwärtigen, ist eine Revolution im spirituellen Sinne! Und wenn diese Wahrheit integriert werden kann, kann sie zu großer Befreiung und Erleuchtung führen. Die Identifikation mit dem Karma würde mit sofortiger Wirkung enden und damit natürlich auch alle Auswirkungen von Karma im eigenen Leben. Vielleicht fragst du dich jetzt, wie du denn ein Karma löschen sollst, mit dem du dich nicht identifizierst? Du brauchst es nicht mehr zu löschen. Karma löst sich eigenständig auf, wenn es keine Energie mehr durch die Identifikation damit erhält. Genau das ist der Weg, Karma zu vernichten.

Wie sieht es nun bei den Hybridseelen mit Familie und Kindern aus? Viele der Hybridseelen haben von klein auf keinerlei Interesse daran, eine Familie zu gründen oder Kinder zu haben. Mir erging es auch immer so, und ich konnte es in keinster Weise nachvollziehen, wenn meine Schwestern vom Heiraten und Kinderkriegen schwärmten. Ich ging sogar sehr lange davon aus, dass es gar keinen richtigen Partner für mich gebe, und war mehr als enttäuscht in meinen Beziehungen. Es müsste doch mehr geben als diese Ebene der Liebe, die ich mit meinen Partnern erlebte. Damals war mir nicht klar, dass ich einer Hybridseele begegnen musste, um mit ihr diese tiefere Ebene der Liebe erfahren zu dürfen, nach der ich mich sehnte.

So wie mir geht es auch sehr vielen anderen Hybridseelen. Entweder finden sie ein Leben lang nicht den richtigen Partner, der sie verstehen und lieben kann, oder ihnen wird eine Hybridseele an die Seite gestellt. Das ist ein Idealfall und man kann sich gegenseitig auf dem Weg unterstützen und begleiten. Ich kann es nur bezeugen, das ist ein großes Glück. Zugleich kann man mit Sicherheit sagen, dass es Hybridseelen gibt, die eine Familie und Kinder haben. Meistens haben sich die Kinder ganz bewusst diese Mutter oder diesen Vater ausgesucht, weil sie selbst auch Hybridseelen sind. Wir sollten nur nicht außer Acht lassen, dass für die Hybridseelen ein »normales« Menschenleben mit Haus, Hund und Familienidyll nicht vorgesehen ist. Hybridseelen sollten besonders gut darauf achten, dass sie trotz Familie – wenn sie denn eine gründen – auf ihrem Seelenweg bleiben und ihre Aufgaben erfüllen.

Ich sehe das Phänomen vor allem bei Frauen sehr oft, die in dem Moment der eigenen Mutterschaft alles andere vergessen und ihr ganzes Sein fortan den Kindern schenken. Natürlich brauchen Kinder viel Aufmerksamkeit und Liebe, nur sollte man die eigenen Intentionen auch ganz genau prüfen. Benutzt man vielleicht die Kinder als eine Ausrede, um der eigenen Aufgabe nicht nachgehen zu müssen? Natürlich wäre es bequemer, ein Leben innerhalb der Norm und des Üblichen zu führen. Würde dies aber der Erde helfen? Ich glaube kaum. Das ist auch das Fatale unserer Zeit. Viele Menschen stecken so unverrückbar in ihrer Komfortzone fest, dass es für sie keine vorstellbare Welt außerhalb davon gibt. Das ist ein gefährlicher Trend. Denn je länger man in einer Komfortzone bleibt, desto mehr lässt sie einen denken, dass es die einzig mögliche Form der Realität ist.

Etwas, womit sich Hybridseelen teilweise sehr schwertun, sind die Dinge des täglichen Lebens. Es ist nicht so, dass es ihnen nicht möglich wäre, diese Angelegenheiten zu bewerkstelligen, sie haben jedoch in den meisten Fällen keine Muße und keine Lust dazu. Auch können sie es als extrem stressig empfinden, unter Menschen zu sein, egal ob bei Veranstaltungen oder beim Einkaufen. Das ist ein Paradoxon an dem ganzen Konzept der Hybridseelen. Denn sie sind ja insbesondere auf die Erde geschickt worden, um die Botschaften von Harmonie und Liebe unter den Menschen zu vertreiben, sie wollen aber lieber allein und in ihrem geschützten Zuhause bleiben. Ich muss gestehen, mir persönlich geht es an manchen Tagen sehr ähnlich, und mich verschlägt es mindestens zweimal im Jahr in ein Kloster oder einen Ashram, wo ich allein für mich sein kann. Dies hat nichts damit zu tun, dass ich nicht gern unter Menschen bin. Ich fühle nur nach gewisser Zeit, wie die Verbindung zu meinem Höheren Selbst geschwächt wird. In einer Zeit des Alleinseins kann ich diese Verbindung wieder stärken und meinen Seelenweg noch besser erfüllen. Und ein solches Pendeln zwischen beiden Welten kann ich auch anderen Hybridseelen nur empfehlen.

Viele Hybridseelen sind beim Schlafen in der Kommunikation mit ihrer Seelenfamilie und mit den Wesen, die ihnen nahestehen und sie in ihrem Erden-Dasein begleiten. Manchmal kann man sich sogar an diese Begegnungen im Schlaf erinnern. Sie erscheinen wie ein Traum, sind es aber nicht.

Nun hast du bereits ein paar wichtige Charakteristika zur Hybridseele gelesen. Es gibt aber noch ein paar weitere Punkte, die bei diesen Seelen auffallen können. Da ist zum Beispiel ihr Aussehen. Für mich ist es schwierig, mein Hellsehen von meinem natürlichen Sehen zu trennen, daher kann ich sofort aus dem Gesicht einer Person ablesen, ob sie eine Hybridseele ist oder nicht. Ich kann sogar ungefähr einstufen, ob die Hybridseele von einem anderen kosmischen Ort oder aus der Geistigen Welt stammt. Bei Wesen, die aus der Geistigen Welt stammen, ist es meist so, dass sie etwas außergewöhnlich Schönes und Anziehendes an sich haben. Vielleicht haben sie kein perfektes Gesicht, aber irgendetwas an ihrem Aussehen zieht einen in den Bann. Bei Menschen, deren Seelenessenz von einem anderen Planeten oder einem anderen galaktischen Ort stammt, kann man meist auch etwas Auffälliges an ihrem Aussehen feststellen. Meistens wirkt das Gesicht bei genauerer Betrachtung etwas unproportioniert oder irgendwie verschoben, sie haben aber dennoch ein wohltuendes und sehr schönes Aussehen. Es passiert mir sehr oft, dass ich Menschen treffe, von denen ich vom ersten Blick an weiß, dass sie keine »normalen Menschen« sind. Sie selbst sind sich dessen meistens nicht bewusst, und ich hüte mich davor, sie darauf anzusprechen. Wäre es ihnen jedoch möglich, ihr wahres Sein zu erkennen, würden sie auch viel besser mit ihrem Körper umgehen und ihn besser akzeptieren können. Das ist nämlich ein weiterer Punkt, mit dem die Hybridseelen so ihre Probleme haben. Der grobstoffliche Körper ist für die meisten dieser Wesen sehr ungewohnt. In vielen Fällen wird der Körper gar nicht angenommen und geliebt, was dazu führen kann, dass er sich mit der Zeit wehrt. Es können dann Krankheiten entstehen, die nur mithilfe von Selbstliebe geheilt werden können.

Es ist sehr oft der Fall, dass in den Körpern der Lichtwesen und Hybridseelen Mechanismen eingerichtet sind, die dem Menschen körperlich fühl- beziehungsweise sichtbar aufzeigen, dass er gerade in einer aktiven Verbindung zu seiner Seelenfamilie ist. Dies kann ich oft spüren, wenn ich ein Healing gebe oder die Aura von jemandem analysiere. Es ist aber auch da, wenn man jemanden trifft, der aus der gleichen Seelenfamilie stammt. Es fühlt sich meist sehr angenehm an, und du solltest dich, wenn es kommt, meditativ darauf einstimmen, es genießen und es voll und ganz in dich aufnehmen. Bei mir macht es sich immer in Form von einem unbeschreiblichen Kribbeln auf dem rechten Schulterblatt bemerkbar.

Viele der Hybridseelen sehen sich mit Schwierigkeiten konfrontiert, wenn es um das Essen geht. Viele ernähren sich nicht auf die Art und Weise, wie die meisten anderen es üblicherweise tun. Für die Hybridseelen sind Unverträglichkeiten, Magersucht, Bulimie und verschiedene Esssüchte beinahe die Norm. Fast alle Hybridseelen leiden in irgendeiner Form beim Thema Essen, es sei denn, sie lernen es, sich mit dem Körper zu versöhnen und ihn als ein wichtiges Gefährt für das Erdenleben anzusehen. Ich kann auch immer wieder beobachten, dass sie ein tiefes Bedürfnis haben, leicht und durchlässig zu sein, vor allem dann, wenn ihr Höheres Selbst ein Licht- oder Engelwesen ist. Diese Hybridseelen entwickeln nicht selten Magersucht und versuchen damit vergebens, ihren Körper in einen Lichtkörper umzuwandeln. Was es hier braucht, ist die Zuversicht, dass der Körper schön und perfekt ist in seiner Form. Das ist ein Prozess, der sehr viel Zeit in Anspruch nehmen kann, da diese inneren Ansichten Programmierungen in der Seelenessenz sind.

Das Wichtigste für Hybridseelen und auch andere Wesen, die kamen, um der Erde zu helfen, ist es, die Angst davor loszulassen, anders und »zu lichtvoll« zu sein. Viele fürchten das Ego und verstricken sich viel zu sehr in der Illusion dieser Welt. Angst, so wie sie auf der Erde erlebt wird, kann man nirgendwo anders im Kosmos oder in der Geistigen Welt antreffen. Jede Form von Energie kann entweder auf konstruktive Weise eingesetzt oder missbraucht werden. Angst wird auf der Erde definitiv auf destruktive Weise genutzt, und dies führt dazu, dass die menschliche Rasse sich von allen anderen Lebewesen im Universum isoliert hat. Angst wird manchmal sogar als eine geistige Krankheit bezeichnet. Für uns Menschen, so erfuhr ich in Channelings, sei es nicht möglich, Angst auf positive Weise zu verstehen und zu nutzen. Es gäbe aber immer mehr menschliche Kanäle, durch die man versuche, diese Information durchzugeben. Wenn wir in der Lage wären, unsere Ängste abzulegen, wären wir mit sofortiger Wirkung in der Lage, mit allen anderen Wesen in unserem Universum zu kommunizieren. Ich denke, dass gerade die erwachten Hybridseelen einen großen Beitrag dazu leisten.

Ein weiterer schwieriger Punkt für Lichtwesen ist der Umgang mit Zeit und mit der Geschwindigkeit der Dinge, die sich auf der Erde vollziehen. Für sie läuft auf der Erde alles in einem Schneckentempo ab, auch wenn sich die Dimension Zeit begonnen hat, zu verändern. Das kann dazu führen, dass sie frustriert und vom Leben gelangweilt sind. Das kann zum Teil so weit gehen, dass die komplette Lebensfreude verschwindet und Suizidgefahr aufkommt. Viele Lichtwesen können sich selbst nicht verstehen: Warum lassen sie sich von der lahmen Energie auf der Erde runterziehen? Aber sie sind nun mal den Gegebenheiten der Erde ausgeliefert wie alle anderen Lebewesen hier auch.

Vielleicht magst du nun denken, dass Hybridseelen wirklich arm dran sind, und ob es denn nicht unfair ist, dass solch lichtvolle Wesen zum Teil sehr stark auf der Erde zu leiden haben. Dazu kann ich nur dieses sagen: Es ist der freie Wille und die Entscheidung jeder einzelnen Seele gewesen, das zu erleben, was auf dem Planeten gelebt wird. Es gibt keinen Richter und keinen strafenden Gott. Alles ist Energie, die sich immer wieder neu auf ihre Art und Weise ausdrückt. Manche der damit verbundenen Anpassungsprozesse mögen uns schmerzhaft erscheinen, aber manche Dinge brauchen Energie und zum Teil auch Schmerz, um sich weiterentwickeln zu können. Das ist ein bisschen wie bei einer Brandwunde. Die verbrannte Haut muss entfernt werden. Dies kann sehr schmerzen, ist aber gleichzeitig wichtig, damit die Haut sich selbst heilen kann. Indem die Hybridseelen lernen, auf der Erde durch Schmerzen und Trauer zu gehen, treiben sie nicht nur die eigene Entwicklung auf allen Ebenen voran, sondern auch die anderer Menschen. Der Schmerz ist dann im Vergleich zu dem, was erreicht wird, bedeutungslos.

Bist du eine Hybridseele?

Ich gehe stark davon aus, dass auch du eine Hybridseele bist und dir diese Information nun über dieses Buch zugetragen wurde. Dies ist nicht geschehen, um dich zu erschrecken, sondern um dich aus deinem Erdenschlaf wachzurütteln. Das Gesetz der Resonanz hat dich zu diesem Wissen geführt. Nun öffne deine Augen und erkenne den perfekten Plan, der hinter deinem gesamten Leben und deinem Sein steht. Du bist wertvoll und einzigartig, und wenn ich es mit meinen Zeilen über die Hybridseelen auch nur für einen kurzen Moment geschafft habe, dass du dies erkennst, war das alle Arbeit wert.

Vielleicht kann dir die folgende Checkliste dabei behilflich sein, für dich selbst einzuschätzen, ob du tatsächlich eine Hybridseele bist. Wenn du die Hälfte oder mehr als die Hälfte der Fragen mit Ja beantworten kannst, bist du mit sehr hoher Wahrscheinlichkeit eine solche Seele. Doch auch dann, wenn du eher mit Nein antwortest, ist die Wahrscheinlichkeit gegeben. Es kann dann nur sein, dass du mehr menschliche Aspekte in diese Inkarnation hineingebracht hast.

1. Hast du schon von klein auf das Gefühl, die Erde und die Menschheit retten beziehungsweise heilen zu wollen?
2. Gab es während deiner Geburt Komplikationen beziehungsweise schon während der Schwangerschaft? (Dies hängt in den meisten Fällen damit zusammen, dass die Anpassung an die Energie und die Schwingungen der

Erde Schwierigkeiten mit sich bringt, was dann noch bis zur Pubertät zu Beschwerden führen kann.)

3. Hast du als Baby beziehungsweise Kind unter verschiedenen körperlichen beziehungsweise seelischen Beschwerden gelitten?

4. Hattest du als Kind unter deinen Eltern zu leiden? (Oft suchen sich Hybridkinder Eltern aus, die viele karmische Verstrickungen tragen. Sie wollen auf diesem Weg helfen, irdisches Karma aufzulösen.)

5. Hattest du als Kind das Gefühl, nicht hierher zu gehören und dich in deinem Zuhause nicht wohl und »daheim« zu fühlen?

6. Warst du als Kind übersinnlich veranlagt?

7. Hast du in deinem Leben sehr oft Heimweh und Schwierigkeiten, sesshaft zu werden? (Hybridseelen spüren in sich meist einen Drang, wegzugehen, zu reisen, kein festes Zuhause zu haben. Dies liegt daran, dass sie in ihrem Innersten spüren, dass sie nicht zur Erde gehören. Dies kann so weit gehen, dass der Mensch seinem eigenen Leben ein Ende bereiten will, um wieder ganz schnell dort zu sein, wo er hingehört. Jedoch wurden sie geboren, um eine spezielle Aufgabe auf der Erde zu erfüllen. Und auch wenn sie nachts ständig mit ihrer Seelenfamilie kommunizieren, erinnern sich nur die wenigsten daran, woher sie wirklich stammen. Das ist auch gut so, denn es geht ja darum, als Mensch lebensfähig zu sein.)

8. Hattest/hast du Schwierigkeiten, Freunde zu finden? (Hybridseelen sind einfach anders als »normale« Menschen und können Mühe haben, sich mit anderen anzufreunden und eine gemeinsame Ebene zu finden.)

9. Ist dir der Gedanke, eine Familie beziehungsweise Kinder zu haben, fremd oder ungewohnt?

10. Hast du Nahrungsmittelunverträglichkeiten oder Probleme mit dem Essen (Magersucht, aber auch Esssucht)?

11. Erscheint dir dein Leben zeitweise als langatmig und langweilig?

12. Hast du eine stark ausgeprägte Intuition?

13. Fühlst du dich zu manchen Zeiten in deinem Leben von einer unsichtbaren Hand geführt und beschützt?

14. Hast du oft Blackouts, das heißt Momente, in denen die Zeit stillzustehen scheint und du alles um dich herum vergisst? (Das kann ein Anzeichen für ein multidimensionales Sein sein.)

15. Gibt es etwas Außergewöhnliches an deinem Aussehen?

16. Schrecken dich große Menschenansammlungen ab und brauchst du immer wieder Zeiten des Alleinseins?

17. Träumst du davon, ein anderes Wesen zu sein als ein Mensch?

18. Träumst du vom Fliegen?

Das Leben als Hybridseele nutzen

Hybridseelen sind nicht »besser« als andere Menschen. Sie entspringen einfach einer anderen Seelenquelle und sind vom Zyklus der menschlichen Wiedergeburten frei. Sie inkarnieren mit einer speziellen Mission auf die Erde und verlassen sie, wenn ihre Aufgabe und damit meist auch ihr Leben auf der Erde dem Ende zugehen. Schlussendlich entstammen wir alle, egal ob Hybridseele oder nicht, der göttlichen Quelle und sind somit eins. Unser Ego mag es, wenn wir etwas Besonderes sein könnten, aber das ist reine Illusion. Es gibt keine Hierarchien und wir sind alle in Liebe und Gott verbunden. Wir alle sind eins.

Dass du eine Hybridseele bist – und nun sogar darum weißt –, ist eine große Chance. Sicher haben es diese Seelen oftmals nicht leicht. Aber sie können viel bewirken und haben dies auch schon getan. Der Wandel, der sich im Bewusstsein der Menschen seit wenigen Jahrzehnten vollzieht, ist natürlich zu einem Teil auch diesen Seelen zu verdanken. Und so lange sie auf der Erde sind, ist es gut, wenn sie weiter daran mitwirken.

Was kann das nun für dich ganz individuell heißen? Es kann für dich bedeuten, dass du beginnst zu verstehen, wieso manche Dinge in deinem Leben so verlaufen sind, wie sie verlaufen sind. Du kannst begreifen, dass es nicht so sehr um dich persönlich ging, sondern vielmehr darum, dass du als Hybridseele eine wichtige und bedeutungsvolle Aufgabe übernommen hast, die auch eine Herausforderung darstellt. Du bist nicht allein. Es gibt viele andere Hybridseelen, mit denen du diesen Weg teilst. Du wirst diese vermehrt anziehen, wenn du erweckt wurdest und dich ab jetzt immer mehr daran erinnerst, welch wundervolle Aufgabe du lösen willst.

Auch wenn es manchmal schwer ist, bitte verzweifle nicht und geh weiter auf deinem Weg. Vertraue auf den kosmischen Plan, der auch auf dich vertraut und in dir eine Unendlichkeit an Möglichkeiten sieht, anderen Menschen zu helfen. Allein deine Schwingungsfrequenz kann etwas in anderen anstoßen und verwandeln, ob du dies wahrnimmst oder nicht. Je mehr du beginnst, dein Anderssein anzunehmen, desto mehr werden sich deine Potenziale und Talente auftun.

Hybridseelen sind keine besseren Menschen, denn wenn wir das denken würden, würden wir nichts anderes tun, als unser spirituelles Ego zu nähren. Hybridseelen sind anders gestrickt als menschliche Seelen, aber wir sind alle in unserer letztendlichen Essenz Gott und Liebe, egal aus welchen Seelenanteilen wir bestehen.

Heute ist es für uns alle wirklich an der Zeit, achtsam mit sich selbst und dem eigenen Körper umzugehen, um mit den veränderten Bedingungen wie Schwingungserhöhung oder Zeitlöchern gut klarzukommen. Es wurden uns sehr viele heilsame Praktiken gegeben, um Körper, Geist und Seele in Einklang zu bringen. Dazu gehören Yoga, Tai-Chi, Meditation und viele andere Methoden. Man kann spüren, wie sich das Interesse an diesen spirituellen Techniken steigert und immer mehr Menschen in sich die Berufung hören, andere Menschen spirituell zu begleiten. Ich finde diese Entwicklung wundervoll. Wir Menschen sind mehr und mehr in der Lage, uns selbst, aber auch anderen zu helfen. Viele weitere Möglichkeiten, um dich in deiner Mitte zu stabilisieren, hast du in den praktischen Kapiteln dieses Buches erhalten, die dich darauf aufmerksam machen, wie du an deinem Essverhalten und an deinem inneren Gleichgewicht arbeiten kannst. Auch die neuen Heilmethoden wie das Trance

Healing oder das Healing mit dem Höheren Selbst können dir dazu verhelfen, mit der Transformation mitzuschwingen (ich habe diese Methoden teilweise in früheren Büchern beschrieben).

Sehr viel wird sich für dich automatisch verändern, wenn du dich dem Wandel, der sich global vollzieht, öffnest und alte Muster im Denken und im Verhalten loslässt. Wir können nichts von alledem, was wir aus der »alten« Welt kennen, ins neue Zeitalter mitnehmen. Doch wir können uns vom Alten lösen und freudig dem Neuen entgegengehen.

Schluss und Danksagung

Nun, am Ende dieses Buches angekommen, möchte ich mich bei dir und vielen anderen bedanken. Für mich ist es das Wichtigste, dass du deinen eigenen Weg hin zu einem erfüllten Leben und zu einer integrierten Spiritualität findest und gehst. Es geht mir nicht darum, dich auf meinen Weg zu bringen. Ich möchte dir einfach nur Impulse geben, mit deren Hilfe du deinen Weg schöner und leichter gehen kannst. Vielleicht habe ich mehr Erfahrungen in dem Feld der Aura, aber all das, was mir zuteilwurde und wird, kann auch dir zuteilwerden. Öffne also dein Herz und lass alle Angst los. Es gibt nichts, was dir wehtun könnte, außer du selbst. Wenn du wirklich vertraust und dich fallen lassen kannst, wird das Universum dir all die Menschen und anderen Wesenheiten schicken, die dich unterstützen und bedingungslos lieben. So ist es auch mir geschehen.

An dieser Stelle möchte ich mich bei all den Menschen in meinem Leben bedanken, die nie von meiner Seite gewichen sind und mich jeden Tag neu inspiriert haben. Zu diesen Menschen gehören vor allem meine Eltern, Eda und Kudret, die, egal welche Verrücktheiten ich gemacht habe, mich geliebt und immer neu aufgefangen haben. Ihr beiden zeigt mir mit jedem Tag, was es heißt, als ein Erdenkind von Liebe getragen und erfüllt zu werden. Die

Reinheit eurer Herzen lehrte mich das Lieben. Danke. Und auch meine beiden Schwestern, Öznur und Özlem, sind meine absolute Quelle für Inspiration und Freude. Ich fühle mich mit euch überirdisch verbunden und kann meine Dankbarkeit für euer Sein gar nicht genug zum Ausdruck bringen.

Neben meiner Familie sind es noch viele andere liebe Menschen und Freunde, die mich auf meinem Weg liebevoll begleitet haben: Ich möchte einen großen Dank an Sabine aussprechen. Du schaffst es immer wieder, mich zu erden und mir Klarheit zu geben. Du bist unersetzlich und sehr wertvoll für mich. Liebe Claudia (Schweiz), Alexandra (Schweiz), Linda, Sabine, Susi, Claudia, Katrin, Bärbel, Gabi, Elli, Manuela, Josephine, Bärbel, Waltraud, Irina, lieber Andy, Jürgen, Mig, Peter und alle meine anderen lieben Freunde, Schülerinnen und Schüler, die ich auf ihrem Weg begleiten darf: Ihr seid alle eine Quelle der göttlichen Inspiration für mich. Danke für euer Sein und euer Licht!

Und dann gibt es noch jemanden, dem ich wirklich mein Leben zu verdanken habe, und das ist Jeffrey. Es gab Zeiten, da hatte ich das Erdenleben satt und wollte am liebsten so schnell wie möglich auf meinen Stern zurück. Jeffrey war derjenige, der mich an meine Mission erinnert hat und mich mit den Fesseln der Liebe am Leben erhalten hat. Kein Dank wäre genug. Ich liebe dich, und dies mit jedem Atemzug mehr. Du bist für mich die Inkarnation göttlicher Liebe!

Außerdem gibt es natürlich all meine Begleiter aus der Geistigen Welt und von anderen Dimensionen, ohne die ich mein Sein nie so erfüllt verbringen könnte, wie ich es tue. Pramesh, einer meiner wichtigsten Geistführer, begleitet mich nun die längste Zeit, und ich konnte mich immer auf ihn und seinen Schutz verlassen. Er macht es mir auch möglich, dass ich mit so vielen unterschiedlichen Wesenheiten arbeiten kann, ohne dass mein eigenes Energiesystem darunter leidet. Ich danke dir, Pramesh! Ich möchte mich bei Engel Clara bedanken, die mich für das Buch inspiriert hat und immer noch inspiriert. In dir fand ich einen Ozean voll Liebe und göttlicher Ideen. Es gibt noch unzählige Wesen, mit denen ich zusammenarbeite, wie Ananda Moyi Ma, Sandjiban, Liliac und natürlich mein Höheres Selbst Elohijm. Eure Führung und Inspiration erfüllt mein ganzes Sein, und es gibt keine Worte, die meine Dankbarkeit ausdrücken könnten. Ich danke euch nicht nur für die Unterstützung, die ihr mir gebt, sondern auch für die Hilfe für so viele Rat suchende Menschen, die sich an mich wenden. Ich wünsche mir ein langes und gesundes Leben, sodass ich immer in eurem Dienst sein kann. Denn dies ist meine Lebensmission und ich liebe sie!

Ein großes Dankeschön auch an Wulfing von Rohr, der mich so liebevoll und voller Vertrauen auf meinem Weg begleitet. Schön, dass es dich gibt!

Die letzten Zeilen dieses Buches möchte ich nochmals an dich, liebe Leserin, lieber Leser, richten. Ich danke dir von Herzen, dass du ein Stück des spirituellen Weges mit mir gegangen bist. Vielleicht konnte ich einen Funken der Inspiration in dir wecken, sodass du beginnst oder es vertiefst, dich liebevoll um dich und die Welt zu sorgen. Genau das macht es aus. Ich danke dir aus ganzem Herzen und in tiefer Verbundenheit für dein Sein!

Die Ausbildung zum Aura-Coach

Vielleicht konnte ich dein Interesse an dieser ganz besonderen Form der Energiearbeit so intensiv wecken, dass du diese Methode professionell an anderen Menschen anwenden, das heißt zum Aura-Coach ausgebildet werden möchtest. Ich finde es vor allem bei solch einem Thema, bei dem es um feinstoffliche Arbeit und Energieheilen geht, unglaublich wichtig, ein fundiertes Wissen und Können zu besitzen, bevor man anderen Menschen versucht, zu helfen, und dies vielleicht auch noch professionell. Aus diesem Grund habe ich mich dazu entschlossen, eine Ausbildung zum Aura-Coach anzubieten, in der du erlernen kannst, wie man Energie erspüren und mit den Hellsinnen identifizieren kann, wie man umfassend Auskunft über die Aura anderer geben und sie dann auf ihrem Weg zu einem vollkommen erfüllten Leben begleiten kann. Darüber hinaus bietet sich diese Ausbildung auch für all diejenigen an, die zwar nicht unbedingt als Aura-Coach tätig werden wollen, aber ihr Wissen und Können in diesem Bereich vertiefen und somit die Meisterschaft über die Energien erlangen wollen.

Alle weiteren Details kannst du folgender Seite entnehmen: www.baharyilmaz.com.

Ich freue mich auf dich!

Bahar Yilmaz

Heilende Energien empfangen und weitergeben

Die Energien der Geistigen Welt sind ein unerschöpflicher Quell der Heilung für Körper, Geist und Seele. Trance Healing bietet die einzigartige Möglichkeit, diese Kräfte in die richtigen Bahnen zu lenken und gezielt zu nutzen. Bahar Yilmaz zeigt, wie man diese neue, faszinierende Methode selbst erlernt, um sie bei sich und anderen anwenden zu können.

978-3-7787-7452-6

Leseprobe unter **www.ansata.de**

Ansata

Bahar Yilmaz

In dir steckt mehr, als du denkst!

Das volle Potenzial leben. Wirkliche 100 Prozent Lebensenergie
zur Verfügung haben. Fit und flexibel sein in Körper, Geist und Seele.
Möglich wird dies durch einen gezielten Wandel in der Lebensweise,
mit einer geeigneten spirituellen Praxis und unerschöpflicher
Lebensfreude. Die nötigen Tools dafür bietet Bahar Yilmaz mit ihrer
Erfolgsmethode *Empower Yourself*, die sie zusammen mit
Jeffrey Kastenmüller entwickelt hat.

978-3-7787-7523-3

Ansata

Bahar Yilmaz

Das Channel-Praxisbuch der neuen Zeit

Wegweisende Botschaften aus der Geistigen Welt empfangen,
die konkreten Rat und Hilfe bieten: Das ist Channeln. Diese mediale
Fähigkeit ist in jedem Menschen angelegt – sie muss nur aktiviert werden.
Wie das geht, zeigt Bahar Yilmaz in ihrem Praxisbuch, das keine Fragen
offenlässt. Schritt für Schritt und mit vielen praktischen Übungen wird es
möglich, sich mit den höchsten Energien des Universums zu verbinden
und diese im eigenen Leben zu nutzen.

978-3-7787-7476-2